둔촌주공아파트, 대단지의 생애

둔촌주공아파트, 대단지의 생애

건설·거주·재건축의 40년

이인규

케이 모던 2　　　마티

들어가며

둔촌주공아파트 재건축사업에 대한민국의 국운이 걸렸다.[1] 과장된 표현
같지만, 지난 2022년 겨울의 초입에 불어닥친 엄연한 현실이었다.
　둔촌주공은 서울 동쪽에 있었던 거대한 아파트 단지이다. 1980년에
지어져 2019년에 철거되기까지 40년 동안 서 있었지만, 서울에
사는 이들도 이름조차 알지 못하는 경우가 많았다. 오히려 아파트
단지가 사라지고부터 그 이름이 널리 알려졌다. '단군 이래 최대
재건축사업'이라는 거창한 수식어를 달고 둔촌주공이 1만 2000세대의
초대형 단지로 재탄생할 예정이었다. 신규 아파트 분양이 드물었던
서울 지역에 수천 세대의 일반분양 물량이 쏟아진다는 소식이 전해지자
청약을 기다리던 이들 모두 기대감에 부풀었다. 하지만 2022년 4월,
한창 진행되던 공사가 시공사와 재건축조합 간의 갈등으로 멈춰서는
초유의 사태가 발생했다. 그즈음부터 뉴스에 '둔촌주공'이라는 이름이
자주 오르기 시작했다. 6개월 후 공사가 재개되며 고비를 넘기는
듯했지만, 얼마 지나지 않아 김진태 강원도지사의 실책이 초래한
'레고랜드 사태'의 불똥이 둔촌주공 재건축사업에까지 번졌다.
전반적인 자금 유동성 위기가 고조되면서 일개 재건축사업을 지속하기
위해 국가가 특별 자금까지 긴급 투입했고, 분양 개시 직전에 각종
부동산 규제를 완화하는 등 이른바 '둔촌 주공 살리기'라는 정부의
전방위 지원이 이어졌다.
　이렇게 잡음이 끊이지 않으니 이 책이 '단군 이래 최대
재건축사업'의 내막과 진실을 파헤쳐주길 기대하는 사람이 많을지도
모르겠다. 둔촌주공이 재건축으로 들썩인 것이 벌써 20년 전이니
둔촌주공아파트의 생애를 다루는 이 책에도 그 부분이 적지 않게
언급된다. 그러나 그것이 전부는 아니다. 이 책은 둔촌주공이 탄생한
1970년대로 거슬러 올라가 그로부터 40년이 넘는 긴 세월 동안 있었던

7

일들을 훑어본다.

둔촌주공아파트는 내게 각별한 곳이다. 내가 태어나고 자란 고향이고,
마음을 놓을 수 있던 유일한 동네였다. 그런 곳이 재건축으로
그냥 사라지게 할 수 없어서 2013년부터 이곳을 기록하고 기리는
'안녕,둔촌주공아파트'라는 프로젝트를 진행했다. 둔촌주공의 풍경을
사진으로 남기고, 그곳에 살았던 사람들의 이야기를 모아 5권의
독립출판물로 엮었다.

그 연장선에서 둔촌주공아파트에 관해 더 연구해보고 싶어 건축학과
대학원에 입학했다. 공부를 하면서 내 삶에 자연스럽게 주어졌던
집과 동네에 대해 '왜'라는 질문을 처음 던지게 되었다. 아파트 단지를
인위적인 거주 단위로 인식하고 거리를 두었던 이전 세대의 연구자들과
달리, 내부자로 쌓은 경험을 바탕으로 그동안 다른 연구자들은
질문하지 않았던 사소해 보이는 것들에까지 관심을 두고 들여다보는
자세는 아파트 키드 연구자의 강점이었던 것 같다.

둔촌주공에 관한 궁금증과 그간 수집한 자료를 나열해보니, 거대한
땅이 하나로 묶인 사연부터 그 위에 만들어진 공간, 그곳에 거주하게 된
사람들, 그리고 재건축에 얽힌 사정까지, 곳곳에 여러 복잡한 질문들이
흩뿌려져 있었다. 1970~80년대 국가 주도로 건설된 대단지 아파트들의
재건축이 결정되고 시행되는 시점에 둔촌주공아파트의 건설-거주-
재건축 과정을 돌아봄으로써 1세대 대단지아파트들의 사회적·정치적
맥락을 파악하는 데 작게나마 기여할 수 있을 것 같았다.

박철수 지도 교수님은 중요한 업무에 주로 사용하시던 초록색
잉크 만년필로 나의 논문 발표 자료에 "interesting!"이라고 적어서
돌려주셨다. 40년의 빈틈들을 채우기가 힘들고 버거울 때면 교수님의
초록색 메모를 원망하기도 했지만, 나 역시 이 주제에 깊이 빠져버린
뒤였다.

둔촌주공아파트의 생애를 살펴본다는 것은 콘크리트로 지어진
아파트 건물과 그 주변에 조성된 단지 환경을 넘어, 아파트 단지의

생애에 관여하는 여러 주체에 관한 관심까지를 모두 포함하는
일이었다. 둔촌주공을 기획한 정책 결정자들, 설계하고 시공한 건축업
종사자들, 그리고 당시 아파트에 들어와 살았던 입주민들, 그리고
재건축 과정에 관여한 조합, 시공사 등까지. 그들의 생각과 활동,
상호작용과 그 결과로 나타난 변화를 두루 살펴보려고 노력했다.
그리고 그 과정에서 둔촌주공아파트가 우리에게 어떤 흔적과 영향을
남겼는지를 발견하고 싶었다. 둔촌주공아파트의 생애를 통해 단순히
'어떻게 하면 재건축사업에서 둔촌주공 사태의 재발을 방지할 수
있을 것인가?'에서 질문을 멈추는 것이 아니라, '왜 이렇게까지 거대한
문제가 만들어진 것인가?'라는 근본적인 원인과 문제가 일어난 과정을
드러낼 수 있기를 바랐다.

　비할 곳 없이 빨리 변하는 한국에서 세대에 따라 도시에 쌓인 시간의
지층을 바라보는 시각은 다를 수밖에 없을 것이다. 이 책 또한 읽는
이의 나이와 살아온 환경에 따라 완전히 다르게 읽히리라 생각된다.
둔촌주공아파트도 이제는 지나가 버린 과거 속의 한 점이 되어버렸다.
하지만 차마 소중했던 곳의 기억을 외로운 점 하나로 남겨두고 떠나올
수 없어서 가느다란 실오라기로 꿰어가며 어떻게든 의미를 찾아보려
애썼던 이 작업이 과거에서 무언가를 배워 새로운 희망으로 미래를
그려내는 작은 징검다리가 될 수 있길 바란다.

2023년 6월
이인규

1부

둔촌주공아파트는 어떻게 만들어졌을까?

1. 거대한 하나의 세계

그곳은 '어떤 세상'이라고 착각할 수 있을 만큼 나의 기억 속에
둔촌아파트는 거대했다.[1]

둔촌주공아파트에 관해 이야기할 때면 먼저 크기를 말하지 않을 수
없다. 그곳은 흔히 '아파트 단지' 하면 머릿속에 떠오르는 규모와는
차원이 다르게 거대한 단지였다. 단지를 걸어서 가로지르려면 족히
15분은 잡아야 했다. 단지 안에 놀이터가 너무 많아서 어릴 적에 미처
못 가 본 데가 있었다고 하면, "아마 어려서 더 그렇게 느꼈을 거야",
"추억은 미화되기 마련이라잖아"와 같은 말들로 과장이라 느껴지는
부분을 알아서 교정해주는 이들도 있었다.
　재건축이 결정된 후 각종 미디어에 오르내린 둔촌주공은 '단군
이래 최대' 규모로 소개되었다. 과장 같지만, 틀린 말이 아니다.
둔촌주공아파트의 대지면적은 약 62만 제곱미터로 단일 단지 기준으로
국내에서 가장 크다.[2] 이는 서울 아파트 단지의 평균 규모인 10개
동, 500~1000세대 단지를 20개도 넘게 품을 수 있는 크기다.[3] 서울
지도에서 둔촌주공과 크기가 비슷한 곳을 찾자면, 창덕궁과 창경궁을
합친 동궐과 광진구 어린이대공원(조선시대에는 능이었다)이 있다.[4]
조선시대 최고 권력의 상징인 왕족의 궁과 능에 맞먹는 넓은 땅을

← 　둔촌주공아파트 단지 준공 초기 모습
　　출처: 대한주택공사 홍보실

◀ **둔촌주공아파트** 62만 7094제곱미터

◀ **어린이대공원** 53만 6088제곱미터

◀ **창덕궁·창경궁** 55만 916제곱미터

↑ 둔촌주공아파트와 어린이대공원,
   창덕궁·창경궁의 규모

둔촌주공이 차지하고 있었던 것이다.

둔촌주공아파트의 대지는 한 변이 700~900미터인 사각형으로, 단지 외곽을 크게 한 바퀴 돌면 약 3킬로미터에 달했다. 명일로라는 도로가 단지 중심부를 관통하며 약 900미터 걸쳐 있고, 이 길을 따라 단지 바깥인 둔촌2동에서 반대편 끝에 있는 동북중·고등학교까지 도보로 10분이 넘게 걸렸다. 지하철 5호선 둔촌동역이 1단지 바로 옆에 있는데, 역에서 가장 먼 동은 직선거리로 1킬로미터나 떨어져 있었다. 집에 지갑이라도 놓고 나오는 날엔 정말 큰일이 나는 것이다. 가족 중 누군가가 지하철역에 간다고 하면 차로 데려다주곤 했고, 역에서 가까운 1단지에 주차를 하고 지하철을 이용하는 주민도 더러 있어서 1단지 주민들의 불편을 호소하는 현수막이 내걸리기도 했다. 오래전에는 단지 안을 순환하는 상가 셔틀버스가 있었으나 2000년대 들어서 백화점 등 대형 유통업체의 셔틀버스 운행이 금지되는 법이 생기면서 사라지고 말았다.

단지가 워낙 크다 보니 둔촌주공으로 처음 이사를 왔거나, 친구 집에 놀러 오거나 가전제품 등 물건 배달을 온 분들은 동 호수만으로는 집을 찾기 어려워했다. 오래 산 주민들도 길을 정확히 가르쳐주기 쉽지 않았다. 대충 방향만 알려주고 거기서 다시 물어보라거나, 알려준 데까지 가면 보일 거라고 일러주는 것이 최선이었다. 한 주민의 회고가 그런 고충을 잘 보여준다.

제가 재수할 때였는데 부모님이 이사를 다 해 놓으시고 여기로 오라고 하셔서 그냥 그런가보다 하고 왔어요. 그동안 이사를 너무 자주 다녔으니까 별로 이상한 일이 아니었어요. 둔촌역[둔촌동역]에 내려서 집을 찾아가야 하는데 418동이 어디 있는지 잘 모르겠는 거예요. 사람들한테 418동이 어디냐고 물어봐도 정확히 아는 사람이 아무도 없고, 경비 아저씨도 모르시고, "418동은 모르겠고, 저기로 가면 412동이 나오는 건 알아." 뭐 이런 식이어서 결국 엄마가 데리러 나오셨던 기억이

15

있어요. 그 뒤로도 한동안은 둔촌역에 갈 때도 사람들한테
물어보며 다녀야 했던 기억이 나요.[5]

단지가 커서 불편하기만 했던 것은 아니다. 단지 안에 많은 것이
갖춰져 있어서, 단지 밖으로 굳이 나가지 않아도 생활에 아무 문제가
없었다. 우선, 둔촌주공아파트는 단지 안에 초등학교를 두 개나
품은 '더블 초품아'였다.[6] 어린이 놀이터가 12개, '정구장'이라고
불리던 테니스장이 5곳, 그리고 작은 휴게공간도 26곳이나 있었다.
대로변에 있던 가장 큰 상가인 '둔촌종합상가'를 비롯해, '나 상가'부터
'라 상가'까지 3개의 큰 상가 건물과 2개의 점포 상가가 단지 안에
분산 배치되어 어느 동에 살든 상가를 편리하게 이용할 수 있었다.
이런 다양한 편의시설들은 인도와 보행자 전용로로 연결되어 있어
안전하게 걸어 다닐 수 있었다. 둔촌주공아파트 단지는 어린이들이
안심하고 돌아다닐 수 있는 안전한 환경을 제공했고, 그 안에서 충분히
흥미진진한 하루를 보낼 수 있을 만큼 다채로웠다.
 아주 어릴 적에는 같은 동 친구들과 주로 어울렸는데, 초등학교에
들어가면서 우리 동에서 조금 먼 동에 사는 친구 집까지 놀러가게
되었다. 같은 단지인데 낯선 구역이었다. 롤플레잉 게임에서 미지의
세계를 탐험할 때 캐릭터가 움직이는 방향으로 가려졌던 길이 열리는
것처럼 둔촌주공아파트 단지 지도를 그려갔다. 크기도 놀이기구 구성도
달랐던 12개의 놀이터에 원정 다니듯 놀러 다니면 작은 모험을 떠나는
것 같았다.
 이 단지가 이상하다고 생각했던 첫 순간은 모두 연결되어 있는
지하를 직접 체험한 날이었다. 초등학교 고학년이었던 1990년대
초반에 동네 아이들 사이에서 '지하 탐험' 놀이가 유행했다. 생일날처럼
친구들이 여럿 모이는 날이면 으레 치르는 행사였다. 지하 탐험을 아직
못 해봤다는 친구가 있으면 "오늘 학교 끝나고 꼭 가보자"라는 비장한
약속을 하게 만드는 그런 일이었다. 둔촌주공아파트에서 유년 시절을
보낸 한 주민도 "가장 믿기 힘들고 잊을 수 없는" 기억으로 지하 탐험을

꼽으며 이렇게 회고한다.

> 지하 탐험 날이 되면 아이들은 지하로 통하는 문이나 창문이
> 열려 있는 아파트를 찾아다녔고 그곳을 기점으로 지하실로
> 들어가 이곳저곳을 탐험하고 다시 출구를 찾아 나오면 들어왔던
> 곳과는 다른 아파트로 나오게 되었다. 탐험이라 불리던 그 시간
> 동안 돌아본 지하실은 생각보다 깨끗했고 정돈되어 있었으며,
> 위쪽으로 나 있는 창문을 통해 빛이 들어왔기 때문에 마냥 어둡고
> 벌레나 쥐들이 가득할 것 같은 음습한 분위기는 아니었다. 그곳이
> 소문에 나오는 방공호라고는 생각할 수 없었지만, 이곳저곳
> 둘러본 지하실은 제법 살 만한 곳은 되어 보였다. 그 지하실을
> 돌아다닐 때는, 마치 영화 「구니스」에서처럼 친구들과 미지의
> 공간을 찾아간다는 설렘으로 들뜨고 흥분되면서도 경비 아저씨나
> 어른들에게 들킬까 봐 조마조마한 마음에 여러 가지로 정말
> 짜릿했던 것 같다.[7]

학교가 탐험 후기로 들썩이는데 나도 안 해볼 수 없었다. 겁이 많은
편이라 무서워 거의 눈을 뜨지 못했고, 친구 옷자락을 붙잡고 한참을
헤매며 돌아다니다가 처음 들어갔던 동에서 꽤 떨어진 다른 동으로
나왔던 기억밖에 없다. 갑자기 마주한 생경한 풍경에 여기가 어딘지를
인지하기까지 한참이 걸렸고, 어느 정도 파악이 되고 나서야 내가
사는 이 거대한 단지가 정말로 다 연결되어 있다는 사실에 적잖은
충격을 받았다. 슈퍼마리오가 파이프 통로를 통해 지하 세계를
돌아다니듯 다차원의 세계를 만난 기분이었다. 아파트 단지 자체가
영화 「스타워즈」에 나오는 복잡하고 거대한 우주선처럼 만들어진 것은
아닐까 상상하기도 했다.
   먼 훗날, 관리사무소 지하를 직접 보고 나서야 진실을 알게 되었다.
겨울에 높이 솟은 빨간 굴뚝에서 피어오르던 하얀 연기는 아파트 단지
전체를 덥히던 거대한 보일러가 내뿜는 수증기였다. 관리사무소 지하는

17

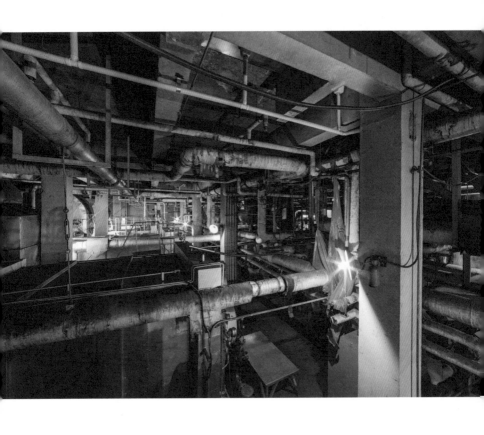

↑ 둔촌주공아파트 관리사무소 지하
(사진 ©류준열)

중앙난방시스템을 위한 엄청난 크기의 보일러와 기계 장비로 가득했다. 관리사무소 지하에서 단지 전체로 연결된 배관의 시작점을 만날 수 있었다. 두꺼운 배관 파이프와 여러 가닥의 전기선은 관리사무소 앞 도로 지하쯤에서 좌우 양 갈래로 크게 나뉘고, 수많은 지류로 복잡하게 갈라지며 단지 전체로 이어졌다. 어릴 적 지하 탐험으로 경험한 구역은 전체 지하의 일부에 지나지 않았다. 이 단지에 대한 궁금증은 더 커졌다. '왜 이렇게까지 거대한 세계를 만들었을까?'

2. '서민 주택'이라는 허명

주공아파트 건설의 목표는 표면상으로는 도시의 주택 부족 문제를 해소한다는 것이었지만, 이면에는 늘어나는 중산층의 내 집 마련 수요를 충족시키는 동시에 체제 순응적이고 정권 친화적인 집단을 만들려는 의도도 있었다. 지금은 주공아파트라고 하면 서민을 위한 소박한 아파트를 떠올리지만, 1970년대에는 그렇지 않았다. 아파트 단지 건설을 본격화하던 1960년대 후반, 상대적으로 공공자금을 넉넉하게 지원받았던 서울시는 철거민 등 영세민을 대상으로 임대 또는 장기상환을 전제로 하는, 말 그대로 서민 아파트인 '시민아파트'와 '시영아파트'를 지어 공급했다. 그에 비해 공공자금을 제한적으로 지원받은 대한주택공사는 선분양 제도를 도입해 민간 자본을 먼저 끌어들인 후 건설해야 했다. 자연히 '주공아파트'는 주택 가격의 일부를 선납할 수 있었던 계층을 대상으로 공급되었다.[1]

1971년부터 1980년 사이에 대한주택공사가 전국에 건설한 주택 물량의 86.4퍼센트는 10평대 소형아파트여서[2] 그나마 '서민주택 공급 확대'를 사업의 명분으로 삼던 대한주택공사의 면을 세워준다. 하지만 몇몇 아파트 단지들은 서민은커녕 중산층이라는 말조차 어울리지 않게 중'상'층을 위한 대형 평면 위주로 건설되었다. 선분양 제도를 최초로 도입해 공급한 동부이촌동의 한강맨션아파트는 55평형까지

← 둔촌주공아파트 입주 초기 1, 3단지 전경
출처: 대한주택공사 홍보실

만들어졌고, 1970년대 초에 건설된 반포주공아파트 1단지에는 복층 구조로 된 64평형까지 있었다. 대한주택공사에서 공급하는 주택이 이처럼 중대형 위주로 건설되자 비판적인 목소리가 불거졌다.[3] 그래서 잠실 지구는 의도적으로 7.5평형부터 19평형까지 소형아파트 공급에 집중했으나, 이번에는 반대로 슬럼화에 대한 우려가 불거져 나왔다. 결국 마지막으로 건설된 잠실 5단지는 30평형대만 건설하는 것으로 계획을 변경했다.[4]

잠실 대단지 다음에 진행된 둔촌주공아파트 건설 사업은 당시 여론을 반영하여 전용면적 10평대 80.4퍼센트와 20평대 19.6퍼센트로 구성된 '보통'에 가까운 계획을 내놓았다.[5] 하지만 다음에 설명할 '주택상환사채' 발행을 통한 분양이 진행되면서 결과적으로는 경제적으로 여유가 있는 계층에 맞춰서 둔촌주공의 평형 구성이 바뀌었다. 전용면적 10평대 이하 세대는 23.7퍼센트로 줄었고, 20평대 이상이 76.3퍼센트를 차지했다.[6] 게다가 고층아파트가 되면서 공용면적이 늘어나 공급면적으로 따지면 사실상 30평형대인 세대수가 절반 이상이 되었다. 둔촌주공아파트 역시 서민주택 건설을 표방했지만 실제로 분양받은 이는 서민이 아닌, "형식적인 서민형 주택"에 지나지 않았다.[7]

주택상환사채가 만든 변화와 갈등

둔촌주공아파트 건설이 진행되던 1978년에는 중동 건설 붐에서 이어진 국내의 건설 경기 호황으로 택지비와 건설 자재비 등 주택 건설비가 급등했다. 게다가 그동안 대한주택공사의 중요한 자금 조달처였던 AID 차관의 금리가 급격히 인상되면서 추가 자금을 조달하기 어려워졌다.[8] 결국 대한주택공사는 자체적으로 '주택상환사채'를 발행해 주택 자금을 조성하기로 한다.[9] 주택상환사채란 주택 건설 업체(여기에서는 대한주택공사)가 회사채를 매입하는 사람에게 그 업체가 짓는 주택을 공급하는 제도이다. 주택 분양 희망자는 사채를 구매함으로써 주택 가격의 일부를 사전에 분할 납부하고, 주택 건설 업체는 이렇게 확보한 재원으로 건설 용지와 자재를 구매하고 주택을 건설해 만기일에 사채 매입자에게 주택을 상환하는 것이다.[10] 공급자인 대한주택공사는 건설자금 일부를 사전에 안정적으로 조달하여 자금 압박을 덜고, 수요자인 무주택 중산층의 '내 집 마련 욕구'를 충족할 수 있다는 장점이 있었다.[11] 대한주택공사는 1978년과 1979년에 두 차례에 걸쳐 사채를 발행해 총 517억 원의 자금을 미리 확보할 수 있었고, 전국 주요 도시에 총 7667호를 건설해 상환했다.[12] 그중 59퍼센트에 해당하는 4530호가 둔촌지구에 건설되었고, 이는 둔촌주공아파트 총 세대수 5930세대의 76.3퍼센트에 달한다.

대한주택공사가 발행한 사채를 매입할 수 있는 이들은 사채모집 공고일에 해당 도시에 주민등록이 되어 있는 무주택 세대주였다. 1가구에 1구좌만 구입할 수 있었으며, 사채를 매입할 경우 다른 공공 및 민영아파트 분양신청권을 포기해야 했고, 서울의 경우 사채매입일로부터 3년간 분양 당첨이 금지되었다. 사채를 매입하려는 이가 많은 경우에는 국민주택 청약부금이나 재형저축 가입 여부 및 불입 실적에 따라 우선순위를 주었다.[13] 합리적이고 엄격한 기준으로 운영된 것 같지만 실제 적용 과정에서 많은 난점이 지적되었다. 기존 주택청약부금 가입자를 대상으로 분양 예정이었던 물량을 갑자기 주택상환사채로 변환하면서, "서민주택의 공급 질서를 복잡하게 만드는 결과"를 초래한다는 우려도 나왔다.[14] 대한주택공사에서 내세운 주택상환사채의 도입 이유 중 하나가 '투기 억제'였음에도 불구하고[15] 명의 변경이 가능했기 때문에 주택상환사채부터 프리미엄을 붙여 전매가 가능했고,[16] '입주시에 무주택자'여야 한다는 애매한 조건을 달고 '분가 예정 세대주'의 청약을 받기도 했다.[17]

게다가 당시 주택상환사채로 공급된 둔촌주공아파트 고층 30평형대 분양가를 소득 대비 주택 가격 비율(PIR, price to income ratio)로 계산해보면 약 10년 동안 소득을 모아야 매입할 수 있을 정도로 비쌌다.[18] 주택 가격의 약 40퍼센트에 해당하는 주택상환사채를 사기

◇30일 住所에 몰려가 분양가격인하를 주장하고있는
주택사채매입자들。

↑↑   대한주택공사 주택상환사채 1회
　　　출처: 대한주택공사, 『대한주택공사 30년사』,
　　　대한주택공사, 139쪽

↑   주택상환사채 계약자 시위 모습
　　　출처: 「분양가 내려달라」, 『매일경제』, 1980년
　　　5월 1일

위해서는 약 4년 치 소득에 달하는 자금을 분양 전에 확보해두고 있어야 했던 것이다.[19] 1970년대 말에는 일반 민간인을 대상으로 한 금융 대출 상품이 발달하지 않았던 만큼, 이 정도의 자금을 조달할 수 있는 집단은 연소득이 매우 높거나, 친인척 간의 증여 및 차용 등이 가능한 경우이거나, 안정적인 대출 상품을 활용할 수 있는 교사, 공무원 등의 특정 직군이 유리했을 것이다.

1978년 발행된 1회 사채 발행 청약에서 서울 둔촌지구 1100호는 신청 접수를 시작한 지 2일 만에 평균 4대 1의 경쟁률로 매진되었다. 그러나 2차 사채 발행에서는 신청자격을 1순위자로 제한하면서 청약 경쟁률이 1.7대 1로 크게 떨어졌다. 그 당시 조금씩 늘고 있던 민간 건설사의 고급아파트 건설과 전반적인 부동산 경기의 침체도 영향을 미쳤다.

주택상환사채의 가장 큰 문제는 분양 가격이 사전에 공지되지 않고 책정이 지연되는 것이었다. 고층으로 건설된 둔촌지구의 경우, 당시 일반적으로 통용되던 '공급면적'이 아닌 '전용면적'만을 표기해 사채 매입자에게 큰 혼선을 주었다.[20] 공용면적이 넓지 않은 5층 규모의 계단실형 아파트를 주로 건설할 때까지만 해도 전용면적과 공용면적을 합친 공급면적이 전용면적과 크게 차이 나지 않아서 문제가 되지 않았다. 하지만 복도 등 공용면적이 크게 늘어나는 고층의 경우 전용면적이 25평이어도 공급면적은 34평형에 달했다. 이 사실이 사전에 명확하게 공지되지 않아 계약 시점에 큰 갈등이 빚어졌다. 25평형 가격을 예상하고 자금을 준비하고 있던 이들이 분양 시점에 갑자기 34평형에 해당하는 돈을 마련해야 했다면 얼마나 당황스러웠을까? 게다가 1977년 자재 파동으로 오른 건축자재 가격이 뒤늦게 공사비에 반영되면서 주택 가격이 크게 올랐고,[21] 1979년 7월에 대한주택공사가 한국주택은행으로부터 '80년도 자금 운용 지침에 의거'하여 사채주택에 국민주택자금 지원이 어려워질 수 있음을 갑자기 통보받으면서[22] 세대당 350~400만 원가량 국민주택자금을 융자해주려던 계획도 급하게 축소되었다.

1980년 4월 23일 사채 2차 물량의 분양 가격이 공개되고[23] 4월 29일 동·호수 추첨이 이루어진 이후, 강남구 학동 주택공사 본사 앞에서 둔촌·도곡 지구 사채매입자 50여 명의 농성이 시작되었나. 이들은 '철야농성'을 벌이고 분양가 인하를 요구하는 농성을 이어갔다.[24] 이들은 주택 가격이 사채 발행 시 고지된 면적(전용면적)이 아닌 분양면적(전용면적+공용면적)을 기준으로 산정되어 1차 사채아파트보다 가격이 지나치게 높으며,[25] 주택 내부에 초배지와 모노륨밖에 되어 있지 않아 개별적으로 실내 집기를 설치할 경우 민간아파트 가격과 다르지 않으므로 분양가를 낮추거나 융자금을 200만 원에서 700만 원으로 증액해주고, 싱크대, 전등 등 내장설비도 해달라고 요구했다. 그러나 대한주택공사에서는 융자금을 가구당 50~100만 원가량 증액하는 방안과 내장설비도 '최대한 설치'라는 애매한 조건만을 내걸었다. 사채 계약자의 농성은 10일이 넘게 계속되었다. 계약을 하러 오는 다른 이들을 방해하고 선동하자, 주택공사는 계약 장소를 본사에서 600미터 떨어진 주택연구소로 옮기고 차량 2대를 동원하여 계약 희망자들을 수송하는 촌극이 벌어졌다.[26]

그런데 그들이 농성을 벌인 그 시점은 바로 '1980년의 봄'이었다. 불과 반년 전 박정희 대통령이 피살되어 정치권의 혼란이 극에 치닫던 시기, 계엄철폐를 요구하는 학생과 노동자들의 농성과 집회가 끊이지 않고, 사북항쟁, 광주항쟁 등이 이어지던 국가에 의해 무자비한 폭력이 자행되던 바로 그 봄이었다. 아무리 정당한 권리를 요구하는 시위라 해도 폭도로 몰릴 수 있었기에 겁이 났을 만도 한데, 국영기업을 상대로 10일이나 철야농성을 벌였던 것이다. 어쩌면 사회 정의나 정치적 이슈가 아닌, 10년 치 평균 근로소득을 다 모아야 겨우 살 수 있는 30평형대 아파트의 분양 가격을 낮춰달라는 요구는 당시 정권이 전혀 위협으로 느끼지 않는다는 것을 알았던 것인지도 모르겠다.

대한주택공사는 분양 계약 기간을 원래 계획보다 2주가량 연기하고, 기간 내에 계약하지 않을 경우 납입했던 사채 원리금은 현금으로 상환하며 주택은 일반분양으로 전환한다고 밝혔다.[27] 그럼에도 분양 마감 하루 전까지 둔촌 3단지의 계약율은 95.5퍼센트(1480가구 중 1413가구, 미계약 67가구), 4단지는 94.7퍼센트(2180가구 중 2064가구, 미계약 116가구)로 미계약 가구가 총 183가구에 달했다.[28] 최종적으로 계약 무효 또는 해약된 174호를 대한주택공사는 '주택의 공급에 관한 규칙'에 따라 순위별로 분양한다고 공지했으나,[29] 신청자는 37명에 불과했다. 우선순위자인 국민주택 청약부금 가입자들은 정권 교체 이후 새롭게 시작된 '신종복지주택 부금대출'에서도 우선권이 있었기 때문에 선뜻 나서지 않았고,[30] 당시 주택경기가 매우 저조한 상황에서 규모가 큰 30평형대가 많이 남아 있던 것도 미분양 장기화의 원인이었다.[31] 격렬한 민원 갈등과 미분양까지 겹치면서 주택상환사채는 대한주택공사에 "큰 시련"의 기억으로 남게 된다.[32]

반공 국민 만들기와 주공아파트

둔촌주공아파트가 왜 지어졌는지에 관한 이런저런 이야기가 많이 전해지는데, 그중 하나가 '박정희 점지설'이다. 둔촌동에서 멀지 않은 성남의 서울공항에서 비행기를 타고 내리던 박정희 전 대통령이 하늘에서 내려다보며 대단지 아파트를 건설하기에 좋아 보인다며 이 땅을 점지했다는 이야기가 전설처럼 내려온다. 하지만 둔촌주공 건설 계획과 관련한 공문서를 살펴보면, 박정희 대통령의 특별 지시로 만들어졌다는 언급이 없고 이를 암시하는 긴박감도 전혀 느껴지지 않는다는 점에서 이 설은 사실이 아닌 것으로 보인다.[33]

그럼에도 '반공'을 최우선시하던 박정희 정권 시절의 분위기는 둔촌주공아파트 곳곳에 스며 있었다. 한때 아이들이 지하 탐험을 즐겼던 지하 공간은 북한과의 전쟁을 대비해 만든 벙커라거나, 아파트 단지에 중앙정보부 사람들이 많이 산다는 소문도 돌았다. 나중에 한 부동산 중개업자에게 들은 바로는, 중앙정보부 직원 다수가 이 동네에 산 것은 성남 서울공항과 과천 정부청사가 가까워서이며, 보훈병원(전

원호병원)도 마찬가지 이유로 둔촌주공 옆으로 이전했다고 했다.

1970년대는 급격한 경제성장을 이룬 시기로 기억되지만, '싸우면서 건설하자'라는 구호를 전면에 내세울 만큼 정치적 불안감이 외려 사회 변혁의 동력이 되던 시기였다. 1968년에 발발한 '김신조 간첩 사건'부터 미군 정찰선의 나포, 울진·삼척 무장공비 침투 등 북한의 도발이 계속되며 국가와 박정희 대통령 본인의 안위가 위협받고 있었다. 이런 시점에 동맹국인 미국 대통령이 1969년 7월 25일, 아시아에서 직접적인 군사 개입을 하지 않고 대신 원조 체제로 돌아선다는 '괌 선언'을 발표한다. 이른바 자국의 안보는 스스로 책임져야 한다는 닉슨독트린은 북한과 대치 중이던 남한에는 평화롭게 들리지 않았다. 국내에서도 1970년 전태일 열사의 분신 항거로 심화된 노동운동과 1971년 8·10 성남 항쟁(광주 대단지 항쟁) 등 도시 빈민 투쟁이 격렬했다. 이렇듯 국내·외 정세 변화에 정치적 위협을 느낀 박정희 정권은 1972년 10월 17일 대통령 특별선언을 통해 초헌법적인 국가긴급권을 발동하며 비상계엄령을 선포하고 국회 해산과 정당 및 정치 활동을 금지했다. 그리고 장기집권 독재를 가능하게 한 유신헌법을 1972년 12월 17일에 선포하기에 이른다.[34]
　이어 1973년에는 제1차 석유파동으로 또다시 전 세계적 혼란이 일었고, 1975년에는 동남아시아 지역에서 공산화의 '도미노' 현상이 벌어졌다. 캄보디아에서 크메르 공산군이 수도 프놈펜시를 점령했으며, 베트남 정부의 항복으로 베트남전이 종식되었고, 라오스에서도 좌파가 실권을 장악하면서 한 달 만에 일대가 공산화되는 국제정세의 변화가 몰아친 것이다. 다시금 국가 안보 강화를 위해 '반공' 이데올로기가 강조되기 시작했고, 정치적 우호 계층을 끌어들여 포섭하려는 '반공 국민 만들기'가 시급하게 진행되었다.[35]
　정권에 우호적인 특정 계층을 대상으로 한 '특별분양'이나 '수탁주택 건설' 같은 시혜성 주택 공급 확대도 반공 국민 만들기의 일환이었다. '특별분양'의 대표적 사례로는 반포 주공아파트 1단지에

"당시 정권의 조국 근대화를 주도할 핵심인력으로 간주"되는 정부 관계자, 군인, KDI(한국개발연구원) 직원, 서울대학교 교수, 외국인 등에게 입주권을 부여한 것을 들 수 있다.[36] 또한 1974년 건설된 '영동 AID아파트'의 공급 물량 30퍼센트가 공무원을 위한 것이었으며, 군인과 언론인에게도 각각 5퍼센트씩 할당되었다.[37] 이러한 특별분양의 대상이 될 수 있는 자격은 법으로 정해졌다. 그 목록에서 당시 국가가 필요로 했던 이들의 범주가 매우 노골적으로 드러난다. 국민주택은 지원이 필요한 원호 대상자, 재해민 및 철거민 외에도 공업단지 내 기업 종사자, 국가 또는 지방자치단체 소속 근무자에게 특별분양될 수 있었으며, 민영주택은 해외 1년 이상 취업 근로자, 해외에 2년 이상 거주 후 귀국한 자, 국가기관의 공무원, 영주귀국 과학자, 수출업 관련 은행 임직원, 외국 특파원 등이 특별분양 자격 조건에 포함되었다.[38]

'수탁주택'은 국민주택 건설 확대를 명분으로 대한주택공사가 정부, 지방자치단체, 공공기관 등으로부터 요청받아 지은 주택을 말한다. 대표적으로 1966년 서울 동부이촌동에서 시작해 전국으로 퍼져나간 공무원아파트나 국방부의 군인아파트, 원호처의 원호주택 등을 들 수 있는데,[39] 주된 수혜자가 정권 옹호에 중요한 역할을 하는 이들이라는 점에서 '특별분양'과 맥을 같이했다.

이러한 시혜적 주택 건설은 1978년에 특히나 대풍년이었다. 박정희 대통령은 전국 순시를 돌며 선물처럼 아파트 단지 건설을 약속하고 다녔다. 교수, 정신문화연구원 직원 등 지식인과 군인, 공무원처럼 정권 유지를 돕는 우호 세력에게 그 선물이 돌아갔다. 서울대학교와 제주대학교의 교수아파트 건설 지시가 이때 내려졌고, 서울시 용산구 동빙고동, 도봉구 공릉동, 성남시 창곡동 등지에 군인아파트가 지어졌다. 그 외에도 설악산 공무원아파트, 경주 보문단지 종사원아파트 등이 추진되었고, 특별히 정신문화연구원 직원을 위해서는 연립주택을 건설하라는 섬세한 지시가 내려졌다.[40] 수탁아파트의 건설 목표도 2800가구에서 1만 가구로 대폭 확대되었다.[41]

1978년은 둔촌지구의 개발이 시작된 해이기도 하다. 둔촌주공아파트
전체 세대수의 5.7퍼센트에 해당하는 340세대가 국가직 근무자를 위해
할당되어, 공무원임대아파트 100세대와 중앙정보부 임직원을 위한
사택 240세대가 건설되었다. 동네에 중앙정보부 사람이 많이 살았다는
소문이 사실이었던 것이다. 우선 16평형과 18평형 각각 60호와 25평형
80호로 총 200호가 중앙정보부 임직원에게 분양하는 국민주택으로
건설되었다. 그리고 40호가 추가 사업으로 진행되었는데, 처음에는
이를 중앙정보부의 기숙사로 활용할 계획이었다는 점이 매우 특이한
부분이다.[42]

중앙정보부는 대한주택공사에 기숙사 신축을 의뢰하는 공문을
보내며 요구 사항을 직접 도면으로 그려 함께 송부했다. 이곳이
중앙정보부의 기숙사라는 것이 겉으로 드러나면 안 되는 상황이었는지
"외형은 아파트와 동일"이라고 별도 표기해 두었다. 같은 현장에
지어진 5층 규모의 다른 주동과 동일하게 외부로 연결된 출입문이
4개이고, 여기에 연결된 계단실도 밖에서는 각각 따로 만들어진 듯
보이지만, 사실 출입문으로 들어가면 1층은 복도로 모두 연결되도록
설계되었다. 1층 중앙에는 가로 13.5미터, 세로 9.3미터 규모의
공용 식당을, 그 옆으로 주방과 종업원 숙소, 그리고 통신실, 오락실,
창고 등을 따로 두었다. 2층부터 5층까지는 16평형 아파트 평면과
크게 다르지 않았지만, 세대 내부에 주방이 없고 대신 방이 하나 더
있는 구성이었다. 총 96호실로 남자와 여자가 각각 48호실을 나눠
쓰도록 계획했다.[43] 도대체 왜 이런 시설을 이곳에 설치하려고 했는지
정확한 이유를 알 수는 없지만, 가까운 곳에 과거 원호병원이었던
중앙보훈병원도 있다는 점에서 이 지역이 중앙정보부에 중요한 의미가
있는 지점이지 않았을까 추정해볼 따름이다.

하지만 이 계획은 실현되지 않았다. 중앙정보부는 1979년 6월에
돌연 기숙사 건립 취소를 통보한다. 이후 기숙사 대신 25평형 아파트
40세대를 건설하는 것으로 계획이 바뀌었다. 그런데 특이하게도 다른
일반 동과 달리 4개 라인이 아니라 2개 라인만 묶어 주동의 길이가

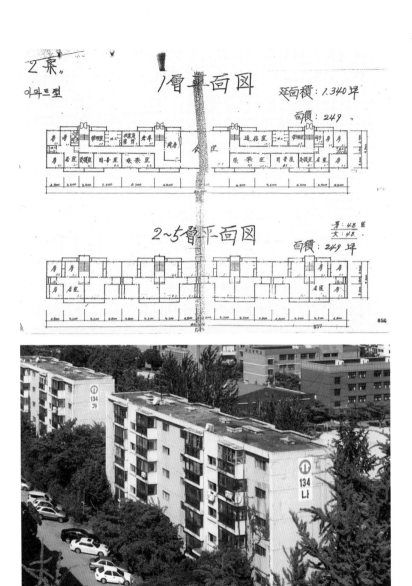

↑　중앙정보부 둔촌 기숙사 평면도 계획안(위)과
　　실제 건설된 모습
　　출처: 대한주택공사, 「둔촌지구 기숙사 평면도
　　송부」, 1978년 8월 14일; 사진 ©류준열

유독 짧은 2개의 동으로 만들고, 각각에 '134가'와 '134나'라는 동명이
붙었다. 이를 두고 주민들은 백범 김구를 암살한 안두희를 처단하려는
누군가가 이곳을 찾았을 때 헷갈리게 하려는 수작이라고 말하곤 했다.
실제로 1987년 7월, 안두희가 둔촌주공아파트에 거주하다가 피습을
당했기 때문에 134동과 안두희가 모종의 관계가 있었을지도 모른다는
의구심은 여전히 남아 있다.[44]

박정희 정권 말기에 막강한 권력을 행사하던 중앙정보부 임직원을
대상으로 주택을 건설하는 것은 대한주택공사로서도 긴장되는
일이었던 듯하다. 대체로 무미건조한 문체로 작성된 다른 문건과 달리,
중앙정보부 수탁아파트 건설 계획이 담긴 내부 문건은 "차질이 없도록
하고", "특단의 조치를 취할 것", "지체 없이", "만전을 기할 것" 같은
긴장감이 느껴지는 표현이 자주 등장한다.[45] 중앙정보부 분양분에는
융자금도 상당히 넉넉하게 지원되어, 10평대는 주택가격의 34퍼센트,
20평대는 23.9퍼센트까지 지원받을 수 있었다. 일반분양으로 18평형을
분양받을 경우 180만 원까지 융자가 가능했던 반면, 중앙정보부
임직원은 그 2배가 넘는 400만 원까지 빌릴 수 있었다. 그런데도
중앙정보부 임직원 가운데 중도금을 미납한 이가 17퍼센트에 달했다.[46]
여전히 주택 부족이 심각했고 금리도 높기로 유명했던 1970년대
말이었지만, 중앙정보부 직원들은 '감히' 대한주택공사가 자신들에게
연체이자나 계약 해지를 요구하진 않을 거라 여긴 것이 아니었을까?
당시 중앙정보부의 고자세가 느껴지는 대목이다.

올림픽을 향한 꿈과 체육계의 이동

둔촌주공아파트의 건설 배경을 알아내기 위해 관련 문서를 살펴보다가
한 지도에서 둔촌지구 바로 옆에 '국립종합경기장'이라고 적힌
것을 발견했다. 둔촌주공아파트가 건설되기 전부터 이미 그곳에
국립종합경기장 건설이 예정되어 있었던 것이다. 국내 최대 단지의
시작에 뭔가 대단한 이야기가 있을 것이라 기대했던 나는 잠시

설레었다. 하지만 관련 문서 내용을 살펴보면, 이 거대한 땅을 매입하게
된 이유는 그저 '땅값이 싸서'였다. 1978년 3월 17일, 대한주택공사
내부에서 진행된 '제31차 이사회'의 회의에서 당시 사장이던 양택식은
다음과 같이 말하며 둔촌지구 매입을 결정했다.

> 매수나 건설에 약간의 차질이 있는 것은 관계 기관과 관계
> 부처에 충분한 협조를 하고, 매수량이 좀 많을 것 같지만 매년
> 토지 매입 위한 어려움을 감안하면 일괄 매수하여 서울지구에
> 연차적 사업을 시도하도록 하는 것이 좋겠습니다. 또한 대단위
> 아파트 단지를 형성하여 제반 생활 여건을 갖추는 데는 큰 부지가
> 경제적인 것 같습니다.

둔촌지구 개발이 논의되던 1970년대 말, 택지 가격은 한 해에만 거의
2배씩 뛰었다.[47] 1970년대 중반에 정부가 중화학공업을 육성하기
위해 투자 자본을 국내로 대거 유입하면서 인플레이션이 발생했고,
그 영향으로 투기 수요가 급증하여 토지 및 주택 가격이 폭등했다. 그
덕에 건설업계는 한 차례 호황을 맞이했고, 민간건설업체의 아파트
단지 건설이 줄줄이 이어졌다. 1970년대 말에 이르러서는 이미 아파트
단지 건설을 위한 1천 평 이상의 대규모 택지를 확보하는 일이 점점 더
어려워졌다.[48] 이런 상황에서 서울 남동쪽의 부도심이 될 잠실 지역과
가깝고 지가가 상대적으로 저렴해 서민주택 건설 적격지로 평가받는
미개발 부지가 눈에 들어왔던 것이다. 대한주택공사로서도 한 번에
매입하기에 부담스러웠음에도 토지 구하기가 무척 어려워진 상황을
고려하여 전량을 매수하기로 결정했다.
　그렇다면 둔촌지구는 왜 다른 지역에 비해 저렴한 땅으로 남아
있었을까? 그 이유는 단지에 인접한 올림픽공원과 그린벨트였다.
지금이야 올림픽공원과 가까운 입지와 그린벨트가 자아낸 일명 '숲
뷰'가 아파트 가치 상승 요인이지만, '88 서울올림픽 개최가 확정되기
전까지 올림픽공원은 '국립종합경기장 예정지'라는 이름으로 수십

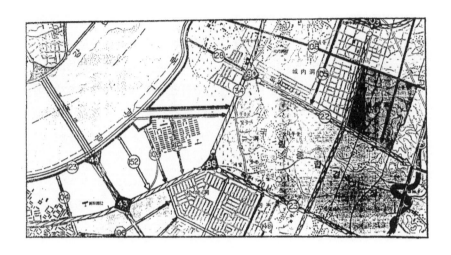

↑   둔촌지구 후보지 주변 현황
출처: 대한주택공사, 「둔촌동지구 국민주택 건설
용지 매수」, 1978년 3월 17일

년간 묶여 주변 지역의 개발을 가로막는 장애물에 불과했다. 게다가 경기도와 맞닿은 동쪽 경계는 1971년부터 개발제한구역(그린벨트)으로 묶여 있었다. 둔촌지구는 두 모서리가 '묶인 땅'으로 막혀 있었던 것이다. 지금은 도로가 매끈하게 닦인 거대한 사거리지만, 당시 국립종합경기장 예정지의 경계를 따라 난 길은 제대로 포장도 되지 않았다.[49] 둔촌지구는 잠실과 직선거리로 가까웠지만 제대로 이어져 있다고 볼 수 없는 사각지대였던 셈이다.

한 가지 특이한 사항은 대한주택공사가 토지 매입 후보지를 검토할 때만 해도 원래 둔촌지구는 당장 개발을 진행할 계획이 아니었는데, 1977년 11월 16일 건설부의 지시로 둔촌지구의 개발이 갑자기 앞당겨졌다는 것이다.[50] 해당 내용이 명시된 문서를 확인하지는 못했지만, 이 지시가 1970년대 후반부터 다시금 꿈틀거리던 올림픽의 꿈을 향한 정부와 체육계의 움직임과 연관되어 있을 것이라는 심증이 가시질 않는다.

국립종합경기장 건설의 꿈은 이승만 대통령 시절까지 거슬러 올라간다. 전후 복구도 미처 끝내지 못한 때였지만, 당시 스포츠는 전 세계적으로 근대국가라는 새로운 개념을 체화하고 국민의 단합과 결속을 도모하는 중요한 정치 수단이었다. 특히 '반공'을 강조하며 북한과 체제 경쟁을 하던 남한에게 국제 무대에서의 성취는 달성해내야만 하는 목표이자 절실한 꿈이었다.[51] 이를 실현하기 위한 기반시설로써 종합대경기장 건설에 대한 요구가 적지 않았고, 상도동, 서울 교외이던 우이동, 뚝섬과 용마봉 일대 등이 경기장 후보지로 거론되다가, 중곡동의 "컨츄리 구락부"(컨츄리 클럽) 근방 공원지에 종합대경기장을 착공한다는 기사가 발표되기도 했었다.[52] 하지만 내내 예산 문제 등으로 진행되지 않다가 1961년 5·16 군사정변 이후 다시 구체화되기 시작했다.

1962년 3월에는 1966년에 개최될 '제5회 아시아 경기'의 한국 유치를 목표로 서울 근교에 "푸른 한강을 끼고 주위 1백만 평을 무대로 마련될 '맘모스 그라운드'"를 건설하는 '국립종합경기장 건설안'이

국가재건최고회의 문교사회분과위원회의에 의해 작성되었다.[53] 하지만 후보지가 세 개 지구로 좁혀졌을 뿐 예산도 책정하지 못해 1966년은커녕 1970년에 개최될 '제6회 아시아 경기'나 겨우 노려볼 상황이었다. 이후로도 부지 선정은 계속 혼선을 빚어 1964년에는 잠실동에 종합경기장을 건설한다고 발표되었는데, 이는 지금 우리가 아는 잠실 지역이 아닌 반포 일대를 가리켰다.[54]

'제6회 아시아 경기'(1970년) 개최지로 한국이 선정되면서 체육계가 한껏 고무되었는데, 아마도 아시아 대회 유치를 준비하던 1966년에 국립종합경기장의 위치를 현 올림픽공원과 올림픽 선수·기자촌 아파트 일대로 정한 것으로 보인다. 1966년 3월, 김현옥 서울시장 취임 직후 발표된 '서울도시기본계획'을 바탕으로 제작된 '최신 서울특별시 전도(1966)'에 '국립경기장 예정 부지'라는 문구가 직사각형으로 표시되었다. 이어서 1967년 8월 5일에는 언론을 통해 지금의 위치와 같은 '성동구 모이동'이 종합경기장 건설 후보지로 지정되었다고 공지되었다. 하지만 당시의 국가 재정으로는 국제대회를 개최하기 위한 시설과 예산이 부족했고, 결국 1967년 유치 포기 선언을 하기에 이른다. 1968년에 건설부 고지를 통해 국립경기장 예정 부지가 공식화되었으나, 한동안 국제대회를 유치하자는 움직임마저 한풀 꺾여 그 뒤로 이 땅은 명확한 개발계획도 없이 방치되었다.

이후 박정희 정권은 민관식 대한체육회장을 중심으로 엘리트 체육 진흥에 힘썼다. 태릉선수촌과 전문 체육학교 설립, 대학 내 체육학과 신설, 스포츠 과학 육성 등 대폭적 지원과 함께 체육 분야가 비약적으로 발전했다. 그 결과 1970년대에는 분위기가 사뭇 달라졌다. 1976년 몬트리올 올림픽에서 레슬링의 양정모 선수가 그토록 고대하던 첫 금메달을 목에 걸며 남한 체육계의 위상을 세상에 알렸다. 이어서 1978년 9월에는 국제대회 유치의 꿈도 이루었다. '제42회 세계사격선수권대회'를 서울에서 치러낸 것이다.

그 배경에는 박정희 대통령의 경호실장이었던 박종규가 있었다. 그는 1970년 1월부터 대한사격연맹 회장을 겸직하며, 1974년 9월

대회 유치에 성공했다. 1974년 8월 15일에 일어난 영부인 육영수의
피살 사건으로 대통령 경호실장직에서 물러난 지 불과 한 달만의
일이었다. 1978년 '서울 세계사격선수권대회'를 성공적으로 치러낸
박종규는 1979년 대한체육회장이 되었고, 바로 이어서 '올림픽 유치에
관한 사회적 타당성' 문건을 제출하여 관계 장관과 박정희 대통령의
승인을 받아 그해 10월 8일 올림픽 유치 의사를 공표했다.[55] 박종규에
의해 잠잠하던 국제대회 유치라는 꿈이 다시금 꿈틀거리기 시작하던
즈음, 마침 공교롭게도 건설부에서 기존 계획을 변경하면서까지
국립종합경기장 예정지에 바로 붙어 있는 둔촌지구의 개발을
검토하라는 지시를 내린 것이다.

둔촌주공아파트 단지 내부에 만들어진 학교와 체육 관련 시설의
면면을 살펴보면, 1970년대 말 국립종합경기장 쪽으로 몰린
체육계의 에너지와 움직임이 둔촌지구 개발에 영향을 미쳤음을
알 수 있다. 강남개발 당시, 강북 도심 지역에 몰린 '명문' 학교를
강남으로 이전시키는 것은 인구 분산을 위한 중요한 유인책이었다.
이는 강동과 송파 지역이 개발될 때도 마찬가지였다. 100년이 넘는
역사를 지닌 배재중·고등학교는 고덕동으로, 보성중·고등학교와
창덕여자고등학교는 오륜동으로 이전했다. 모두 대단지아파트가 집중
건설된 지역에 자리 잡았다는 공통점이 있다. 그런데 둔촌주공아파트가
건설될 때 이전해 온 동북중·고등학교는 소위 '명문'으로 불리는
학교와는 조금 달랐다.[56] 관련 기사를 검색해보면 '우승'이라는 제목이
가장 많이 따라붙을 정도로 동북중·고등학교는 '체육 명문'이었다.

동북중·고등학교는 원래 장충동에 있었는데, 당시 '서울운동장'이라
불리던 동대문운동장·장충체육관과 매우 가까웠다.[57] 그래서인지
동북고등학교 학생들은 서울운동장에서 전국체육대회가 벌어질 때마다
개회식에 동원되곤 했다. 1966년에 열린 제47회 전국체육대회에는
박정희 대통령이 직접 참석해 "우리는 개인보다는 겨레를, 집단보다는
국가를 위해 공헌할 수 있는 단결과 협동의 정신을 길러내야
하겠다"라고 연설했고, 그 정신을 고스란히 시각화한 듯한 매스게임을

4개 고등학교 학생들이 선보였는데 그중 하나가 동북고등학교였다.[58]

동북중·고등학교는 특히 축구부가 유명하다. 1970년대 최고 인기를 얻었던 이회택과 2002년 월드컵 4강 신화의 주역 홍명보, 그리고 현재 영국 프리미어리그에서 활약하고 있는 손흥민 등 많은 유명 선수와 감독을 배출했다.[59] 축구는 대중적으로 큰 인기를 누리며 '국민국가' 형성에 크게 일조한 근대 스포츠 중 하나다.[60] 한국에서도 '국기'(國技)로 불리며 내셔널리즘과 깊이 맞물려 발전했다. 1966년 런던월드컵에서 북한이 8강에 진출한 것에 자극받아, 이듬해인 1967년 중앙정보부가 직접 나서서 '양지'(陽地)라는 이름의 축구단을 창설할 정도로 한국 축구는 반공 이데올로기 확대의 수단으로써 적극 육성되었다.[61] "박정희 정권기에 학교와 지역과 사회를 통합한 국민국가의 스펙터클"로 자리 잡으며[62] 정권의 지원을 받은 축구 종목에서 두각을 나타내던 '축구 명문'이자, 각종 체육대회에 동원되던 동북중·고등학교가 체육계의 새로운 중심지로 떠오를 국립종합경기장 인근으로 이전하게 된 것이 우연일까?

둔촌주공아파트 단지와 관련된 또 다른 체육계의 흔적은 '한국사회체육센터'(SAKA)라는 기관의 존재다. 원래 단지를 조성할 때까지만 해도 오랫동안 다양한 사회체육과 사회교육 활동을 이어온 서울 기독교청년회(YMCA)가 '종합사회교육관'을 건립하여 운영할 예정이었다.[63] 이미 잠실 주공아파트 5단지의 '잠실 YMCA' 스포츠센터를 위탁 운영한 경험이 있는 이들은 둔촌주공아파트에서는 자체 사업 진행을 위해 직접 교육관을 건립할 계획으로 1000평 규모의 땅을 매입했다. 수영장, 체육관, 강당 등으로 구성된 연면적 1500평 규모의 건물 설계까지 마쳤었다.[64] 그런데 설계도에 나와 있던 YMCA 건물은 건설되지 못했고,[65] 1980년대 전두환 정권에 들어서서 사업의 주체도 바뀌었다.

새롭게 등장한 단체는 '재단법인 새바람'이라는 곳이었다. 한국사회체육센터 이사회를 꾸린 이들 중에 국회의원을 비롯하여 축구협회 회장, 경희대 교수, 고려대 교수 등이 있었다. '86

아시안게임과 '88 서울올림픽을 앞두고 체육계의 정계 진출이 눈에 띄게 늘면서, 한국사회체육센터 창립자가 1986년 서울올림픽 조직위원회 사무차장에 임명되는가 하면 오랫동안 센터 이사장을 역임한 이는 1985년 제12대 국회의원 선거에서 민정당 전국구 후보로 출마해 당선되기도 했다. 이들은 서울올림픽 개최가 확정(1981년 9월)된 지 반년이 지난 1982년 3월부터 장소를 물색하다가 둔촌주공아파트 단지 내 체육시설 부지를 인수했다. 그리고 YMCA의 이전 설계안보다 더 큰 연면적 2760평 규모의 5층 건물을 설계해 1983년 2월 한국사회체육센터 착공에 들어갔다.

이사회의 화려한 면면에도 불구하고 건립 및 운영 과정에는 문제가 많았다. 건설 공사대금 36억 원이 제대로 지급되지 않았고, 경영난으로 지상 건물이 경매 입찰될 뻔하기도 했다. 그런데 올림픽이 끝난 후 "빚더미 사회체육센터"를 국민체육진흥재단이 국민의 세금과 성금으로 모은 진흥기금으로 인수하기로 하면서 논란이 일었다. 심지어 한국감정원에서 내놓은 감정가보다 8억 원이나 더 높은 44억 원으로 인수되었다. 이는 국정감사 질의 내용으로 처음 확인되고 신문기사를 통해 보도되었는데, 흥미로운 점은 해당 기사를 기점으로 한국사회체육센터가 개인이 사회체육 확산을 내세워 건설한 기업으로 설명되기 시작했다는 점이다.[66] 한국사회체육센터를 발족한 '재단법인 새바람'의 존재는 어느새 지워지고 없었다.

주택공사가 건설하고 공급한 이 거대한 단지는 서민들의 '내 집 마련'을 위해 지어진 것이 아니었고, 입주민 역시 결코 '아무나'가 아니었다. 국민의 기본권이라고 할 수 있는 집을 공급하면서 박정희 정권은 자신의 정치적 색깔을 노골적으로 드러냈다. 누가 특혜를 받을 수 있는지, 어떤 기획이 지원받고 어떤 사업이 퇴출되는지가 둔촌주공아파트 한 단지에서만 여러 모습으로 나타났다. 이것이 박정희 정권이 그토록 내세웠던 주술적 구호인 "국민총화"(國民總和)를 위한 '국민 만들기'였다는 주장은 지나치지 않을 것이다.

3. 20세기 모더니스트

옅은 회색빛의 5층 아파트는 흔히 '성냥갑 아파트'라는 오명으로
불리곤 했다. 대한주택공사가 건설한 주공아파트는 그런 성냥갑
아파트의 대명사였다. 전 세대가 남향 배치로 이루어진 한강변의
반포주공아파트를 상공에서 찍은 사진을 보고 프랑스의 한 사회학자가
'군 막사'로 오해했다는 일화도 유명하다. 하지만 만약 그 사진을
서양의 도시나 건축을 전공한 학자가 보았다면 반응이 좀 달랐을지도
모른다. 전 세대가 남향을 바라보도록 단지를 꾸리는 '일자형 배치'
방식은 바우하우스의 교장이었던 발터 그로피우스가 1928년 담머스톡
단지(Dammerstock Siedlung) 현상설계에 내놓은 당선안의 배치와
흡사하다. 이는 비슷한 시기에 결성된 근대건축국제회의(CIAM)가
도시주거에서 중요하게 강조한 '일조, 채광, 통풍'을 가장 잘 확보할
수 있는 설계 방식이기도 하다. 그런 면에서 군 막사로 오해받았던
반포주공아파트는 "유럽의 근대건축 및 도시계획 운동의 생각을
충실히 우리나라 초기의 주거단지 계획에 적용한 사례"라고
평가되기도 한다.[1] 그리고 1970년내 초에 이를 건설한 대한주택공사는
사실 근대건축의 이상을 한국의 현실에 맞춰 구현하기 위해 다방면의
연구와 실천으로 매진한 '모더니스트' 건축 집단이었다.

　1920년대 유럽에서 도시와 주거 문제를 다루면서 시작된 모더니즘

←　둔촌주공아파트의 '모정상'
　　출처: 대한주택공사, 『국민주택건설22년』, 49쪽

↑　전 세대 남향의 일자형 배치로 구성된
　　반포주공아파트 1단지
　　출처: 대한주택공사, 『주택단지총람 '71-77』,
　　1978, 20쪽

↑   1954년에 완공된 미국의 프루이트-아이고 단지
(퍼블릭 도메인)

↑   프루이트-아이고 단지 폭파 철거 모습
    (퍼블릭 도메인)

운동은 제2차 세계대전 후 전 세계로 확산되었다. 한국에서는 근대건축 교육을 이수한 엘리트들이 1960~70년대 대한주택공사에 모여 모더니즘이 제시한 '이상적 계획'을 답습한 것으로 보이는 단지를 계획하기도 했다. 1960년대 초반에 건설된 마포아파트는 1950년대 말 미국 세인트루이스에 건설된 프루이트-아이고 단지와 유사한 지점이 많아 이를 참고한 것으로 추정하기도 한다. 뉴욕 세계무역센터를 설계한 미노루 야마사키가 설계한 프루이트-아이고 단지는 1955년 완공 후 사회 문제가 될 정도로 급격히 슬럼화되었고, 20년도 채 지나지 않은 1972년 3월 16일 단지 전체가 폭파·철거되었다. 이 단지가 폭파되는 장면은 '근대건축의 죽음'을 상징하는 이미지가 되어버리는데,[2] 아이러니하게도 한국에서는 그즈음부터 오히려 대규모 아파트 단지의 건설이 폭발적으로 이루어지기 시작했다.

　1970~80년대에 대한주택공사에 의해 건설된 주공아파트는 당시의 심각한 주거난을 해소해주는 동시에 낮은 용적률로 쾌적한 거주 밀도를 유지했고,[3] 넓은 녹지와 다양한 부대시설을 함께 조성하려 애썼다. 이는 대한주택공사가 단지 단시간에 저렴한 주택을 최대 물량으로 공급하는 것만을 목표로 삼지 않았음을 의미한다. 당시 대한주택공사의 사훈은 "우리는 복지사회 건설의 사명을 띠고 새롭고 값싸고 살기 좋은 주택을 많이 건설하여 국민 주거 생활 향상에 이바지한다"였다. "새롭고", "살기 좋은 주택"이 모더니스트 집단으로서 지향하던 이상을 드러낸다면, "값싸고", "많이"는 당면한 문제를 해결하겠다는 의지였다.

'근린주구' 라는 이상향

1920년대 밀 미국의 노시계획가 클래런스 페리는 근린(neighborhood)에 해당하는 지역 범위에서 커뮤니티 생활을 위해 필요한 다양한 요소가 조화로운 관계를 형성하는 주거지 개발 방식인 '근린주구론'을 주장했다.[4] 이 개념이 한국에 처음 소개된 것은

1950년대 중반이며,[5] 곧 대한주택공사 내부에서 이에 관한 논의가 활발히 이루어졌다.

1960년대에는 택지 개발이 산발적으로 이루어져 작은 필지들이 무질서하게 난무했고, 생활에 필수적인 제반 시설이 마련되지 않아 주민들의 불편이 컸다. 근린주구론을 참고하면서부터 개발의 단위를 대규모화해 교통, 상하수도 및 각종 시설을 갖춘 생활환경을 고려하기 시작했다. 1960년대에 개발한 화곡단지와 동부이촌동부터 근린주구론이 적용되었다고 보기도 하지만,[6] 『한국공동주택계획의 역사』는 '잠실 대단지 건설'을 근린주구론이 본격적으로 도입된 사례로 꼽는다. 이때부터 일상에 필요한 각종 시설을 집적하고 안전하고 편리하게 이용할 수 있도록 체계적으로 연결하여 '편의성'을 추구하는 것이 한국 대단지아파트의 기본적인 특징으로 자리 잡았으며, 오늘날까지 '생활권 계획'이라는 이름으로 아파트 단지 만들기의 원리로 견고하게 이어지고 있다.[7]

근린주구론은 "초등학교 한 개가 필요한 인구 규모"와 이에 맞는 주택 및 시설을 통합적으로 개발하는 것이 기본 원칙이며, 학생 1000~1200명이 재학하는 초등학교를 중심으로 반경 0.25마일(약 400미터)을 적정 거주 면적으로 제시한다. 이는 인구 밀도에 따라 달라질 수 있지만, 주거 지역이 특정 성격을 확보하고 유지하기 위해서는 부지의 한 변이 0.5마일(약 804미터), 면적 160에이커(약 64만 7497제곱미터)가 적정하다고 보았다. 차량이 빠르게 달리는 간선도로를 주구의 외곽에 배치하고, 단지 중심부에는 주민을 위한 상점, 교회, 도서관, 커뮤니티 센터 등을 설치하고 차량 속도가 제한되는 넓지 않은 길로 이들을 연결한다.[8]

둔촌주공아파트는 "잠실 뉴타운 건설 때 정립된 대규모 아파트 건설의 정형에 다양성과 실용성이 부가된 아파트"[9]이자, 근린주구 개념에 "가장 충실한 모범적인 단지"[10]로 평가받았다. 둔촌주공아파트의 단지 설계를 보면 근린주구론의 기본 요소를 적절히 구현한 것을 알 수 있다.

우선, 사각형 단지의 한 변이 700~900미터이며 총면적은 약 62만제곱미터로, 근린주구론이 주장하는 주거지의 성격을 확보하기에 최적화된 규모이다. 초등학교가 2개나 배치된 것은 이론과 조금 다른 부분이지만, 단지의 형태가 사각형이다 보니 꼭짓점 부근에서 단지 중심까지 거리가 400미터를 넘었고, 공동주택 건설로 약 6000세대가 들어서면 초등학교 1개로는 부족하다고 주택공사는 판단했을 것이다. 결과적으로 단지 안에 두 개의 핵처럼 둔촌초등학교와 위례초등학교가 자리 잡게 되었다. 흔히 말하는 '초품아'(초등학교를 품은 아파트)를 넘어서는 '더블 초품아'인 것이다. 이 외에도 단지 외곽에는 단지 외부에 거주하는 학생들도 이용하는 중·고등학교를 배치해 "각종 시설과 그 이용권에 대한 합리적인 대안 검토가 이루어졌다"라는 평가를 받는다.[11]

어느 동에 살든 쉽게 이용할 수 있도록 12개의 놀이터가 단지 곳곳에 분산 배치되었다. 성인을 위한 레저시설로는 총 1034평 규모의 정구장 5개가 있었다. 간선도로변에 대규모로 지어진 '둔촌종합상가'를 비롯해 단지 내 중요 지점마다 들어선 3개의 상가가 있었고, 단층짜리 소규모 점포가 두 개 더 있었다. 주민들이 자주 이용하는 관리사무소와 노인회관, 동사무소와 파출소, 체육센터는 둔촌종합상가가 있던 서쪽 대로변 별도의 블록에 모아두었다.

둔촌주공아파트의 생활시설은 모든 면에서 법적 최소 기준을 훨씬 뛰어넘도록 넉넉하게 마련되었다. 그것이 가능했던 것은 서울시도 둔촌주공아파트 건설 당시 법정 기준 이상으로 단지 내 생활시설을 갖추라는 의견을 전달했으며,[12] 업계에 기준을 제시하는 선도적 역할을 해온 대한주택공사가 직접 발행한 사채로 건설하는 첫 번째 단지였던 만큼 주택 품질에 신경 썼기 때문이다.[13]

단지 바깥으로는 10차선 이상의 간선도로에서 차량이 빠르게 지나다녔지만, 단지 안에서는 차량이 속도를 상당히 줄일 수밖에 없는 구조였다. 외부에서 단지 안으로 들어올 수 있는 차량 출입구는 총 4곳이었는데, 그마저도 1990년대에 주민들이 하나를 막아서

인도
정구장
어린이놀이터
교육시설
공공시설
상가
도로

4

0   100   200m

↑   둔촌주공아파트 배치도: 인도, 정구장,
어린이놀이터, 교육시설, 공공시설, 상가
(그래픽: 안근철, 한다연)

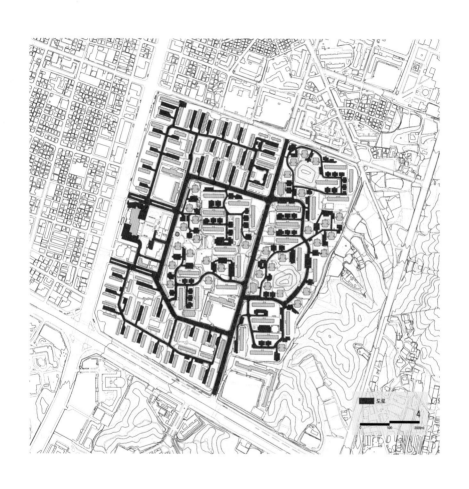

↑   둔촌주공아파트 배치도: 도로
(그래픽: 안근철, 한다연)

3곳으로 줄었다. 단지 내부에는 단지를 순환하는 루프(loop)형 도로가 만들어졌고, 주동으로 접근하는 길에는 막힌 도로 형태의 컬데삭(cul-de-sac) 구조를 적용해 차량이 속도를 줄이도록 유도함으로써 보행자의 안전을 확보했다. 학교, 상가, 놀이터 등의 시설을 도보로 이용할 수 있도록 보행자 전용로와 인도로 연결하고, 단지 곳곳에 잠시 머물며 쉴 수 있는 26곳의 작은 휴게공간을 설치해 휴식과 커뮤니티 형성에 기여하도록 설계했다.

이처럼 하나의 거대한 블록에 생활시설을 집중한 '자체 완결적인 가구 단위 계획'은 장단점이 확실했다. 단지 거주민에게 쾌적한 환경을 제공해 안심하고 '아이를 키우는 동네'로 기능할 수 있는 밑바탕이 되어준다는 장점에 반해, 단지의 경계를 따라 내부와 외부가 명확히 구분되어 폐쇄적인 '섬'처럼 주변과 분리된다는 한계가 뚜렷했다. 이러한 '반(反)도시적 단지성'은 근린주구론이 처음부터 비판받은 지점이었다.[14] 근린주구론에서 물리적 범위를 한정하는 경계를 뚜렷이 한 이유는 근린에 고유한 성격을 부여하고 명확한 실체로서 인식되게 하기 위함이었으나, 이로 인해 계급 및 인종 차별로 이어질 수 있다는 점은 꾸준히 지적되었다.[15]

근린주구론을 지향하며 여러 대단지를 만든 대한주택공사도 이 문제를 인식하고 있었다. 당대 공동주택 분야의 이름난 전문가들이 참석한 '쟁점 사항 도출을 위한 토론회'에서는 대한주택공사가 건설한 대단지에 대한 비판적인 분석과 평가가 이루어졌다.[16] 이들은 대한주택공사에서 개발한 수많은 단지 사례가 단지 내부의 거주성 향상에 이바지한다고 인정했다. 그러나 동시에 단지의 '자기 완결성'을 우선하는 폐쇄적이고 경직된 슈퍼 블록에 특정 계층이 집단으로 거주하는 '부자연스러운 사회'가 형성되었다는 점을 비판하며 도시 환경과 정합하지 못하는 근본적 한계를 지적했다. 「주택건설촉진법」, 「택지개발촉진법」 등 국가권력으로 제정된 강력한 법을 근거로 단지 건설이 '도시 규모'로까지 확대되면서 문제는 더욱 심각해졌으며, "단일 또는 소수의 개발 주체에 의해 하향식의 결정 과정을 거쳐 단기간에 건설"되고 "근린주구 이념이 도식적으로 계획에 적용되는 경우"
문제가 가중된다고 경고했다.[17]

그들이 지적한 문제는 근린주구 개념에 충실하게 만들어진
둔촌주공아파트 주변에서 여실히 드러났다. 둔촌주공아파트와
도로를 사이에 두고 면하고 있던 성내3동과 둔촌2동은 다양한 주택
유형과 가족 형태가 혼재해 있는 일반적인 도시 조직이었던 반면,
둔촌주공아파트는 거대한 단지로 묶인 하나의 슈퍼 블록 속에 한
차례 '걸러진' 중간계급 이상의 주민들이 입주해 공간상으로나 인구
특성 면에서 단지 외부와 눈에 띄게 구분되었다. 이 차이는 중대형
평형 위주로 건설된 '올림픽 선수·기자촌 아파트'가 들어서면서 더
다층적으로 변했다. 행정동, 주거 환경, 인구 특성 등이 길 하나를
사이에 두고 나뉘었다. 주민들 사이에서도 길을 경계로 '구별 짓기'가
만연해 그 일대에 거주하는 아이들이 모두 모이는 학교에서 '길 건너온
아이'라는 차별의 언어가 등장하기도 했다. 같은 단지 안에서도 고층과
저층으로 구별하고, 주택의 평형, 층, 방향 등 여러 요소에 의해 잘게
구분되는 위계와 이에 따른 촘촘한 구별 짓기 행태가 없진 않았으나,
당시에만 하더라도 사람들 사이에서는 그런 행태를 '속물스럽다'며
부정적으로 여기는 경향이 전반적으로 짙었다.

속도와 효율: 1일 100호 건설

둔촌지구를 개발할 당시 대한주택공사 사장은 양택식이었다.
1970년부터 1974년까지 서울시장으로 재임하며 지하철 1호선을
건설하기 위해 무수히 땅을 파서 '두더지 시장'이라는 별명으로
유명했던 사람이다. 대한주택공사 사장으로 자리를 옮겨와서도 대단한
추진력으로 잠실 대단지 건설을 성공적으로 해낸 바 있었다. 1978년
시무식에서 그는 '1일 100호 건설'이라는 구호를 앞세우며 또다시
속도전으로 대량 건설을 해내겠다는 의지를 다졌다. 둔촌지구의 토지
매입이 결정된 1978년 3월 이후, 모든 것이 속전속결로 추진되었다.

하지만 난관도 많았다.

개발이 이루어지기 전 둔촌지구는 서울 근교 농업 지역의 전형적인 모습이었다. 완만한 구릉지형에 임야와 농경지가 섞여 있고, 그 사이사이로 건물 약 70동이 흩어져 있는 소규모 자연촌락이었다. 지금의 강동구에서도 인구가 매우 적은 편으로, 촌락의 밀도가 낮았다. 그럼에도 거대한 땅을 하나의 단지로 묶기 위해서는 여러 이해관계를 풀어내야 했다. 대한주택공사는 용지 매수 업무를 원활하게 추진하기 위해 부지 내 가옥 소유자들에게 '특수분양 이주'를 적용해[18] 토지를 감정 가격으로 수용하고 그곳에 건설될 국민주택의 우선 입주권을 부여했다.[19] 개별 토지 소유자에 대한 보상은 협의를 우선으로 하되 협의가 원만히 이루어지지 않을 경우, 감정평가기관 두 곳에 감정을 맡겨 산출된 감정가의 평균가로 토지 수용 가격을 정해 보상했다.[20]

둔촌지구 사업 대상지의 일부 구간이 서울시의 토지구획정리사업 부지와 겹친 것도 골칫거리였다. 1977년 12월 31일에 개정된 「주택건설촉진법」에 건설부 장관 승인만으로도 도시계획이 결정된 것으로 보는 강력한 조항이 신설되면서 신속하게 업무가 처리될 수 있으리라 기대했지만, 현실은 그렇지 않았다. 도시계획은 복잡한 이해관계가 얽혀 있기에 건설부 장관의 '사업승인서 통보'만으로 정리되는 문제가 아니었다. 실제로 이와 관련한 많은 민원이 발생했고, 서울시도 세부적인 협의를 통해 문제를 해결해야 한다는 입장이었다.[21] 갈등이 잦아지자 건설부는 별도의 업무 지침을 대한주택공사에 전달했다. 토지구획정리사업 부지에 아파트 단지를 건설하는 경우, 서울시에서 단지 내 도로 등의 공공시설을 체비지로 매입시킨 후 사업 진행 과정에서는 도로를 신설해 기부채납하도록 요구해 주택공사가 이중 부담을 지게 되면 그만큼 주택 가격이 오를 수 있으니, 이러한 일이 없도록 유의하라는 내용이었다.[22]

둔촌지구도 비슷한 상황을 겪었다. 대한주택공사가 매수한 둔촌지구에 서울시가 먼저 천호 토지구획정리사업으로 개발한 부지가 일부 포함되어 있었다. 이미 개설된 도로 3144평이 아파트 단지 건설로 폐지되자, 서울시는 이 폐도로와 학교 용지 세 곳(초등학교 2개소 7000평, 중·고등학교 1개소 1만 평)을 체비지로 확보하여 대한주택공사에 매입을 요구했다. 이에 대한주택공사는 대지 조성 사업 인가 시점에 폐도로를 신설될 도로로 대체하는 것으로 이미 인정받았다면서 서울시의 요구를 거부했고, 학교 용지도 초등학교 2개소만 매수하여 기부채납하겠다고 의견을 전달했다.[23] 논의는 평행선을 달리다 1980년 1월 서울시의 승리로 끝났다. 대한주택공사는 신설 도로(명일로) 1579평으로 폐지되는 도로 2632평의 일부를 우선 대체하고, 나머지 1053평만큼 단지 내 신설 도로를 서울시에 기부채납하겠다고 약속했다.[24]

둔촌지구에서 토지를 매입하여 건물 신축을 진행 중이던 민간업체 '우천개발'과도 갈등이 있었다. 이들은 이미 건축 심의까지 끝내고 건축 허가만을 기다리고 있었는데, 대한주택공사가 둔촌지구를 자신들이 일괄적으로 개발하니 해당 지역의 건축 허가를 내주지 말도록 서울시에 요청했기 때문이다. 우천개발은 건설부에 진정서를 제출하여 부당함을 호소했다. 이에 대한주택공사는 대단위 주택 건설 사업을 효율적으로 추진하고 향후 원활한 사업 용지 확보를 기한다는 명분으로 건설부를 설득했다. 또한 국립경기장 주변 50미터 대로변은 정책적 개발이 필요한데, 군소 업체가 끼어들면 전체 토지 이용 계획을 수립하기 어려워 간선시설 설치에 차질이 생기고 도시 미관도 해칠 우려가 있다고 못 박았다. 결국, 건설부는 대규모 아파트 단지 건설을 위해 군소 업체의 사업을 중지시키고 소유 토지를 대한주택공사가 모두 매수할 수 있도록 조치했다.

1978년 11월 21일, '둔촌 건설본부'가 설치되었다. 인력을 효율적으로 운영하기 위해 잠실본부 폐지와 동시에 둔촌지구로 인력을 옮겼다.[25] 잠실 대단지 선설에서 보여준 속도전이 둔촌에서도 이어지게 되었다. 둔촌지구는 토지 매입량이 상당했던 만큼 처음부터 '연차 사업지구'로 진행하도록 계획되었다. 단일한 계획으로 한 번에 단지를 건설하는 방식이 아닌, 차수를 나누어 사업을 진행하기로 한

둔촌단지 입주안내

대한주택공사가 서울특별시 강동구 둔촌동에 건설하고 있는 아파트중 5층아파트 1,930호(분양아파트 16평형 450호, 18평형 380호, 1회사체아파트 22평형 400호, 25평형 700호)는 그간 건설공사가 순조롭게 진행되어 당초 80년 봄에 입주하실 예정이던 것이 지난 10월말 서신으로 안내하여 드린바와 같이 금년12월부터 입주 하실 수 있게 되었습니다. 여러분의 입주준비를 위하여 미리 알려 드리오니 자세한 입주 절차는 당공사 분양2과에 문의하여 주시기 바랍니다.

	동 별	입 주 일 정
(분양)	207, 208, 209.	79. 12. 5부터
(사체)	206, 211, 212, 215, 217, 218, 219, 221, 222, 223, 224, 225, 226, 227, 228, 232, 233, 234.	
(분양)	112, 113, 114, 122, 125, 126, 129, 130, 201, 202, 204, 205.	79. 12. 10부터
(사체)	105, 107, 109, 111, 115, 117, 118, 120, 123, 210, 213, 214, 216.	
(분양)	124, 127, 128, 142, 143, 144, 145, 146.	79. 12. 15부터
(사체)	106, 108, 110, 116, 119.	
(사체)	101, 102, 103, 104, 203, 220, 229, 230, 231, 235, 236.	79. 12. 20부터
(분양)	131, 140, 141.	추후별도통지

대한주택공사
☎ 57-0579 / 6946

것이다. 1970년 후반 서울 지역은 주택 수요의 압박이 높아 주택 공급이 시급했기에, '1단계 사업'으로 분류된 부지에는 이미 다른 지역에 건설했던 평면과 배치 방식을 그대로 끌어와서 바로 착공에 들어갔다.[26]

엄동 이전에 단지 조성(도시계획으로 특정 지역을 ○○단지 등으로 지정하는 행위)과 토목공사를 마쳐야 건물을 올릴 수 있으므로 "업무 번잡을 피하고 행정 소요일수를 단축"할 방안이 필요했다.[27] 게다가 둔촌지구에서 절토로 생긴 토사를 도곡지구로 옮겨 성토하는 것을 계획할 정도로, 둔촌지구와 동시에 사업이 진행되고 있던 도곡지구의 공사는 긴밀히 연동되었다. "공사의 융통성과 신속도를 촉진"하기 위해 총면적 21만 2454평(약 70만 제곱미터)에 달하는 둔촌과 도곡 두 지구의 총사업비 630억에 해당하는 토목, 포장, 건축, 설비 공사를 모두 묶어 통합 발주하기로 했다. 그리고 가스 및 중·온수 배관 등 복잡하고 난도 높은 공사라는 이유로, 총공사비만큼의 포장도급 한도액을 맞출 수 있는 현대건설, 대우개발, 대림산업, 동아건설산업 등 4개 업체로만 제한하여 긴급 일반 경쟁 입찰이 진행되었다.

이처럼 공사 문건에는 '사업의 시급성'이 거듭 반복되는데, 이는 '적기 착공'을 넘어 '조기 입주'가 목표였기 때문이다. '조기 입주'를 통해 건설 자금 회수를 앞당겨 이자 부담을 줄이고 사채주택에 대한 공신력을 제고하기 위해서였다.[28] 이를 이유로 양택식 사장은 '동기(凍期) 토목공사 시행'을 지시했다. 조강제(경화촉진제)를 사용하고 콘크리트가 빨리 건조되도록 보온 처리 및 난방 공급을 실시했으며, 빠른 업무 진행을 위해 설계 변경이 필요한 경우 현장에서 우선 시행 후에 설계 변경을 처리하도록 했다. 1980년 봄에 입주 예정이던 1단지와 2단지는 공사가 수개월 단축되면서 1979년 12월에 조기 입주가 시작되었다.

1단계 사업 이후에 남은 부지에는 고층아파트를 설계했다. 설계에 참여한 건축사무소는 정림건축으로, 1967년 6월 김정철, 김정식 형제 건축가에 의해 설립되어 1973년 외환은행 본점 현상설계 당선을 기점으로 국내 대표적인 대형 건축 설계사무소 중 하나로

성장한 기업이었다.[29] 대한주택공사가 만든 둔촌지구 고층주택의
최초 실게안은 이전에 잠실 5단지에 건설된 주동과 배치 방식을 거의
그대로 접목한 모습이었으나, 정림건축이 참여하면서 잠실 5단지의
고층 주동이 갖고 있던 문제점을 개선한 새로운 형태와 배치 방식으로
바뀌었다.

　새로운 설계를 진행하는 동안에도 제도가 바뀌어 계획이 계속
수정되었다. 대표적인 것이 '층수 규제'다. 서울시는 1977년
'아파트지구'라는 제도를 도입하여 해당 지역에 아파트 건설을
강제하고, 자체 건축 심의 규제 기준을 12층에서 15층으로 완화했다.[30]
대신 아파트지구가 아닌 지역에서는 기존 주택의 일조권 보호를 위해
아파트 층수를 5층으로 제한하는 등 여전히 규제가 까다로웠다.[31]
그런데 대한주택공사가 건설을 진행하는 둔촌과 도곡지구는
아파트지구가 아닌데도 15층으로 계획하고 있던 것이다. 민간
사업자에게만 규제가 불평등하게 적용된다는 불만이 터져 나왔다.[32]
서울시는 고층 규제 기준을 "강남 저지대는 12층에 건폐율 18퍼센트,
구릉지는 10층에 건폐율 18퍼센트"로 재조정하고 적용을 강화했다.[33]
결국, 똑같이 15층으로 계획되었던 둔촌과 도곡지구는 변경된 기준에
따라 강남 저지대에 속한 도곡지구는 12층으로, 구릉지에 해당하는
둔촌지구는 10층으로 설계가 조정되었다. 이에 따라 둔촌주공아파트는
원래 계획보다 18개 동이 늘어난 60개 동으로 단지 배치를 다시 잡아야
했는데, 초기 계획보다 단지 환경이 조밀해지긴 했지만, 구릉지형을
그대로 살리고 보행자와 차량의 동선을 분리하는 주요설계방향은
그대로 지켜냈다. 그 외에도 30평형대 중형 세대 위주의 계획에 대해
비판이 제기될 것을 우려해 소형 세대를 추가하라는 지시에 따라 한
차례 평면 조정이 이루어졌다. 또 주택은행에서 주택상환사채 발행분에
대해 융자금 지원이 어렵다고 통보하는 바람에 채권 매입자들의 부담을
조금이라도 줄이기 위해 규모가 작은 세대를 추가하고 세대수를 늘리는
설계 변경이 한 번 더 추가되었다.

　수차례 갑작스러운 외부 변수들이 발생해 계획을 수정하면서도

둔촌주공아파트는 1980년 12월 완공 목표 기한을 준수했다. 두 단계로 나누어 진행된 5930세대 대단지 건설을 1979년 2월부터 1980년 12월까지 1년 10개월 안에 해낸 것이다.[34] 분명 대단한 성취였지만, 내막은 그리 달콤하지 않았다. 단지 배치를 갑작스럽게 재조정한 것을 감사원에서 '관리 소홀'이라며 문제 삼은 것이다. 토목공사 착공 후에 배치도가 또 변경되어, 바뀐 대지 높이에 맞춰 토목공사가 다시 진행되었고, 잔여 토사를 추가로 처리하는 등 7900만 원 상당의 공사비가 낭비되었다.[35] 결국 기획실, 기술운영부는 '계획 소홀'로, 건축부, 설비부, 단지부 직원은 '설계 소홀'로 감사원으로부터 경고를 받는다.

둔촌주공아파트는 대한주택공사가 자체적으로 주택상환사채를 발행해 진행하는 첫 번째 사업지여서 주택공사가 중요하게 여겼음에도 재무상 손실이 나고 만다. 자재 파동의 여파로 공사비가 급상승한데다,[36] 한국주택은행의 국민주택자금 지원 축소로 융자금이 줄어든 사채 매입자들의 비용 부담을 최소화하기 위해 분양 가격 책정에 고심해야 했다. 결국, 둔촌주공아파트의 분양 가격은 실제 건설비보다 더 낮게 책정되었다. 특히 사채주택의 경우 이 차이가 더욱 벌어져서, 가장 큰 금액 차이가 났던 사채 1차의 22평형은 평당 3만 5800원이 더 저렴하게 책정되었다. 그렇게 할인된 총금액은 78만 7000원으로 소비자에게 공개된 분양 가격의 5.6퍼센트에 해당했다. 사채 2차의 경우도 평균적으로 건설비의 2.8~3.4퍼센트만큼 낮게 잡았다. 대한주택공사가 낮춰 잡은 총금액은 28억 3800만 원으로 전체 사업비의 2.4퍼센트 정도였다. 건설비에 포함된 이윤을 줄여서라도 주택을 공급받는 이들의 부담을 낮추고자 한 주택공사의 노력이 보이는 대목이다. 하지만 앞서 언급했듯 사채 계약자들은 주택 가격을 낮추라고 철야농성을 벌이며 대책 마련을 요구했고 미계약도 이어졌다. 대한주택공사는 이후 몇 년 동안 미분양의 악몽을 버텨야 했다.

이상 실현을 위한 노력

대한주택공사는 자신들이 생각한 이상적인 주거 환경을 실현하기 위해 이론적으로 탐구하고, 현실에서 구현할 수 있도록 연구 결과를 사내 지식으로 흡수·누적하며 현장에 적용하는 시도와 실험을 이어나갔다. 그리고 한 단지를 완공하면 이에 대한 내외부 평가를 진행하고, 평가 내용을 그다음에 건설하는 단지의 설계에 반영해 발전시켰다. 이 과정에 대한주택공사 직원뿐만 아니라 외부 전문가도 참여했으며, 누적된 연구는 대한주택공사에서 발행한 『주택』이나 각종 연구보고서를 통해 다시 내부에 공유되었다. 둔촌주공아파트 설계 방식 가운데 중요한 특징으로 꼽을 수 있는 표준 평면, NS(North South)형 평면과 컬데삭의 결합 배치, 다양한 세대 규모의 혼합 등이 바로 이러한 노력의 결과물이었다.

간혹 대한주택공사가 '표준설계' 방식을 도입하여 전국 곳곳에 똑같이 생긴 아파트를 건설한 것에 대해 비판하는 이들이 있다. 하지만 주거의 양적 공급과 질적 개선을 동시에 해결해야 했던 1970년대의 상황을 고려한다면 이를 비판할 수만은 없다. 당시 열악했던 국내 주거 여건과 건축 설계 기술의 질적 기준점을 만들었다는 점에서[37] 표준설계는 활용 가치가 충분했다. 그리고 표준설계는 흔히 상상하듯 아파트 평면 하나를 뚝딱 그려서 전국에 복사해 붙여넣는 방식이 아니었다. 표준설계 평면은 1970년대 급변했던 난방 방식의 변화, 거주민의 기존 생활방식 등을 반영해 조율하며 수차례 다듬어지면서 진화를 거듭했다.

당시 대한주택공사에서 가장 많이 건설한 '13평형'을 예로 살펴보자.[38] 대한주택공사에서 건설한 주택 유형을 정리한 『주택단지총람 '78~80』에는 1978년에서 1980년 사이에 건설된 평면들이 나열되어 있는데, 그중 13평형의 평면은 구조에 따라 R.C 15개, S.B 8개, P.C 3개, 연립 1개로 총 27종에 이른다. 이들은 크게 다섯 가지 기본 유형으로 구분되며, 나머지는 기본 유형을 미세하게 수정, 보완했다. 이 중 2개의 평면만이 꾸준히 수정, 보완 작업을 거쳐[39]

다음에 발간된 『주택단지총람 '81~82』에도 수록된다. 13평형의 평면 수정은 여기서 그치지 않았다. 주방과 아궁이가 별도로 분리된 방식, 화장실의 위치가 주방-다용도실과 분리된 방식, 연탄보일러의 도입으로 아궁이가 사라진 평면 등 실험이 계속됐다. 가장 많이 적용된 13평형의 평면은 수차례 개선을 거쳐 실용성과 효율성이 안정화된 상태에서야 완전한 '표준'으로 자리 잡았다. 그만큼 표준 평면은 건설과 생활에 최적화되도록 다듬어진 안정적인 평면이었다.

오랜 시간 적용과 진화를 거친 표준 평면의 한 예로 'NS형' 평면을 들 수 있다. 대한주택공사는 5층 규모의 저층형 아파트 두 동을 나란히 배치할 때 각 동의 입구가 서로 마주 볼 수 있도록 공용부의 위치를 다르게 설계한 'NS형 평면'을 만들었다. 이 방식은 두 동 사이의 주차 공간을 공유해 도로율을 감소시키는 경제적 이점이 있으며, 일반적으로 선호되는 남향 평행 배치를 유지하면서도 주민들의 생활 동선을 겹치게 해 자연스러운 만남을 통한 커뮤니티 형성이 가능하다는 장점이 있었다. 하지만 이를 적용하는 방식에도 시행착오가 숱하게 많았다.

NS형 평면은 대한주택공사가 아파트 단지 계획을 본격적으로 시작한 1960년대 말에 건설된 '동부이촌동 공무원아파트'에서도 발견된다.[40] 하지만 이때는 마주 보는 두 동 사이로 차량의 통행이 많은 통과형 도로가 놓여 안전하고 안정적인 공동생활 공간으로 활용되기에는 아쉬움이 있었다. 이후 잠실 단지에서는 공동생활 공간이 중요한 개념으로 다뤄지면서 사각형의 중정을 중심으로 주동이 배치되는 'ㅁ자형 클러스터' 방식과 'NS 배치' 방식이 함께 활용되었다. 하지만 주동의 길이가 너무 길어서 출입구에서 중정까지 거리가 멀다 보니 중정을 이용하는 사람이 극히 적었고,[41] 주동의 출입구가 주민 공동생활 공간의 반대편인 통과형 도로 쪽을 향해 나도록 설계되어 이런 방식의 문제를 개신하지는 못했다. 반포 2단지와 3단지에서야 비로소 목표했던 바를 제대로 달성할 수 있었는데, NS형 배치를 막다른 길(dead end)을 뜻하는 컬데삭 방식[42]과 접목한 것이 성공 비결이었다. 컬데삭 구조가 차량의 속도를 줄이면서 보행자의 안전이 확보되었고,

▼ 동부이촌동 공무원아파트

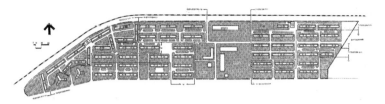

▼ 잠실 1단지

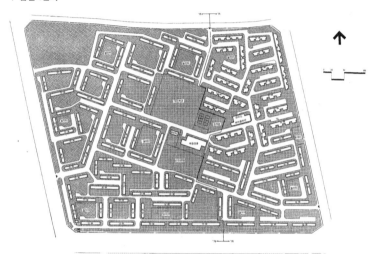

▼ 반포 3단지

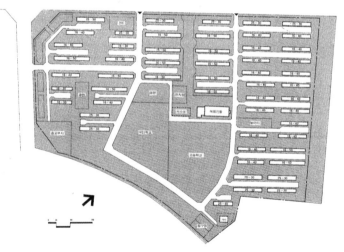

↑　동부이촌동 공무원아파트,
잠실 1단지, 반포 3단지 배치도
출처: 대한주택공사, 『주택단지총람 ’71~77』,
1978, 21, 46, 60쪽

그 덕분에 이 공간이 커뮤니티 조성에 이바지할 수 있게 되면서 다시 긍정적으로 평가받게 되었다.

둔촌주공아파트에도 NS형과 컬데삭을 조합한 배치가 적용되었는데, 미세한 수정이 더해졌다. 이전 방식이 주차장을 사이에 두고 두 동씩 마주하다 보니 출입구와 연결되지 않는 녹지 공간은 주민들이 사용하지 않는 죽은 공간이 되어 치안·보안 등의 문제를 일으킬 수 있었다. 이를 해결하기 위해 둔촌주공아파트 1단지에서는 아파트 측벽 사이 공간으로 보행자 전용로와 휴게 공간을 배치하고, 양쪽으로 컬데삭의 주차 공간과 녹지 공간이 어긋나게 배치해 구석구석 주민들의 동선과 시선이 닿을 수 있게 만들었다. 2단지에서는 동과 동 사이 녹지 부분에 놀이터, 정구장, 벤치 등 이용이 잦은 시설과 보행자 전용로를 설치해 주민들의 동선을 적극적으로 끌어들였다. 죽은 공간을 줄이기 위한 섬세한 고민이 더해진 것이다.

건설 과정에서도 다양한 연구와 실험이 이루어졌다. 1976년 판 『주택』에 「구릉지 개발의 방향」에서 논의한 완만한 구릉지형을 개발하는 방법은 1979년 둔촌주공아파트를 기획하고 건설하는 과정에서 실제로 반영되었다. '태양열 발전' 실험도 비슷한 시기에 시작되었는데, 둔촌주공아파트에 공무원 임대용으로 건설된 7.5평형 주동 임대주택 10세대에 '태양열 온수 공급 장치'가 최초로 설치되어 성능이 시험됐고, 이 결과가 과천의 태양열 연립주택 건설로 이어졌다.[43]

이처럼 전문 분야별로 깊이 있는 연구와 실험이 강화될 수 있었던 것은 대한주택공사 내부의 조직 개편과 외부 전문가 및 전문 기업과의 협업이 뒷받침되었기 때문이다. 잠실 대단지 건설이 추진되기 직전인 1973년에서 1974년 사이, 대한주택공사의 5대 총재인 최주종 사상은 대대적인 조직 개편을 단행했다. 아파트 단지의 품질 향상에 최적화된 조직을 운영하기 위한 조처였다. 조직 개편의 시작은 1973년 1월 1일 건축·토목·설비를 합친 '기술부'를 신설한 일이었다. 그해 11월에 기술부는 '건설부'와 '설비부'로 분리되었고, 다음

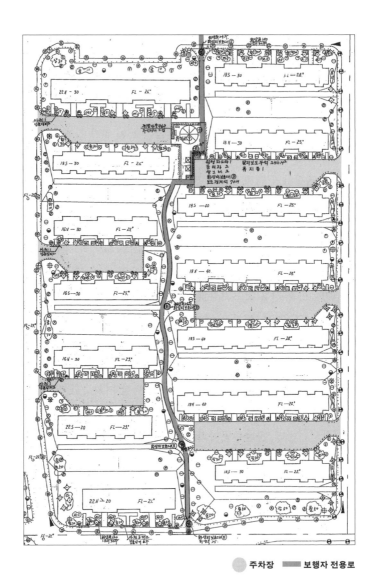

● 주차장　■■■ 보행자 전용로

↑ 　둔촌주공아파트 1단지 NS 배치 부분 상세
출처: 대한주택공사, 「둔촌고층아파트(3660세대)
조경공사 배식평면도(4단지)」, 1980년 9월

62

↑　둔촌주공아파트 1단지
측벽 사이 공간 보행자 전용로
출처: 대한주택공사 『주택단지총람 '78~80』,
1981, 21쪽.

해인 1974년 10월에는 건축부에서 '토목과'가 분리되고 '조경과'가
신설되면서 '단지부'가 별도로 개설되었다. 설비부도 1974년 10월에
'위생·난방설비과', '전기설비과'로 세분화했다. 그리고 1968년 잠시
폐지되었던 '단지연구실'도 1974년 10월 주택연구소 내부에 새롭게
개설되었다. 전문 분야별로 세분화한 이 같은 조직 개편은 1970년
후반에 단지 설계 기법이 발전하고 조경 등 단지 외부 공간이 질적으로
향상되는 바탕이 된 것으로 보인다. 덕분에 이후 1975년 4월에 부임한
양택식 사장은 별다른 조직 개편 없이 곧바로 잠실 대단지 건설을
추진할 수 있었고, 이 조직 체계는 둔촌 건설까지 이어졌다.

대한주택공사는 대규모 신규 사업을 추진할 때마다 새로운 시도를
거듭하며 자체 기술을 누적해갔다. 분야별 전문가 그룹과 함께
새로운 설계와 기술을 개발함으로써 내부의 역량 강화뿐만 아니라
관련 업계의 발전까지 추동하는 동력이 되었다. 둔촌주공아파트
건설에도 당대 최고의 전문가 그룹이 참여해 기술 측면에서 진일보한
결과물을 내놓았다. 고층아파트로 이루어진 3, 4단지의 설계는
정림건축이 맡아 이전과 완전히 다른 새로운 단지 배치 방식과 주동
설계를 제안했다. 위생·난방·가스 설계는 삼신설비연구소에서 참여해
방카C유를 사용하는 고온수 지역난방 설비의 완전 국산화를 이루었고,
관리사무소 내에 '중앙 감시 장치'를 최초로 도입한 전기 설비의 설계는
문유헌전기설계사무소(현 협인)가 맡았다.

특히 돋보이는 부분은 바로 '단지 환경 계획과 조경 설계'이다.
둔촌주공아파트는 단지 계획 단계에서부터 녹지와 지형을 중요한
자원으로 전제하고 설계되었다. 완만한 구릉지였던 기존의 지형을 살려
지대의 높낮이 차에서 오는 다채로운 경관이 자연스럽게 만들어졌다.[44]
이전부터 존재하던 자연지형을 '수목 및 지형 보존지구'로 설정해
단지 안에 그대로 둔 부분도 2곳이었다. 또한 조경 설계는 "준공
시점이 완공이 아니라 시작"이라는 개념 아래 시간이 흘러 나무가
자라났을 때의 조화까지 고려해 식재 계획을 세웠다. 주변 자연 환경에
적합하면서도 경제적이고 관리와 구매가 쉬운 수종을 다양하게 섞어 각

녹지 공간의 성격을 달리했다.[45] 식재된 수종이 달라 단지마다 고유의 분위기가 형성되었다. 1단지를 관통하는 도로는 벚꽃길이 조성되어 봄마다 장관을 이루었고, 3단지에는 수형이 작고 예쁜 과실수를 주로 심었다. 2단지와 4단지에는 빠르게 높이 자라나는 메타세쿼이아가 많이 식재되어 시간이 갈수록 웅장한 느낌이 더해졌다. 단지 안에 다양한 꽃과 나무가 가득해 계절의 변화를 섬세하게 느낄 수 있었다.

둔촌주공아파트의 조경이 이처럼 섬세하게 계획될 수 있었던 것은 1970년대 중반부터 대한주택공사 내부에 조경 전문직이 채용되고 별도의 '조경과'가 신설되는 등 조직의 변화가 뒷받침되었기 때문이다. 이는 더 넓은 관점에서 조경이라는 업역이 국가적 차원에서 육성되던 흐름과도 닿아 있다. 1960년대의 급속한 산업화와 경제 성장으로 도시 과밀과 무분별한 환경 파괴가 심각해지면서 도시경관의 보존에 관한 관심이 커졌는데, 그 시작점은 놀랍게도 청와대에 1972년부터 조경 담당 비서관직이 신설된 일이었다. 이어서 1973년에는 서울대학교 행정대학 내에 환경대학원이 설립되었고, 1974년에는 "조경업계 발족의 산실"이라 불린 한국종합조경공사 설립과 함께 국영기업체 및 지방자치단체에 '조경과'가 신설되며 한국 조경 발전의 기틀이 마련되었다.[46]

대한주택공사가 조경 전문직을 채용하고 조경과를 별도로 신설하면서 조경의 설계와 시공도 점차 전문화되었다. 이전까지는 식재 설계 및 공사를 토목 부문에서 진행했고 토목부 내에 조경과가 있었다. 초기에 조경 전문직은 배식(培植) 설계까지만 담당하고, 시공 및 감독은 여전히 토목직이 수행했는데, 1970년대 말부터 조경직이 전 과정을 총괄하면서 단순히 "조기 녹화"가 아닌 "수목의 생태적 특성을 충분히 검토하여 경관 조성과 수목의 기능 식재 위주"로 방향이 전환된다.[47] 그리고 둔촌주공아파트의 조경 시공에는 국가에서 조경 시공 전문성을 육성하기 위해 설립한 한국종합조경공사가 참여해 전문성을 발휘했다.[48]

1982년 말에 대한주택공사에서 발행한 『주택 단지 조경 설계

기법』은 조경 설계 기법에 대한 원론과 해외 사례 조사를 종합해 정리한
것으로, 녹지, 보행자전용로 그리고 놀이터와 공원으로 구성되어
있다.[49] 이 책이 쓰이던 시기에 건설된 둔촌주공아파트의 단지 환경을
살펴보면 이 세 요소가 얼마나 중요하게 다뤄졌는지를 실감할 수 있다.
둔촌주공 단지 곳곳은 보행자 전용로로 연결되며, 보행자 전용로의
중간이나 단지 내 도로를 건너는 접점 부위에 사람들이 잠시 머물러 쉴
수 있는 벤치 등의 휴게공간을 두었다. 그 곁에는 커다란 나무 그늘을
드리우는 플라타너스나 버드나무를 심었고, 등나무가 벤치 파고라를
타고 자라도록 식재한 곳도 있었다. 단지 안에 있던 어린이놀이터
12개는 규모와 형태, 놀이시설의 종류와 배치, 그리고 주변 환경과
연결되는 방식이 모두 달라 각각의 개성이 뚜렷했고, 그에 맞는 수목
식재 계획이 단지의 풍경을 풍부하게 해주었다.
　'기린미끄럼틀'은 둔촌주공아파트의 상징으로 손꼽히는 중요한
존재였다. 콘크리트로 만들어진 5미터 높이의 이 거대한 구조물은
단지 중심부의 가장 큰 놀이터에 설치되었다. 기린미끄럼틀은
둔촌주공아파트보다 조금 앞서 지어진 반포 주공아파트 3단지에도
설치되었는데, 『반포 2·3지구 아파트 단지 조경 설계』 보고서에 그
도면이 실려 있다. 이 보고서를 작성한 사단법인 '도시 및 지역계획
연구소'는 서울대학교 환경대학원 초대원장이자 한국 지방자치
연구의 원로인 노융희 이사장이 1971년 설립했으며, 서울대학교
'환경계획연구소'의 전신으로 다양한 주요 국책사업을 수행했다.
대한주택공사가 건설하는 아파트 단지의 조경과 놀이터 설계도 그러한
국가적 사업의 일환이어서 이들이 맡아 진행한 것으로 보인다.
　이외에도 대한주택공사가 건설하는 주공아파트의 단지 환경
조성에 당대 전문가가 참여한 사례가 많다. 일례로, 아파트 단지
안 중요 거점에 설치되던 조각상은 당대 유명 작가의 작품이었다.
잠실주공아파트 2단지에는 홍익대학교 교수였던 김찬식 작가의 청동
조각상이 있었는데, 둔촌주공아파트에 이를 모작한 것으로 추정되는
동명의 '모정상'이 있었다. 비록 동상은 모작이었지만, 조각상을

중심으로 사람들이 머물 수 있는 원형의 휴게공간을 함께 조성한
것은 높이 평가할 만한 부분이다.[50] 국영기업 최초로 대한주택공사가
진행한 디자인 통합 매뉴얼 DECOMAS(Design Coordination
as Management Strategy) 프로젝트의 결과도 둔촌주공아파트에
바로 적용되어 단지 환경의 완성도를 높였다. 서울대학교 미술대학
민철홍 교수[51]에게 의뢰해 기업을 상징하는 로고, 서체, 색 등 시각
디자인을 통합 관리하는 프로젝트로, 주택공사의 심벌이 바뀌었음은
물론이고, 대한주택공사가 건설하는 아파트 단지의 간판, 동·호 표식,
단지 안내판 및 관리·공사 현장용 표지 등의 디테일까지 통일감 있게
디자인되었다.[52]

근대주의적 이상과 현실의 조건을 타협해가며 꾸준히 전진했던
대한주택공사의 설계 기법과 각종 기술 개발 및 도입, 그리고 이를 위한
투자와 노력은 안타깝게도 둔촌주공아파트가 완공되던 즈음 점차 그
빛을 잃었다. 둔촌주공의 첫 입주가 시작된 1979년 박정희 대통령이
피살되며 정치적 혼란기를 겪고 1980년 들어선 전두환 정권은 '주택
500만 호 건설'을 선포하며 주택 공급의 양적 확대를 유일한 목표로
내걸었다. 그동안 균형을 맞추며 추구해오던 "새롭고", "살기 좋은
주택"이라는 이상적인 목표보다는 "값싸고", "많이" 건설하는 것만이
중요해진 것이다. 대한주택공사의 발주량은 급증했고, 사업 원가
절감이 지상 최대 과제가 되었다.[53] 애초 진행 중이던 과천 신도시 등의
'이상적 신도시 건설 계획'도 크게 변경해야 했다.[54]
　　건축 관련 법규들은 거주성보다는 건설 물량을 극대화하는 방향으로
전환되었다. 1980년대 들어 건물 사이 거리 규제 조항은 개정 및 보완을
거듭하며 지속적으로 완화되었다.[55] 그 결과, 단지 밀도가 증가해 옥외
공간은 줄고 일조권 침해는 늘어 거주 환경의 질적 저하가 심화했다.
단지 설계 방식도 정해진 대지의 형태 안에 어떻게 하면 세대를 최대한
많이 집어넣을 수 있을지를 찾아내기 위해 이미 정해진 주동의 형태를
블록 놓이하듯이 배치해보는 '평면 심볼(key plan)'을 활용한 밀도

위주의 배치'로 단순화되었다. 물량 소화에 급급해 단지 계획을 고작 하루이틀 만에 처리하기도 했을 정도로,[56] 창의성을 발휘하기 어려운 환경이 되어버렸다. 한편 정부에서는 '주택 500만 호 건설' 달성을 위해 민간 건설 사업에 대한 지원을 늘리면서 사업성이 확대되자, 대한주택공사의 인력이 외부로 대거 유출되어 설계사무소를 설립하는 경우가 늘어났다.

1980년대부터 '86 아시안게임, '88 서울올림픽, 서울시 목동 개발 등 국가에 의한 공동주택단지 개발에 '현상설계'가 적용되기 시작했다. 김수근의 세운상가 이후로 '건축가'가 주택 단지 설계에 참여하는 계기가 마련되었다는 점에서 중요하게 평가되지만, 그 전후로 폭발적으로 건설된 수많은 아파트 단지를 논의의 대상으로도 삼지 않고 대형 건축 조직의 업적에 대한 온전한 평가도 이루어지지 않은 것은 '건축가' 위주의 담론이 지배적이던 한국 건축계의 한계를 드러내는 지점일 것이다.

하지만 어쩌면 대형 조직의 일원으로 일한 익명의 건축, 조경, 기술 전문가들은 세상의 인정에서 초월해 있던, 말 그대로 '이상주의자'들이었는지도 모르겠다. 정림건축의 창립자 김정철의 에세이에서 그러한 모더니스트의 면모를 느낄 수 있다.

한 시대를 풍미하며 세계 건축사를 새롭게 쓴 거장들을 나는 여전히 경외한다. 르 코르뷔지에와 월터[발터] 그로피우스, 프랭크 로이드 라이트와 미소 반델로에[미스 반 데어 로에], 존경하는 스승 김정수 선생님까지. 하지만 언제부터인가 나는 더 이상 그런 거장이 되기를 꿈꾸지 않게 되었다. 그것은 내가 천부적 재능을 타고 난 건축가가 아니기 때문이 아니라 거장의 출현을 절실히 필요로 하던 시대가 이미 지나가고 있음을 깨닫게 되었기 때문이다.

세계 건축의 흐름은 가속화되는 산업화와 함께 대형화, 복합화로 갈 수밖에 없는 추세 속에 놓여 있었다. [⋯]

수만 평에 이르는 복합빌딩, 콤플렉스 같은 프로젝트들은 한
사람의 뛰어난 영감과 천부적 재능에 의해 만들어지는 것이
아니다. 건축에 관련된 수많은 전문가들의 아이디어와 역량이
유기적으로 결합되어 완성되었을 때 가장 좋고 아름다운
건축물로 탄생되는 것이다. 거기에서 건축가의 역할이란,
오케스트라의 지휘자와 같은 것이다. 각각의 특색을 갖고 있는
수많은 악기들이 하모니를 이룰 수 있도록 이끄는 것이 지휘자의
역량이듯 건축가 또한 마찬가지이다. [⋯]
　불후의 명작은 만들어지는 것이 아니라, 후세에 의해
평가되는 것이다. 거장 또한 마찬가지이다. 나는 비록 거장을
꿈꾸지 않게 되었지만 조금의 서운함도 불평도 없다. 나는 질
높은 건축을 하겠다는 이상과 의지를 한 번도 버린 적이 없고,
내 이름을 돋보이게 하기 위해서가 아니라 건축주와 사회의
요구를 해결하기 위해 최선을 다해 일했다는 것만으로도 충분히
만족하며 행복하기 때문이다.[57]

김정철의 바람대로 둔촌주공은 '후세에 의해 평가'된다. 건축학자나
평론가 들이 아니라 그곳에서 나고 자랐던 이들에 의해 아파트에 대한
다른 평가와 이해가 촉발되었기 때문이다. 둔촌주공아파트에 살았던
이들은 소셜 미디어를 통해 각자 마음속에 품고 있던 동네에 대한
애정을 공유했다. 사람들은 둔촌주공아파트가 낮은 밀도로 지어져
쾌적하고 여유로운 공간을 누릴 수 있었고, 섬세하게 설계된 단지의
여러 요소 덕분에 장소에 대한 좋은 감각과 경험을 쌓을 수 있었다고
이야기했다. 계절마다, 구역마다 다른 모습이었던 수목들과 넓은 녹지,
놀이터와 휴게공간을 유연하게 연결하던 보행자 전용로 등 주민들이
사랑했던 공간들은 설계자들이 특별히 더 신경 써서 설계하고 실현한
것들이었다.[58]
　거주민들은 안락하고 살기 좋은 거주 환경을 만들고자 했던 이름
모를 설계자의 이상과 이를 실제로 구현하기 위한 노력을 읽어낼

수 있었다. 살기 좋은 집을 만들려는 마음이 정말로 살기 좋은 집을 만들어낼 수 있다. 그리고 그 좋음을 사람들은 알아본다. 여전히 우리 사회에 더 좋은 거주 환경을 고민하는 마음이 필요한 이유일 것이다.

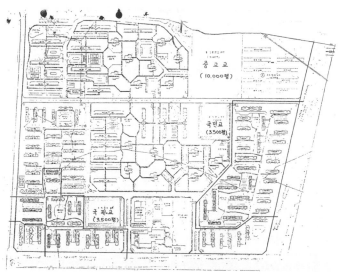

↑↑   둔촌주공아파트(고층) 최초 설계안
　　　출처: 대한주택공사, 「둔촌지구 아파트 건립에
　　　따른 공공시설 확보」, 1978년 12월 26일

↑   둔촌주공아파트(고층) 정림건축문화재단
　　　설계 초안

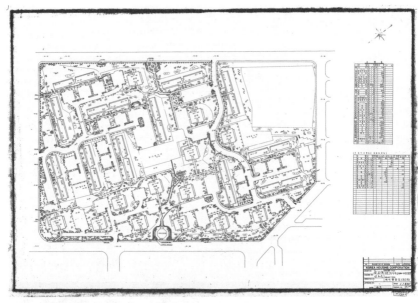

↑   둔촌주공아파트 3단지 조경 설계도 및 실제 모습
출처: 대한주택공사, 『둔촌동(3660호) 조경
공사』, 1980년 8월(위); 『안녕,둔촌주공아파트 2』,
마을에숨어, 2013 (사진 ⓒ이인규)

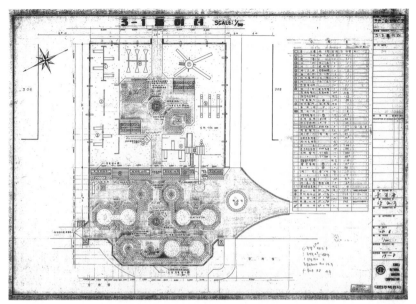

↑   둔촌주공아파트 3단지
    놀이터 설계도 및 실제 모습
    출처: 대한주택공사, 『둔촌동(3660호) 조경
    공사』, 1980년 8월(위); 라야, 『집밖동네안』,
    마을에숨어, 2016

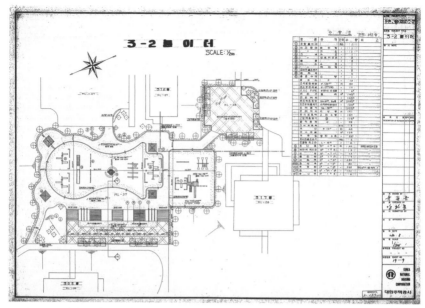

↑   둔촌주공아파트 기린놀이터 설계도 및 실제 모습
    출처: 대한주택공사, 『둔촌동(3660호) 조경공사』,
    1980년 8월(위);『안녕,둔촌주공아파트 3』,
    마을에숨어, 2015 (사진 ©김기수)

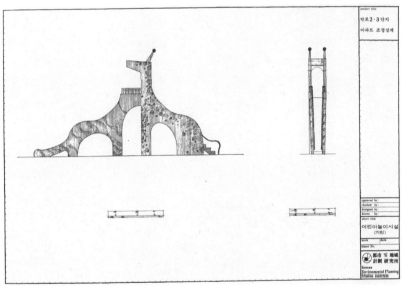

↑   기린미끄럼틀 설계도
출처: 대한주택공사, 『반포 2·3지구 아파트
단지 조경 설계』, 1977, 49, 52쪽

둔촌주공아파트 건설 전
출처: 대한주택공사, 『주택단지총람 '78~80』, 1981, 16쪽

둔촌주공아파트 건설 후
출처: 대한주택공사, 『주택단지총람 '78~80』, 1981, 17쪽

둔촌주공아파트 건설 공사 현장
출처: 대한주택공사, 『주택』 통권 제38호, 1980, 7쪽

값싼 주택건설

주공은 새로운 자재, 새로운 구조 및 공법의 개발 그리고 경영 합리화, 업무 전산화, 기준 척도 적용으로 원가 상승 요인에도 불구하고 값싸게 주택을 공급하고자 최선을 다하고 있다.

구조 및 공법의 개선으로 원가 절감

건축물 공사비 구성에서 구조체 공사비가 전체의 30 퍼센트 내지 35 퍼센트를 차지하고 있어 이에 따른 구조 해석 및 공법 개선을 도모하고 있다. 첫째, 구조 해석 결과에 따른 단면의 설계적용에 앞서 컴퓨터를 이용하여 소요 공사비를 최소 비용으로 산출할 수 있는 구조 계산의 설계 기법을 도입하고 둘째, 계획 설계 단계에서부터 평면을 직선화 및 단순화하여 동일한 평면의 경우에도 구조체 형식을 알쎄 구조, 피쎄 구조, 벽식 구조, 조적 구조 등으로 다양하게 설계토록 하여 구조 공법에 따른 공사비를 절감하고 세째, 구조 공법 다양화에 따라 벽식 구조의 외벽과 내벽재를 시멘트 벽돌 대신 철선 보강 판넬을 사용함으로써 건물의 경량화, 단열 성능 향상, 공기 단축, 시공성 향상 및 실유효 면적 증가 등을 꾀하였다.

83년의 공사비 절감내용

구분	내 용		금액 (단위 : 억원)
	종전	개선	
난방 방식 개선	중앙 공급식 난방	개별 유닛 보일러 난방	32
구조체 형식 개선	R C 구조	벽식 구조	30
구조체의 최적화	재래식 방법	전산 처리에 의한 설계	15
옥상 방수 개선	8층 아스팔트 방수	경량 우레탄 방수	10
욕실 방수 개선	액체 방수	수용성 아스팔트 방수	2
방바닥 단열재	질석 몰탈	경량 스치로폴 몰탈	3.4
기타	적산 전력계 취부 방식 외 8건		13.24
계			105.64

기준 척도 적용으로 값싼 주택 공급

주공은 또 주택의 공업화를 유도하여 대량 건설을 통한 값싼 주택 공급을 꾀하고 공법 도입의 활성화를 도모하기 위하여 욕실, 주방 기구 크기, 부품 등의 20개 부위에 기준 척도 (Modular Coordination)를 적용하고 있다.

기준 척도의 적용

구분	내용(1M = 10cm)
층고	26M, 27M 또는 28M
천정고	23M (욕실은 21M)
거실 및 침실의 단위 평면	거실 1변의 길이는 3M, 침실 1변의 길이는 2.1M 이상
욕실,부엌 및 식당	1변의 길이는 3M 단위
창문	1M 단위

경영 합리화로 원가 절감

조직의 효율적인 운용

주공은 84년 1월 15일 공사의 경영 능률을 높이고 지사의 사업 추진 기능을 보강하고자 본사 일부 부서를 축소하여 부산 지사 및 강원 지사를 신설하였으며, 84년 3월 1일

주택 건설로 국민 주거 생활 향상에 이바지하려는 주공원의 의지는 개성과 시간을 가리지 않고 타오르고 있다.

둔촌주공아파트 건설 공사 현장

출처: 대한주택공사, 『국민주택건설 22년』, 발행연도 미상, 39쪽

丘陵地 自然景觀을 이용한 大團地!

遁村團地建設

시울 東部地域의 丘陵地를 開發하여 千戸地域과
鷺室地域을 연결하는 遁村團地는 7.5~25坪에 이르
는, 다양한 規模의 住宅 5,930戸를 混合配置하고, 各
種 編利施設과 附帶施設을 完備하는 쾌적한 近隣住
區團地로서 3萬餘 無住宅市民의 안락한 삶의 보금
자리가 될 것이다.

둔촌주공아파트 건설 공사 현장
출처: 대한주택공사,『주택』통권 제38호, 1980, 2, 3쪽

3 萬住民의 安息處

둔촌주공아파트 완공 초기 단지 전경
출처: 대한주택공사, 『주택』 통권 제40호, 1981, 2, 3쪽

遁村大團地

福祉

社會의 建設

建設部

둔촌주공아파트 완공 초기 단지 전경
출처: 대한주택공사 홍보실

둔촌주공아파트 완공 초기 단지 전경 및 주변 지역 항공사진
출처: 대한주택공사 홍보실

둔촌주공아파트 입주 초기 4단지 전경
출처: 대한주택공사 홍보실

둔촌주공아파트 입주 초기 1, 3단지 전경
출처: 대한주택공사 홍보실

둔촌주공아파트 단지 내에 있는 '모정상'
출처: 대한주택공사, 『국민주택건설22년』, 발행연도 미상, 49쪽

둔촌주공아파트 4단지와 4단지 상가
출처: 대한주택공사, 『주택단지총람 '78~80』, 1981, 21쪽

2부

둔촌주공아파트에서는 어떻게 살아갔을까?

1. '보통의 삶'이라는 착시

1단지와 2단지가 조기 완공되면서, 예정보다 이른 1979년 12월에 둔촌주공아파트의 첫 입주가 시작되었다. 먼저 입주한 사람들이 살림을 꾸리며 사는 동안 3, 4단지 건설 공사가 한참 동안 이어졌고, 1980년의 끝자락에야 비로소 단지 전체가 완공되었다. 그즈음 나의 친할머니께서 서울 동쪽 끝에 꽤 쓸 만한 아파트 단지가 새로 지어졌다는 소문을 들으시고는, 당시 나를 임신하여 만삭이었던 어머니를 이끌고 둔촌주공아파트를 보러 가셨다고 한다. 서울 사대문 안에서 유년 시절을 보내고 결혼 전까지 서울 서쪽에서 살았던 어머니는 허허벌판에 아파트만 덜렁 있는 동네에 사람이 산다는 게 놀라웠다고 회상하신다.

입주 초기의 어수선함이 가셨을 무렵인 1982년에 내가 태어났다. 나의 첫 집은 둔촌주공아파트였다. 1년 반 정도를 해외에서 보내고, 1988년에 다시 서울로 돌아와 살게 된 곳 역시 둔촌주공아파트였다. 초등학교는 단지 안에서 다녔고, 중학교는 단지 바깥쪽에 인접해 있어서 생활 영역은 여전히 단지를 크게 벗어나지 않았다. 어린 시절 만난 친구들 개개인의 성격은 모두 달랐지만, 20여 년 후인 지금에 와서 생각해보니 생활 수준은 엇비슷했던 것 같다. 특별히 잘살지도 않고, 그렇다고 못살지도 않는 삶. 아마 다들 '이 정도면 보통'이라고 생각했을 것이다.

← 보행자 전용로를 걷고 있는 아이와 어른
(사진 ⓒ류준열)

주공아파트 거주자들이 '집단적으로' 이런 생각을 가졌던 것은 주공아파트가 '서민 주거 안정'을 목표로 건설된 '서민아파트'라는 인식과 더불어, 경제적 형편이나 가족 구성 등 생활의 면면이 비슷한 사람들이 한꺼번에 모여 있는 대단지 생활이 만들어내는 착시 때문이었을 것이다. 재건축과 함께 드러난 거주민들의 집단적 '장소 애착'도 비슷하게 볼 수 있다. 이는 오랫동안 안정적으로 한곳에서 살았던 경험에 기인한 바 크지만, 동시에 같은 공간을 경험한 사람의 수가 무척 많아서 더 널리, 더 쉽게 퍼져 나갈 수 있었다고 생각한다. 엄청난 규모와 동질적인 인구 구성은 대단지 특유의 동학을 형성하는 데에 일조한다.

비슷한 사람들의 비슷한 삶

대한주택공사에서 발행한 『아파트 입주자 실태 조사 보고서('80 주공 건설)』에 따르면, 1980년 대도시에 건설된 주공아파트에 입주한 가구주 가운데 30~39세가 약 60퍼센트일 정도로 입주민은 젊은 편이었다.[1] 전체 가구주의 87.9퍼센트가 고등학교 졸업 이상으로 "비교적 높은 학력"을 보유하고 있었으며, 특히 서울의 경우 대졸 이상이 45.9퍼센트로 대도시 평균인 32.6퍼센트보다 높았다.[2] 이들의 직업은 절반이 '행정관리직'이었으며, 판매 및 서비스직, 전문기술직이 뒤를 이었다.[3] 단지 입주자 중 서울 지역의 가구 소득은 당시 도시 노동자 평균 소득 34만 9000원보다 22.3퍼센트 높은 42만 6900원이었으며, 이 중 24.3퍼센트에 해당하는 월평균 10만 3600원을 저축했다. 자가 소유 비율은 62.6퍼센트, 독채 전세가 21.6퍼센트였으며,[4] 부부가 함께 취업하는 맞벌이 비율은 4.7퍼센트로 전국 평균인 5.3퍼센트보다 낮았다.

가구원 수는 평균 3.9명으로 당시 전국 도시 평균 가구원 수인 4.52명보다 적었다. 이는 핵가족을 위해 기획된 아파트에 걸맞은 규모였다. 다만 서울 지역의 경우 가구원 수가 4인인 경우가

41.8퍼센트로 가장 높았지만, 5인 이상 가구도 28.8퍼센트로 적지 않은 비율을 차지했다. 자녀 수가 3명 이상인 가구도 포함된 수치겠으나, 부모를 모시고 사는 '3대 동거'도 없지 않았다. 대한주택공사에서 '3대 동거형' 아파트 수요 예측을 위해 서울, 인천, 대구의 주공아파트 단지 7개 1만 8792가구를 대상으로 조사한 결과, 3대가 함께 사는 경우는 13.5퍼센트로 전체 가구의 3대 동거 비율 17.6퍼센트에 비하면 다소 낮았지만, 노인 동거를 희망하는 비율은 70.6퍼센트로 매우 높았다.[5] 7개 단지 중 3대 동거가 가장 많았던 단지는 과천 10단지로 16.5퍼센트였고, 대구 성당단지(15.9퍼센트), 둔촌주공(14.8퍼센트)이 뒤를 이었다. 이 단지들에서 3대 동거가 다른 단지들보다 더 많았던 것은 상대적으로 큰 평형으로 이루어졌기 때문으로 추정된다.

우리 집은 처음에는 할머니와 함께 살다가 내가 열 살이 되었을 때쯤 할머니가 1단지에 작은 집을 구해서 이사하셨다. 그 뒤로 우리 가족은 아버지와 어머니, 오빠와 나로 구성된 전형적인 4인 핵가족 구성을 유지했다. 아버지의 직업은 의사였고, 어머니는 전업주부였다. 동갑내기였던 부모님은 연애로 만나 스물다섯을 갓 넘겨 결혼하셨고, 아들딸을 둔 어엿한 부모였지만 여전히 20대 후반이었다. 이처럼 고학력 화이트칼라의 젊은 가장이 꾸린 전형적인 4인 가정에 한시적으로나마 '3대 동거형'으로 거주한 우리 가족의 특성은 당시 주공아파트에 입주한 가구의 평균적인 특성과 정확히 일치한다.

돌이켜보면 같은 단지에 사는 친척과 부모님의 지인이 참 많았다. 아버지의 사촌 형 가족도 둔촌주공에 잠시 살다 이사했고, 아버지의 절친한 대학 동기 가족도 같은 단지에 살아서 두 집의 동갑내기 아들들이 같은 초등학교에 다녔다. 어머니의 막냇동생이자 나의 막내 이모가 결혼하면서 신혼집으로 구한 곳도 둔촌주공아파트였고, 이어서 어머니의 사촌 동생까지도 이곳에 신혼집을 꾸렸다. 앞 동에는 큰이모의 친구가 살아서 가끔 놀러 가 그 집 언니들과 그림을 그리며 놀았다. 한 아파트 단지에 왜 이렇게까지 아는 사람이 많이 살았을까? 일단 둔촌주공이 너무 커서 '한 단지에 산다'라고 이야기할 수 있는 범위가 상당히 넓었던 것도 이유가 될 성싶다. 그리고 예전에는 살 동네를 정하고 집을 구할 때 지인을 통해 알아보는 경우가 많았고, 집안사람이나 부모님 지인의 생활 수준이 비슷하니 같은 동네에 거주할 가능성도 높았던 것 같다.[6]

어린 시절의 이웃을 떠올려보면 생활 수준이 비슷했다. 같은 층에 아버지가 공기업에 다니는 집이 있었고, 부모님이 모두 학교 교사인 집도 있었다. 아래층엔 연세가 지긋하신 동양화가 부부가 사셨다. 학교 친구들은 아버지의 직업란에 대부분 '회사원'이라고 적었고, 가끔 학교까지 갖고 와서 자랑할 거리가 많은 제과 회사나 야구단이 있는 그룹사에 아버지가 다니신다는 아이를 보면 조금 부러웠던 기억이 있다. 그 외에 역도 부문 메달리스트였던 체육인, 한의사, 청과물 사업을 크게 하는 집 등 부모님의 직업이 기억에 남는 경우도 더러 있었다. 친구들의 어머니는 대부분 전업주부셨다. 간혹 약사나 간호사 같은 전문직에 종사하시거나 국세청에 다니시는 분도 계셨다. 그때는 다 다른 사람들이 모여 산다고 생각했는데, 멀리 떨어져서 바라보니 비교적 안정적인 삶을 사는 가족들이 모여 있던 동네였다.

이처럼 비슷비슷한 사람들이 한 동네, 하나의 단지에 모여 살게 된 것은 앞서 1장에서 살펴본 바와 같이 대단지아파트가 그렇게 '기획'되었기 때문이다. 주택의 규모부터 핵가족에 맞춰졌으며, 분양 방식 또한 일정 수준 이상의 경제력이 확보된 이들에게 적합했다. 그렇기에 대단지아파트 안에서는 경제적으로 크게 어려운 이웃을 만나는 경우가 극히 드물었다. 지금의 강동구와 송파구가 모두 강동구로 묶이던 1980년대 초반 통계자료를 살펴보면, 생활보호대상자 가구 수가 각 동별로 세 자릿수를 넘기는 것이 일반적이었던 데 반해, 중소 평형의 세대가 집중적으로 건설된 대단지아파트 지역인 둔촌1동에는 한 자릿수인 5가구(19명)밖에 없었고, 잠실 5동과 6동에는 아예 없었다. 대단지아파트가 얼마나 '걸러진' 집단을 수용했는지 알 수 있다.[7]

둔촌주공아파트는 전형적인 4인 가구를 위해 기획된 거주공간이었던 만큼, 총 세대수 5930세대와 가구원 수 4인을 곱하여 전체 거주민 수를 2만 3720명으로 추산해볼 수 있는데 이는 실제 통계 수치와도 큰 차이가 없다. 둔촌 1동과 2동이 분리된 1985년 이후, 둔촌주공아파트가 있는 둔촌1동의 인구는 2만 명에서 2만 5000명 사이였다.[8]

어릴 적 동네에는 내 또래 아이들이 많았다. 유난히 인기가 많았던 기린 미끄럼틀을 타려면 미끄럼틀 계단부터 길게 이어진 줄에 서서 한참을 기다려야 했다. 둔촌1동의 '연령별 인구수 통계 자료'는 이 경험을 확인해준다. 1991년 당시 둔촌주공 거주민의 가장 큰 비중을 차지한 연령대는 5~14세의 학령기 어린이였고, 그들의 부모 세대로 볼 수 있는 35~44세의 비율이 비슷하게 높았다. 이들은 전체 주민의 50퍼센트가량을 차지하는 주류 집단이었으며, 둔촌1동 인구수 그래프는 뚜렷한 양봉 형태를 띠었다. 시간이 흐를수록 거주민의 연령이 점차 높아지는 경향이 뚜렷한 것으로 미루어볼 때, 통계 자료에는 없지만 약 10년 전 입주 시점에는 주민들의 연령이 더 낮았다고 추정할 수 있다. 그렇다면 아마도 1980년대 초반의 주류 집단은 25~29세 '신혼부부'부터 미취학 아동을 키우는 30~34세 젊은 부부와 그들의 자녀들이었을 것이다. 81년생과 82년생 연년생 남매가 있었던 우리 집이 정확하게 이 주류 집단에 속했다.

놀이터에서 만나던 또래 아이들을 학교에 들어가서도 계속 만났다. 학생 수가 너무 많아서 1학년과 2학년은 오전반과 오후반으로 나뉘어 2부제로 운영되었다. 학교에 가면 친구들은 물론이고, 친구네 언니, 오빠, 형, 누나, 동생과 알게 됐다. 연년생 오빠가 있던 나는 오빠의 친구들도 알게 되었고, 그중에는 내 친구의 언니도 있었다. 어른들은 아이들을 중심으로 '학부모' 혹은 '친구네 엄마'로서 관계를 쌓았다. 어머님들은 동네에서 슈퍼마켓을 가거나 체육센터를 가는 길에 우연히, 하지만 꽤 빈번하게 마주치곤 했다. 한참을 길에 선 채로 담소를 나누다 헤어지는 일이 흔했다.

어른들은 매달 개최되던 '반상회'를 통해 같은 동에 거주하는

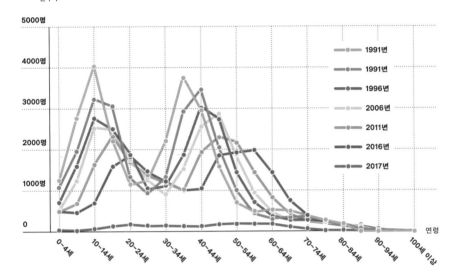

인구수

↑ 둔촌1동 연령별 인구 변화
출처: 통계청, 행정구역(읍면동)별/5세별
주민등록인구 현황(1992~2010년,
2010~2020년 자료 종합)

104

이웃을 알게 되거나, 주민센터의 문화강좌, 체육센터의 운동 프로그램, 상가의 단골 가게, 종교기관의 지역 소모임 등과 같은 단지 내 시설과 서비스를 통해 모르던 이웃을 알게 되었다. 오랜 시간 가족과 친척, 학교, 종교, 취미 모임 등 다양한 관계를 통해 인적 네트워크가 중첩되고 누적되다 보니, 이 동네에서 오래 산 사람들끼리는 몇 다리만 건너면 모두 알 수 있을 정도였다.[9] 게다가 십수 년이 흘러 결혼한 자녀 세대가 둔촌주공아파트에 신혼살림을 차리는 경우도 적지 않아서, '대를 이어 내려오는 인간관계망'이 형성되기도 했다.[10] 그러다 보니 외부에서 새롭게 이주해 온 사람은 둔촌주공아파트를 "부족적"이라고 느끼거나, 기존 커뮤니티에 참여하는 것을 불편해하고 어려워하기도 했다.[11]

둔촌주공아파트에 장기간 거주한 이들이 많았다는 사실은 통계에서도 확인된다. 앞서 언급한 '연령별 인구 그래프'가 해가 지나며 우측으로 이동하는데, 이는 단지 내 인구의 연령대가 전반적으로 높아졌음을 의미하며, 기존의 거주민이 그대로 머물며 함께 나이 들어갔다고 해석할 수 있다. 이 동네에서 사람들이 십수 년씩 살았던 것은 이곳이 '아이를 키우는 동네'였기 때문이다.

인구주택총조사의 5세별 주민등록인구 현황 자료를 통해 1991년에 가장 많은 수를 차지했던 10~14세 집단의 인구 변화를 따라가보면, 초등학교에 다닐 때 인구가 가장 많고, 상위학교로 진급하면서 더 나은 학군으로 이동하거나, 주택 규모 확대를 위해 이사를 하는 등 조금씩 인구가 감소하다가, 이들이 대학 진학, 유학, 입대 등 큰 변화를 겪는 20~24세가 되면 인구가 급격히 줄어드는 패턴을 보인다. '아이를 키우는 동네'에 오랫동안 눌러앉아 있다가 그 과정을 완수하면 다른 지역으로 떠나는 사람이 적지 않았던 것이다.

누군가가 떠난 자리에는 학령기 자녀를 둔 가족이 계속 유입되었다. 2000년대에도 10~19세의 비중이 컸다. 그런데 새로 유입된 가구 중에 '남학생 가족'의 비율이 유독 높은 것이 둔촌주공아파트의 독특한 점이었다. 2010년에 서울의 평균 성비가 108.10이었는데 둔촌1동의 평균 성비는 145.80이었고, 특히 15~19세의 성비는 171.70에 달했다.

서울시와 둔촌1동의 5~19세 인구 성비 비교

지역	연령	1985	1990	1995	2000	2005	2010
서울시	5~9세	109.79	109.94	110.52	112.73	107.93	106.50
	10~14세	110.98	110.50	109.57	112.07	111.43	108.10
	15~19세	102.62	105.04	107.72	108.73	108.20	109.70
	평균	107.80	108.49	109.27	111.18	109.19	108.10
둔촌1동	5~9세	105.03	107.40	123.39	135.49	120.37	118.80
	10~14세	121.34	116.39	133.53	139.92	164.66	146.90
	15~19세	112.28	122.70	122.70	139.37	156.51	171.70
	평균	112.88	115.50	126.54	138.26	147.18	145.80

출처: 강동구, 『강동통계연보』 1992~2018, 둔촌1동 5세 연령별 인구

당시 단지 안에는 남학생이 1420명으로 여학생 827명보다 593명이 더 많았다. 둔촌1동이 '남학생이 압도적으로 많은 동네'가 된 것은 둔촌주공아파트 단지에 인접한 동북중·고등학교가 남자 학교였기 때문이다. 둔촌주공아파트에 거주하면 이 학교에 배정받을 가능성이 매우 커서 남자 중·고등학교를 선호하는 '남학생 가족'[12]이 이를 노리고 이사 오는 경우가 많았다. 둔촌주공아파트에 사는 남학생은 같은 동네에 사는 친구와 초등학교, 중학교, 고등학교까지 12년 동안 연달아 같은 학교에 다니는 일이 흔했다.[13] 심지어 유치원이나 유아체능단에서 만났거나, 대학까지 같은 곳으로 가는 경우도 더러 있었다.

남학생의 비율이 압도적으로 높은 경향은 입주 초기에는 크게 두드러지지 않았으나, 해가 갈수록 심화되어 2000년대에 가장 극심했다. 하지만 2005년부터 5~9세 집단에서 남학생 비율이 하락한다. 둔촌주공아파트의 재건축사업이 추진 단계를 하나씩 밟아가면서 최대 12년이 걸리는 초등학교-남중-남고로의 연결이 안정적으로 이어지지 못하고, 중간에 전학해야 할 수도 있는 우려가 커져 남학생 학부모의 선호도가 다소 떨어진 것으로 읽을 수 있다. 그리고 2016년에 초등학생의 남녀 성비가 큰 폭으로 감소했다. 이는 재건축을 앞두고 단지 내 상위학교 진학을 목표로 이동하는 학령기 남학생 가족의 유입이 완전히 끊겼음을 보여준다. '남학교만 있는

단지'라는 아파트 단지의 특징에 따라 인구의 구성이 편중되었던 경향은 아파트 단지의 생애가 저물어가며 점차 사라지게 되었다.

자치와 통치의 모호한 경계

여러 사람이 함께 모여 사는 공동 주거에는 공동의 자산을 관리·운영하기 위한 조직이 필요하다. 아파트 단지에서 가장 기본이 되는 관리기구는 일반적으로 '입주자대표회'다. 입주자대표회는 자치 관리규약에 따라 공동주택의 운영과 관리를 위해 필요한 사항을 의결하는 조직이며, 여기서 의결된 사항을 '관리사무소'에서 실행한다. 지금은 이러한 조직과 역할 배분이 당연하게 여겨지지만,[14] 이는 1979년에 '공동주택관리령'이 마련된 후부터 제도화된 것이다.

법이 제정되기 이전에 건설된 아파트 단지에서는 건설 주체가 관리까지 직접 맡곤 했다. 대한주택공사는 아파트 단지 관리를 위한 별도 조직을 사내에 마련해, 반포, 잠실 등지의 주공아파트 단지를 한동안 직접 관리했다. 둔촌주공아파트는 「공동주택관리법」의 제정이 준비되는 동안에 건설되어, 처음부터 대한주택공사가 직접 관리하는 방식이 아닌 주민 자치 관리 체제를 준비해왔다. 1981년 10월 15일 「공동주택관리법」의 구체적인 내용이 제정된 지 80여 일만인 1982년 1월 5일에 둔촌주공아파트 입주자대표회의를 구성하기 위한 창립총회가 개최되었고, 입주 초기부터 주민 자치 관리체제로 운영되었다.[15]

그런데 어릴 적 기억을 떠올려보면 조금 이상한 구석이 있었다. 단지 안을 돌아다니며 '쓰레기를 줄이자'라거나, '전기를 아끼자' 혹은 '분리수거를 생활화하자' 등의 구호가 적힌 긴 띠를 어깨에 두르고 나니는 어른들을 종종 볼 수 있었다. 그들은 쓰레기를 숨거나 낙엽을 치우는 등 솔선수범하며 '건전하고 바른 삶'을 전도하려 했다. 지금 생각해보면, 이런 활동을 아파트 단지 안에서 하는 것은 좀 어색하다. 만약 요즘 누군가가 단지 안에서 띠를 두르고 구호를 외치고 있다면

↑　둔촌1동 관내도(통·반 구분),
그린벨트 표시는 필자
출처: 둔촌1동 주민센터 제공

관리사무소 직원이 바로 달려와 저지하지 않을까. 아무리 공익적인 메시지라고 해도 말이다. 하지만 예전의 둔촌주공아파트에서는 이런 구분이 명확하지 않았다.

둔촌주공아파트는 '입주자대표회'가 대표하는 주민들의 자치 영역과 '동사무소' 관할의 행정상 통치 영역이 완전히 중첩된 특이한 공간이었다. 둔촌1동은 개발제한구역(그린벨트)으로 묶인 땅을 제외하면 사실상 둔촌주공아파트 단지 그 자체였다. 개발제한구역 안에도 사람들이 거주하는 주택이 있었지만 둔촌1동 전체 주택 수의 0.2퍼센트에 불과한 12호 남짓이었다.[16] 나머지 99.8퍼센트인 5930세대는 둔촌주공아파트였으니, 둔촌1동은 사실상 둔촌주공아파트 단지였다고 해도 무방하다. 아파트 단지 하나가 행정동 대부분을 차지하는 경우는 드물지만 몇 군데 더 있기는 하다. 오륜동의 올림픽 선수·기자촌 아파트, 반포본동의 반포주공아파트 1단지, 가락1동의 가락시영아파트(현 헬리오시티)가 그러하다.[17] 잠실2동과 3동은 주공아파트 단지가 재건축된 신축 아파트 단지가 몰려 있는 동네인데, 이 지역도 과거에는 주공아파트 단지 하나가 각각의 행정동을 하나씩 차지했었다.[18]

아파트 단지와 행정동의 영역이 완전히 중첩되는 공간은 행정력이 주민 생활 깊숙이 개입해 주민을 조직화하고 계도하기에 효율적인 배경이 되어주었다. 다른 도시 지역에 비해 주공아파트에서 '도시 새마을운동'이 성공적으로 추진될 수 있었던 이유다.

새마을운동은 1960년대에 경제가 급속히 성장함에 따라 발생한 다양한 사회경제적 문제와 갈등을 타개하고 대중의 지지를 결집하려는 정치적 의도로 시작된 국가적 운동이었다. '위로부터의 조직화'를 통해 새마을부녀회, 새마을노인회 등 새마을운동을 추진하기 위한 각종 모임이 미을마다 조직되있다. 그리고 이를 전국 단위로 확장해 중앙집권적 조직 체계 안에 포섭하려 했다.[19] 이 같은 관 주도 운동이 1970년대에 처음 시작된 것은 아니었다. 재건국민운동과 자조 근로 사업, 농어촌 소득 증대 사업 등을 통해 만들어진 농촌 주민 조직의

↑ 1982년 잠실체육관에서 치러진
도시 새마을운동 촉진대회에
새마을지도자 1만 5000여 명이 모였다.
출처: 서울사진아카이브

선례가 있었다.

이를 도시로 확대 적용한 것이 '도시 새마을운동'이었다. 박정희 대통령이 1974년 연두 기자회견에서 처음 언급한 것에 이어, 1976년에 새마을운동중앙협의회가 창립되면서 도시로 확대되었다. 그런데 도시 지역은 농촌 지역과 사정이 달랐다. 도시에 거주하는 이들은 구성원 간의 이질성이 높고, 생활 공동체로 엮이지 않는 일시적이고 유동적인 관계가 많아 하나로 묶기가 쉽지 않았다. 농촌 새마을운동에서는 마을 간 경쟁을 통해 차별적인 경제적 보상이 주어진 것과는 달리, 도시 새마을운동에서 경제적 유인책은 매우 제한적이었다. '정신 혁명 운동'과 '공동체 의식 복원'을 목표로 하는 봉사활동이 주된 내용이었기에 개개인에게 돌아가는 실익이 적었다.[20] 그래서 도시 새마을운동은 대체로 실패했다는 평가를 받지만, 유독 빈민가와 중산층 아파트 단지에서는 실효가 있었다.[21]

중산층 아파트에 입주한 이들은 대체로 균질한 사회 계층이라는 점에서 공동체 형성에 유리했다. 또한 주공아파트나 시영아파트에 거주하는 이들은 국가의 지원을 통해 '내 집 마련'의 기회를 제공받은 것이나 다름없었다. 분양 과정에서도 정권에 우호적인 계층을 위한 특별 공급 등이 더해진 만큼 중앙정부의 정책에 우호적일 수 있는 집단의 비중이 높았다. 상대적으로 안정적인 경제 계층에 속해 봉사활동에 참여할 경제적·시간적 여유가 있었다는 점도 여타 도시 집단과 달랐다. 당시 중산층 아파트를 가장 많이 건설한 주체인 대한주택공사가 '도시 새마을운동의 기수'를 자처하며 나선 것도 중산층 아파트 입주자들의 호응에 큰 영향을 미쳤을 것이다.[22]

도시 새마을운동을 추진하는 구심점은 동사무소였다. 행정동과 단지의 영역이 같은 반포, 잠실, 둔촌 등에는 동사무소가 단지 내부에 있다. 행정력이 영향을 미쳐야 하는 대상은 해당 단지에 거주하는 주공아파트 주민이 전부였다. 게다가 아파트 단지 관리를 직접 했던 초기에 주민과 유대를 쌓는 데에 적극적이었던 대한주택공사의 입지는 주공아파트 주민들을 동원해 '단지 새마을운동'을 성공적으로 추진하는 밑거름이 되어주었다.[23] 대단지의 주민들은 동사무소와 대한주택공사로부터 이중으로 관리받으며 도시 새마을운동 참여를 독려받았다.

1970~80년대에 활발했던 동네 '반상회'나 학교에서 진행하던 '폐품 수집', 혹은 '새마을조기축구회' 등이 도시 새마을운동 차원에서 진행된 일상 활동이었다. 그중에서도 정부가 가장 중점으로 둔 것은 '통·반장제' 강화였다. 이는 행정구역 '동' 아래에 '통'(統)과 '반'(班)으로 세부 구역을 나누고, 주민 중에서 선출된 통장과 반장이 행정기관과 주민을 연결하는 것이다. 예컨대, 새로운 전입 세대가 생기면 집에 직접 방문해서 확인하거나, 코로나19 발발로 구청에서 나온 마스크를 각 세대에 배포하는 것이 통장의 역할이다. 통·반장제는 여전히 행정의 말단에서 운영되고 있다.

'통' 아래에는 대략 20가구 정도로 구성된 '반'이라는 단위가 있어서 예전에는 매달 한 번씩 모여 반상회를 했다. 아파트 단지에서는 출입구와 복도를 공유하는 '같은 라인'이나 같은 동처럼 거주 공간 단위가 쉽게 구분되어 주민들을 '반'으로 조직하기도 더 수월했을 것이다.[24] 둔촌주공아파트에서는 관리사무소에서 옥내방송으로 '오늘이 반상회 하는 날'이라는 공지를 내보낼 정도로 온 동네가 반상회에 적극적이었다. 어머니는 반상회에서 만난 다른 층 아주머니와 친분을 쌓기도 하고, 간식으로 나온 야쿠르트나 귤을 챙겨 오시곤 했다. 유년 시절의 기억 때문에 반상회를 '정겨운 마을 모임' 정도로 생각했는데, 그것의 역사적·정치적 맥락은 정겨움과는 거리가 멀었다.

반상회의 기본 단위인 '반'은 일제강점기에 식민 통치의 수단으로 처음 도입되었으며, 1930년대에 '애국반'으로 개칭되어 주민 통제와 동원에 이용되었다.[25] 해방 후인 1957년에 내무부가 이와 같은 개념인 '국민반'의 운영을 강화하기 위해 '정례 반상회'를 개최한다고 발표하자,[26] "패씨즘"이라 비판하며 정치적 악용을 우려하는 기사가 쏟아졌다.[27] 하지만 1961년에 「지방자치법」이 개정되면서 '통'과 '반'은 행정 운영의 기본 단위로서 법적 지위를 갖게 되었다. 그로부터

15년이 지난 1976년 1월, 내무부 장관이 '도시 새마을운동에 역점을 두겠다'라고 발표하면서 그 확산 도구로 다시 '반상회'를 언급했다. 하지만 이를 비판하는 언론 기사는 찾아볼 수 없었다. 그저 행정의 중복과 과열 경쟁을 우려하는 기사가 전부였다. 이어서 3월에 바로 내무부에서 '반상회 실시 지침'을 하달하여 매달 정기 반상회 개최를 대대적으로 장려했다. 이렇게 시작된 반상회는 지역 내 현안을 주민 간에 논의하기 위해 활용하는 협의체라기보다는, 정치적 의도가 다분한 '동원 방식'의 일종으로서 도시 새마을운동 확산을 위한 '행정 지시사항 하달의 장'으로 활용되었다.

새마을운동의 또 다른 기본 단위는 새마을부녀회, 새마을지도자 협의회 등 주민들이 주체가 된 단체다. 행정 언어로는 '주민 직능 단체'에 속하지만, 흔히 '관변단체'라고 불리는 것들이다. 관변단체는 권위주의 정권에서 체제 유지를 위한 지지 세력으로 육성되어 국가의 이념과 정책 홍보 및 선전·교육의 기능을 담당하며 '중앙회'와 '지회'로 나뉘는 전국적인 조직망을 구축하고 있다는 특징이 있었다. 대표적인 '3대 관변단체'로 1950~60년대 반공 운동의 목적으로 설립된 자유총연맹, 1970년대 박정희 정권에 의해 육성된 새마을운동단체, 그리고 1980년대에 전두환 정권이 새마을운동의 모델을 모방해서 만든 바르게살기운동협의회가 있다. 이들 단체를 육성하고 지원하는 법적 근거까지 마련되어 있어서 적지 않은 정부 예산이 지금까지도 투입되고 있다.[28] 1987년 민주화 이후 관변단체에 대한 정부 지원을 중단하라는 시민들의 요구가 계속되었지만, 지역 깊숙이 뻗어 있는 세부 조직이 선거에 미치는 영향력을 무시할 수 없는 만큼 집권 세력에게 이 단체들은 폐지보다는 포섭의 대상이었다.

대한주택공사가 주도한 '단지 새마을운동'에서도 주민 모임 결성은 필수직이었다. 일상의 내부분을 단지 안에서 보내는 노인, 부녀, 어린이를 대상으로 하는 새마을어머니회, 새마을어머니합창단, 새마을노인회, 새마을어린이환경보호대 등의 모임이 만들어졌다. 이들은 대한주택공사로부터 조직적인 관리와 지원을 받으며 단지 내

←　대한주택공사의 '단지 새마을운동' 활동 모습
　　출처: 대한주택공사, 『주택』 통권 제36호,
　　17쪽; 『주택』 통권 제37호, 10~13쪽 화보

↑　둔촌1동 동사무소 전경. 건물 정면에 '도시
　　새마을 가을맞이 환경 정비' 현수막이,
　　공중전화 부스에는 '도시 새마을운동 실천
　　목표'라는 문구가 붙어 있다.
　　출처: 대한주택공사, 『주택단지총람 '78~80』,
　　대한주택공사, 1981, 290쪽

115

환경미화, 이웃 돕기, 친목 등의 활동을 이끌었다. 모임 활동은 단지
내부에 머물지 않고 단지 간 연합을 통해 대규모 단위로 확장되었다.
일례로 새마을어린이환경보호대는 반포 지역에서 1500여 명,
잠실 지역에서 1800여 명이 참여할 만큼 거대한 조직을 이루었다.
'대한주택공사 사장배'로 진행되는 새마을배구대회, 새마을테니스대회,
새마을합창대회 등 주공아파트 주민만을 위한 새마을운동 이벤트도
정기적으로 개최되었다.

　대한주택공사는 도시 새마을운동 추진을 위해 필요한 물리적인
거점 공간을 단지 안에 건설하기도 했다. 소형 평형이 몰려 있던
잠실주공아파트 1, 2단지에는 주민들이 모여 부업을 할 수 있도록 '전용
새마을 작업장'이 설치되었고, 부업 일거리 알선까지 대한주택공사가
도맡았다.[29] 새마을운동에 적극적으로 참여한 부인회와 노인회를 위한
공간으로 '새마을회관'이 건설되기도 했다. 반포주공아파트 3단지에
건설된 새마을회관에는 동사무소와 파출소, 우체국 같은 행정·치안
기관이 입주했다. 둔촌주공아파트에는 관리사무소와 노인회관이
하나의 건물로 지어졌고, 새마을금고 공간으로 계획되었던 동사무소
2층은 나중에 새마을문고로 변경되었다.

　도시 새마을운동에서 다방면으로 활약한 대한주택공사를 농촌
새마을운동에서 핵심 역할을 한 중간 조직 '농협'과 비교해볼 수 있다.
농협은 농촌 지역의 마을과 직접적이고 밀접한 관계를 맺으며 금융과
농업 기술을 지원했고, 동시에 현장에서 주민들과 직접 접촉하며
새마을영농회와 새마을청년회 등 마을 단위 조직을 관리했다. '정부는
아니지만, 정부 같은' 기관의 이 같은 지원과 관리가 새마을운동의
체계적인 정착과 확산에 주효했다고 평가받는다.[30] 농촌과 농협의
관계만큼 지역 전체를 포괄하거나 밀접한 이해관계로 엮인 것은
아니었지만, 대한주택공사도 정부의 통치 메커니즘을 적용하고
주민들의 참여를 이끌 다양한 활동과 공간을 기획하고 마련함으로써
아파트 단지에 도시 새마을운동을 성공적으로 접목하는 데 크게
기여했다고 평가할 수 있다.

순수하면서도 정치적인: 단지 새마을운동과 둔촌 축제

도시 새마을운동은 분명히 정권 차원에서 진행된 정치 활동이었다. 하지만 여기에 참여한 주민 개개인의 동기도 과연 '정치적'이었을까? 내 부모님 연배의 주민들이 동네 대항으로 기량을 겨루던 합창대회나 배구대회 사진을 보면 꽤 재밌었으리라는 생각이 든다. 무료한 일상에 신선한 기운을 불어넣어 주는 이벤트이지 않았을까? 물론 환경 보호에 별 뜻이 없어 보이던 어린이들이 모여서 선서를 하고 있거나 잔디밭에서 쓰레기를 줍고 있는 모습은 그리 즐거워 보이지 않지만 말이다.

1980년대 둔촌주공 새마을부녀회에서 했던 일을 살펴보면, 물물교환 일일 시장을 열고, 동북중·고등학교 축구부원에게 격려 기금을 전달하고, 간선도로변에 코스모스 꽃길을 조성하고, 보육원 방문 기금 마련을 위해 공인중개사 시험장 앞에서 음료수와 점심을 판매하기도 했다.[31] 지역 내 영세민 가구에 쌀을 전달하거나 연말에 강동우체국에 방문해 폭증한 우편물 분류 작업을 돕는 등 지역 사회에 도움이 되는 봉사활동은 다 찾아다닌 듯하다.[32]

도시 새마을운동의 주된 참여자는 노인과 주부, 어린이였다. 그동안 정치적·경제적 주류에서 벗어나 있었던 이들은 도시 새마을운동을 통해 근대 국민국가의 주체로 국가에 의해 호명받고, 단지 내에서뿐만 아니라 다른 단지와 교류하고 경쟁하며 사회에서 함께하는 경험을 얻을 수 있었다. 그런 점에서 도시 새마을운동은 참여자에게 소속감과 보람, 만족을 느낄 수 있는 긍정적 경험으로 남았을 것이고, 그러한 자극으로 대중을 끌어들인다는 점에서 단지 새마을운동의 대상 설정과 유인 전략은 성공적이었다고 볼 수 있다.

초기의 주민 집단이 국가 통치의 수단으로 조직되었던 배경 때문인지 이후 사제석으로 조직된 주민 활동을 두고도 '정치적 의도' 또는 '순수성'을 가늠하려는 경향이 생겨났다. 1991년에 처음 열린 '둔촌 한마음 대축제'(둔촌 축제)는 둔촌주공아파트에 거주하며 지역에서 자영업에 종사하던 30~40대 젊은 아빠 몇몇이 "서로 알고 지내면서

서로에게 관심을 두고 감사하는 마음으로 어울려 살자"라는 취지에서 기획된 것이었다.[33] 하지만 축제 기획단을 정치적이라고 비난했던 이들도 있었던 것 같다. 한 동네 어른은 둔촌 축제를 만들려고 처음 모인 주민들은 정말 '순수한' 취지로 함께했었다는 이야기를 거듭 하셨다. 둔촌 축제 성사를 위해 주민들은 자발적으로 1700여만 원의 기금을 모았고,[34] 단지 내 여러 기관과 주민 직능단체 회원들의 열성적인 참여와 지원으로 첫 회를 성황리에 치렀다.[35] 그 후로 10여 년 동안 매년 가을이면 주민 5천여 명이 모여 즐기는 연례행사였다. 둔촌 축제는 둔촌주공아파트의 생애에서 빼놓을 수 없는 공동체 행사로 자리 잡았다.

축제의 시작을 알리는 것은 언제나 풍물패였다. 흥겨운 장단이 울려 퍼지면 사람들이 하나둘 단지 안 큰길로 모여들었다. 주민센터부터 관리사무소 앞에 남북으로 곧게 뻗은 단지 내 도로는 차량 이동이 통제되었고, 행사용 가설무대가 설치되었다. 프로그램은 다채로웠다. 학생 동아리의 공연, 3대 3 농구대회, 어린이와 청소년 장기자랑, 음악회가 열렸고, 각종 민속 경기나 페이스페인팅 등 소규모 이벤트도 있었다. 저녁에는 무대를 중심으로 개회식, 노래자랑, 시상식과 폐회식이 진행되었다. 그리고 직능단체 회원들이 직접 부침개를 부치고 막걸리를 내놓는 '먹거리장터'가 행사장 한쪽에 줄지어진 천막 안에 차려져 분위기를 더욱 왁자하게 만들었다. 먼 훗날 둔촌주공아파트에서 자란 청년들이 둔촌 축제가 매년 개최되던 1990년대야말로 정말 좋은 시절이었다고 회상할 만큼 실제로 주민들의 애향심 고취에 영향을 미친 행사였다.[36]

행사를 꾸리는 '둔촌 축제위원회'의 위원장은 매년 바뀌었고, 단지 내 여러 기관의 장이 자문위원을 맡았다. 통장협의회장, 새마을부녀회장 등 주민 직능단체의 장은 축제위원으로 힘을 합쳤다. 당연히 명단에 있어야 할 것 같은 입주자대표회가 언급되지 않은 것으로 보아 '둔촌 축제'는 엄밀히 따지자면 '둔촌주공아파트'가 아닌 '둔촌1동' 차원의 축제였던 것으로 보인다. 비슷한 시기에 서울의 다른 지역에서도

119

주민 자치 활동이 활발해졌다. 둔촌 축제 소식이 실린 한 기사에서는 "지방자치 시대의 개막과 더불어 관 주도의 지역 행사가 퇴조하는 대신 주민들의 자생적 모임이 활기"를 띤다고 말하며, 북촌과 신사동의 주민 주도 개발 흐름과 둔촌 축제, 목동 아파트 단지 주민들이 주최하는 나뭇골 큰잔치 사례를 전했다.[37]

시간이 흐르면서 둔촌주공아파트 내에서 '새마을'이라는 수식이 사라지고, 그냥 부녀회, 노인정, 마을문고로 바뀌었다. 2007년에는 '동사무소'라는 명칭도 '동주민센터'로 바뀌면서 관변단체의 역할과 지자체와의 관계도 '동원'에서 '협조 요청과 지원'의 형태로 변했다. 기존의 관변단체는 대부분 지역 커뮤니티를 위한 순수 봉사단체로 탈태했다고 평가될 정도로 정치적 연결고리가 많이 약해졌다.[38]

그런데 재건축이 추진되면서 거대한 이권과 이해가 충돌할 때 단지 내 정치 활동을 하며 목소리를 낸 이들 대다수는 이전부터 동네 활동에 열성적이었던 이들이었다. 오랫동안 재건축 조합장과 조합 임원을 지낸 이는 둔촌 축제를 기록한 옛 사진이나 입주자대표회의, 주민 자치 모임 명부에서 계속 발견되며, 조합에 반대하는 비상대책위원회를 꾸린 이들은 입주자대표회, 부녀회 등 대표적인 주민 모임이었다. 예전에는 '정치적'이라는 표현이 정부나 정치권과 연결되어 있음을 가리켰지만, 세상이 변하면서 점차 지역 내부에서 이익과 권력을 차지하려는 행위를 지칭하는 표현으로 변모한 것으로 보인다.

대단지의 영향력

대단지 주민들의 활동은 단지 외부에 영향을 미칠 때 더욱 '정치적'이 된다. 문제는 대단지의 움직임이 지역 사회의 공익에 반하는 방향으로 전개되더라도 이를 막기 쉽지 않다는 것이다. 1988년 둔촌주공아파트의 '명일로 폐쇄'가 이러한 문제를 단적으로 드러내는 예라고 할 수 있다.

1987년 12월 중부고속도로가 개통되고 아파트 단지를 관통하는 도로가 '고속도로로 연결되는 지름길'로 알려지면서 단지 내로 화물차가 진입하는 일이 많아졌다. 이에 둔촌주공아파트 주민들은 아이들의 안전이 위협받는다는 이유로 둔촌2동으로 연결되는 도시계획도로인 명일로 위에 높이 2미터, 폭 16미터 담을 설치해 길을 폐쇄해버렸다. 다른 아파트 단지에서도 외부 차량을 통제하는 차단기를 설치해 문제가 되는 일이 1990년대 초반부터 왕왕 있었는데, 이 경우는 "단지 내 도로 폐쇄는 자기 집 대문을 막은 것이나 마찬가지"라서 구청이나 경찰서에서 손을 쓸 수가 없었다.³⁹ 하지만 둔촌주공아파트 주민들이 막은 것은 '단지 내 도로'가 아니라 '도시계획도로'였고, 이는 엄연한 불법 행위였다. 강동구청은 철거를 요구했다. 하지만 주민들은 강동구의회와 서울시 등에 반발하며 완강히 거부했다.

주민들 편에서 이야기해보자면, 둔촌주공아파트는 만들어질 때부터 단지 범위 전체를 '하나의 단지'로 설정하고 설계되어 각 부분 간 경계에 대한 인식이 약했다.⁴⁰ 실제로 단지 경계를 표시하는 펜스가 단지 외곽에만 둘러쳐져 있었고, 명일로 양옆으로는 펜스 없이 생활시설과 조경이 자연스럽게 연결되어 있었다. 도시계획도로임에도 불구하고 명일로를 '단지 내 도로'로 인식하고, 명일로를 지나가는 화물차를 '단지 내부로 진입한 외부 차량'으로 인식하는 것이 억지스러운 것은 아니었다. 1996년 방아다리길(현 동남로)이 개통되기 전까지는 명일로가 동-서 방향으로 연결된 도로 중 중부고속도로와 가장 가까웠기 때문에 화물 차량의 이동량이 적지 않았을 것이다. 사정이 이러하니, 구청에 안전 대책 마련을 촉구하기 위해 길을 막는 행위는 시위의 일환이라 볼 수도 있다. 하지만 그것은 일시적인 시위가 아니었다. 주민들은 끝까지 빗장을 풀지 않고 도로를 불법 점유했다.

중부고속도로로 바로 연결되는 방아다리길이 개통된 이후에는 명일로를 폐쇄했던 명분이 사라지므로, 최소한 그 시점에라도 도로 폐쇄를 중지하고 화물 차량의 통행만 제한하는 방안을 모색했어야 한다. 1996년 12월에 구청에서 재차 자진 철거를 요구해 왔을 때 둔촌주공아파트 주민들은 '구청에서 교통량 제한, 안전시설 설치

등의 조치 없이 철거를 요구하는 것은 부당'하다며 소송을 냈다.[41] 결국 주민이 설치했던 담은 철거되었지만, 그 이후로도 명일로는 바리케이트와 대형 화분으로 막혀 있었다. 그리고 아래와 같이 적힌 안내판이 부착되었다.

> 이 도로는 도시계획도로입니다. 담장을 철거하고 도로법 제53조(운행의 금지 또는 제한) 및 도로교통법 제6조(통행의 금지 및 제한)에 의거 도로의 보수 및 교통안전시설을 설치하고 차량을 통행시킬 예정입니다. 도로상에 불법 지장물을 설치(적치)할 때는 도로법 제82조의 규정에 의거 처벌받게 됨을 알려드립니다. 199○. 강동구청장.[42]

도시계획도로에 불법 지장물을 설치하여 도로를 막는 것은 불법임을 알리기 위해 구청에서 설치한 구조물이 오히려 도로를 대신 막아주었던 것이다. 외부 통행이 막힌 도로는 아파트 주민들의 주차장으로 전용되었고, 이로 인해 단지 외부의 주민들은 단지를 둘러 이동해야 하는 불편함을 감수해야 했다. 둔촌주공아파트의 재건축이 진행되는 지금도 둔촌2동 쪽 입구는 폐쇄되어 있다.

구청은 왜 이 불법행위에 강력하게 대처하지 못했을까? '대단지'가 지역 사회에서 정치적 영향력이 강한 집단이기 때문이다. 대단지의 힘은 선거철에 드러난다. 1995년 지방선거 때 둔촌주공아파트에는 강동구 선거인 수의 9퍼센트에 해당하는 1만 4728명의 선거인이 거주하고 있었다. 이들의 투표율은 73퍼센트로 선거구 '강동구을'에서 투표율 1위를 차지했고, 이는 지역 평균 투표율보다 10.3퍼센트가량 높았다.[43] 무시할 수 없는 규모의 집단이었던 둔촌주공아파트 단지는 늘 강동 지역의 '핵심지'로 꼽혔다. 실제로 둔촌주공아파트 주민들의 결집으로 선거 결과가 뒤바뀐 일도 있었다. 1992년 제14대 총선에서 강동구 국회의원 후보로 출마한 민주당 장충준 후보가 구내 다른 지역에서는 우세했으나, 둔촌1동에서 민주자유당 김중위 후보가

3000여 표를 앞서는 압도적인 지지를 받았고, 최종 집계 결과 1500표 차로 김중위 후보가 당선되었다. 김중위 의원이 둔촌주공아파트에 10년 이상 거주한 '둔촌주공 토박이'이어서 주민들의 지지가 집결되었다는 평이 많았다. 둔촌1동 선거인은 아파트 단지라는 단일한 공간과 사회적 관계로 엮여 있고 집단행동을 협의·추진할 수 있는 내부 구조를 갖추고 있었던 만큼 선거에서 결정적인 영향력을 행사할 수 있는 집단이었다. 선출직인 구청장, 구의원, 국회의원 등은 이들의 요구에 몸을 사릴 수밖에 없었을 것이다.

주거의 특성에 따라 유권자의 투표 행태가 달라진다는 사실은 여러 연구에서도 확인된다.[44] 강동구는 특히 행정동별로 도시가 개발된 방식의 차이가 뚜렷하고 그에 따라 아파트 단지와 일반 주택의 비율 대비가 커서 이러한 경향이 훨씬 잘 드러난다. 강동구에 대단지 아파트가 건설되기 시작한 1980년대부터 이 지역에서 투표율이 높았던 곳은 둔촌1동, 명일2동, 암사3동 등이었다. 보수 진영에 대한 지지율이 압도적으로 높았던 이들 지역은 대단지로 개발되었다는 공통점이 있었다.

1992년 지방선거에서 민주자유당 김중위 후보를 국회의원으로 당선시킨 둔촌주공아파트의 위력을 경험하면서 다른 후보들도 지역 민심을 잡기 위해 둔촌주공으로 이사해 '둔촌1동 공략'에 애를 썼다.[45] 하지만 그렇게 이사 와서 10년 넘게 거주한 민주통합당 심재권 후보[46]가 2012년 제19대 국회의원 선거에서 강동구 국회의원으로 당선될 때도 둔촌1동에서만큼은 새누리당 정옥임 후보의 지지율(61.8퍼센트)이 훨씬 더 높았다. 심재권 후보가 '강동을'에서 유일하게 밀린 지역이 그가 거주하던 둔촌주공아파트였다. 즉, 둔촌주공아파트 주민들이 1992년에 김중위 의원을 절대적으로 지지한 것은 그가 같은 동네 주민이어서가 아니라, 사실은 보수 신영에 대한 지지였던 것이다. 이처럼 대단지의 주민들이 '굳건한 보수 지지층'으로 자리 잡은 것만 보더라도 정권에 우호적인 중산층을 육성하겠다는 대단지 기획은 성공한 것으로 보인다.

2. 단지를 바라보는 시선의 변화

나의 외가는 서울의 서쪽 끝자락 성산동에 있었다. 가족 모임이 있을 때면 늘 우리가 성산동으로 갔지만, 이따금 외가 식구들이 서울의 동쪽 끝에 있는 둔촌주공아파트까지 놀러 오기도 했다. 내가 초등학생일 때, 그러니까 올림픽대교가 개통된 지 얼마 지나지 않았을 즈음, 성산동에서부터 차를 몰고 강변북로를 달려 올림픽대교를 건너서 올림픽공원을 지나 둔촌동에 도착하신 큰이모부가 감탄하며 말씀하셨다. "이 동네는 올 때마다 매번 달라지는구나!" 단지 안에서만 주로 지내던 나는 이모부의 말을 이해할 수 없었다.

단지 안은 그 뒤로도 수십 년 동안 그대로였는데, 단지 밖 세상은 너무도 빠르게 달라졌다. 밤마다 개구리 소리로 시끄럽던 남쪽 부지에는 1988년 서울올림픽 개최에 맞춰서 올림픽선수·기자촌아파트가 지어졌고, 거대한 신도시가 만들어진다는 소식이 들리고 얼마 지나지 않아 같은 학교에 다니던 친구 여럿이 분당으로 이사했다. 학년이 올라가면서 8학군으로 옮기거나 학원이 많은 방이동이나 대치동으로 떠나는 이들도 있었다. 그즈음 우리 가족도 둔촌주공아파트를 떠났다. 학교는 그대로 둔촌동으로 다니면서 집은 경기도 하남시로 이사한, 일반적인 시류와는 좀 다른 방향으로의 이동이었다.

← 둔촌주공아파트 1, 4단지 전경, 2017년
(사진 ⓒ류준열)

2000년대에 들어서 둔촌주공아파트에 재건축 이야기가 나오고 있다는 소식을 전해 듣게 되었다. 동네 분위기도 꽤 달라졌다고 했다. 큰돈을 벌어들일 것이란 기대에 들떴던 것도 잠시, 사람들이 편을 나눠 자주 싸우고 둔촌 축제도 열리지 않는다고 했다. 시간이 계속 흘러 재건축 이야기가 나온 지 십수 년째가 되자 사람들은 심드렁해졌다. 재건축을 하긴 한다는데 그게 언제일지 아무도 몰랐다. 단지 관리에 손을 놓았는지 동네는 점점 낡아만 갔다. 그곳은 여전히 누군가의 보금자리였지만, 재건축이라는 꿈에 밀려 점차 황폐해지고 있었다.

단지 밖, 새로운 중산층 오아시스의 등장

1980년은 한국 부동산 역사에서 흔치 않은 마이너스 경기였다. 어두운 분위기에서 둔촌주공 3, 4단지의 건설이 마무리되고 입주가 시작되었지만, 1980년 연말에는 분양가보다 낮은 가격으로 거래될 정도로 부동산 경기가 참담했고, 분양가 논란을 겪은 3단지와 4단지에는 미분양된 집이 120세대나 남아 있었다.[1] 새로운 대단지의 탄생을 기뻐하며 자축할 분위기가 아니었다.

1980년대에 전두환 정부가 양도소득세 완화와 함께 '주택 500만 호 건설' 계획을 발표하는 등 부동산 부양 정책을 펼치면서 부동산 거래가 다시 조금씩 살아났다. 새로운 대단지아파트가 다수 건설된 강동·송파 지역으로 영동과 강북에 있던 부동산 중개업소가 대거 옮겨 와 자리를 잡았다. 1981년에 이미 둔촌주공아파트와 가락시영아파트 주변에 부동산 중개업소 200여 개가 난립했다.[2] 둔촌 종합상가에 미신고 업소 10여 곳이 영업 중이었고, 가락동에서는 시영아파트를 임대하여 음성적으로 영업하기도 했다.[3]

둔촌주공아파트가 건설될 당시에 서울의 주택지는 과포화 상태였고, 대한주택공사는 서울에서의 신규 개발을 더는 진행하지 않을 예정이라고 발표했다. 둔촌주공아파트를 '서울 마지막 대규모 단지'라고 홍보하기도 했다. 하지만 정권이 바뀌고 1980년 12월

31일 「택지개발촉진법」이 제정되면서 도시계획이 수립되지 않은 지역에서도 건설부 장관의 승인을 통해 대규모의 택지 개발 예정지구를 지정할 수 있는 법적 기반이 마련되었다. 이를 근거로 그린벨트를 풀어 대규모 신도시를 건설·공급하는 관행이 생겨났다. 법 제정 직후 대한주택공사는 바로 고덕지구와 개포지구에 대단위 개발 추진을 공표했다.[4] 그 결과 둔촌을 중심으로 서쪽으로는 문정주공아파트 1320세대와 개포지구 9개 단지 1만 5710세대가 건설되었고, 동쪽으로는 서울의 "전원도시"로 기획된 고덕지구 8개 단지 8730세대가 차례로 건설되었다.[5]

1981년 9월 30일, '올림픽 서울 유치'가 확정되었다. 독일의 바덴바덴에서 열린 IOC 총회에서 "세-울"이라는 목소리가 울려 퍼지면서, 1960년대부터 묶여 있던 '국립종합운동장 예정지'가 오랜 속박에서 풀려나게 되었다. 경부고속도로 부지를 마련하기 위해 영동 토지구획정리사업을 진행한 것처럼, 올림픽공원 개발을 위해 가락지구 토지구획정리사업이 시행되었다. 잠실지구 개발 이후에 대부분 미개발 지역으로 남아 있던 송파 일대를 '올림픽촌'으로 재탄생시키는 계획이 실행되면서 잠실과 둔촌동 일대도 '매물이 귀해 부르는 것이 값'일 정도로 부동산이 들썩거렸다.[6]

송파 지역의 개발은 1988년 서울올림픽이 개최되는 시점까지 물밀 듯 이어졌다.[7] 지역 거주 환경이 개선되고, 보성고등학교와 창덕여자고등학교 등이 오륜동으로 이전해 오면서 학군도 좋아졌다. 그러면서 송파구 역시 아이들의 학창 시절에 눌러앉는 지역이 되었다. 1987년 11월 서울시 구별 인구 집계를 살펴보면 강북에서 강남으로의 인구 이동이 크게 두드러지며, 그중에서도 나중에 송파구가 되는 지역을 품고 있던 강동구로의 전입 증가율이 5.6퍼센트로 가장 높았다.

개발의 물꼬가 드이면 두기꾼이 몰려들기 마련이다. 1970년대에 이미 강남 지역에 한 차례 불어 닥쳤던 투기 광풍의 조짐이 1980년대에 들어서 개포동 지역에서 일기 시작했다. 1982년 5월에는 개포주공아파트 1차 분양분 4260가구의 입주가 시작되어 대규모

↑   분당 신도시 아파트 건설 현장, 1992년
출처: 국가기록원

물량이 풀리면서 그 일대의 집값이 일시적으로 하락했으나, 7월부터 또다시 투기 조짐이 일며 두 달 사이에 완전히 과열되었다.[8] 정부에서 세무조사를 시행하는 등 단속을 해도 좀처럼 투기가 잦아들지 않자, 그보다 강력한 부동산 투기 억제 시책이 등장했다. 대대적인 세무조사를 통해 아파트를 분양받은 후 6개월 이내에 전매 또는 임대한 가구를 찾아내 경찰에 고발하고 벌금을 부과했으며, 중간전매자에게도 양도소득세를 부과했다.[9] 개포주공아파트의 경우 적발된 전매자 비율이 12.6퍼센트로 낮은 축에 속했고, 서초 한양아파트는 67.8퍼센트, 압구정 현대아파트(9~12차)는 42.9퍼센트로 매우 높았다. 민간아파트의 경우 평균 33퍼센트가 투기 목적으로 주택을 분양받은 것으로 조사되었다.[10] 정부의 강력한 부동산 투기 단속으로 인해 거래가 위축되며 주택 가격이 급락하는 '개포 쇼크'가 발생했다. 강동 지역의 아파트 가격도 일제히 하락했다.[11] 게다가 1983년에는 고덕지구 등 신축이 많아 기존 아파트 값은 약세였으며[12] 신규 분양 물량에 대한 기대감으로 전세가도 크게 내렸다.

　1987년 초반 부동산 시세가 주춤하며 안정기에 접어드는 듯했지만, 봄부터 꿈틀거리던 집값이 다시 천정부지로 치솟았다. 1988년에는 '8·10 부동산 대책'에서 발표된 '1가구 1주택 및 1가구 2주택에 대한 양도소득세 강화 조치'로 세금 부담이 늘자, 매물이 동결되어 아파트 가격은 더 상승했다. 이에 더해 아파트 분양가 규제가 완화되자 '1978년 투기 과열'이 재현되었다. "집 살 돈 애써 모아도 집값 오른 폭 못 따라" 괴로움을 호소하던 한 가장의 신문 기고 글에서 당시 분위기와 실수요자가 느꼈을 허망함을 읽을 수 있다.

　누구를 붙잡고 하소연해야 하는지요. 88년이면 우리들의 꿈인 '내 집 마련'을 할 수 있을 것이란 생각으로 건강을 돌볼 여유도 없었던 우리 부부였습니다. 그러나 마치 고삐 풀린 송아지같이 갑자기 제멋대로 올라버린 부동산값 때문에 이 꿈이 깨어져 버렸습니다. 그 이유가 어디에 있습니까. 3년 전 우리 부부는

1000만 원짜리 적금을 들면서 88년이면 은행융자라도 받고
하여 조그마한 집이라도 내 집을 마련해보자고 작정하고 열심히
일했습니다. 하지만 3년 전 2000만 원 정도이던 단독주택이
어느새 3000~4000만 원으로 올라버렸으니 어이가 없는 게
아니라 팔다리의 힘이 쫙 빠져버리는 느낌입니다. 이 기분을 누가
이해해줄 수 있을까요.[13]

한 둔촌주공아파트 주민은 『안녕,둔촌주공아파트』 인터뷰에서
1988년에 하루가 다르게 치솟던 집값이 어떤 수준이었는지를
들려주었다. 집값이 1억 원이 안 되던 그 당시에 집값의 10퍼센트가
넘는 1000만 원을 얹어서라도 집을 사야 했던 불안감이 고스란히
전해진다.

저희가 처음에 둔촌주공아파트를 오게 된 계기는 저희 언니가
423동에 살고 있었는데 여기가 너무 살기 좋다고 해서 오게
됐어요. 그때가 1988년 초인데 집값이 막 뛰기 시작할 때였어요.
'큰일 났다, 빨리 집을 사야 하는데…'라고 걱정하면서 막판에
겨우 하나 잡은 게 이 집이었어요. 이 집이 동향이고 3층이라
별로 좋지도 않은데도 잔금을 치를 때 1000만 원을 더 올려주고
샀거든요.[14]

가파르게 상승하는 집값을 잡기 위해 정부는 주택 공급 물량을
확대하는 방침을 제시했다. 1989년 4월에 분당, 일산 등 총 18만 가구
규모의 1기 신도시 건설을 발표한 것이다.[15] 그러자 서울 아파트 값이
큰 폭으로 하락했다. 1억 2000만 원까지 올랐던 둔촌주공아파트
34평은 1989년 7월에 9500만 원 선으로 하락했다.[16] 그러다 불과 1년
만인 1990년 6월에 다시 1억 4000~5000만 원으로 최고 57.9퍼센트
상승해 이전의 최고 집값을 갱신했다.[17] 정부에서 집값을 통제한다는
명분으로 여러 정책과 대안을 제시해도 서울의 주택 가격은 공급

물량이 쏟아지는 시점에 일시적으로 하락할 뿐 꾸준히 상승했다. 그렇게 한국 사회에 '부동산 불패' 신화가 공고해졌다. 그리고 집값이 오르면 오를수록 집을 가진 자와 갖지 못한 자 사이의 입장 차가 벌어졌다.

1980년대 송파구 지역이 개발되면서 집값이 덩달아 오른 것은 둔촌주공아파트 소유자들에게는 분명 기쁜 일이었을 것이다. 하지만 동시에 주변에 새로운 아파트 단지가 속속 들어서며 둔촌주공아파트의 위상이 한 단계씩 낮아지는 것을 지켜봐야 했다. 아파트 단지의 우열은 건설 주체, 공급 대상, 세대 규모, 건설 방식, 준공 연도 등에 의해 평가된다. '브랜드아파트' 시대가 열린 2000년대부터는 건설 주체가 중요해졌고, 최근에는 준공한 지 10년 된 아파트도 '구축'이라고 부를 정도로 준공 연도가 우선시되는 듯하다. 하지만 1990년대까지는 '평형'이 집값의 강력한 기준 잣대였다.

지금은 주공아파트가 '구닥다리' 혹은 '퇴물'로 취급받지만, 1970~80년대에 대한주택공사는 가장 신뢰받는 건설 주체 중 하나였다. 게다가 중산층을 대상으로 건설된 '중대형 평형' 위주의 단지에는 당대의 최신 기술이 적용되었기에 주공아파트의 위상이 비교적 높았다. 하지만 1980년대에 정부가 '물량'을 주택 공급의 최우선 목표로 삼으면서 주택공사는 10평형대 소형 주택 건설에 집중하게 된다. 문정, 개포, 고덕 지구처럼 1980년대 초 강남권에 건설된 주공아파트 단지는 대부분 10평형대의 저층 아파트였으며,[18] 다시 연탄난방 방식이 적용된 단지도 있었다. 그러다 보니 30평형대에 10층 고층 아파트 비율이 절반을 넘고 전 세대 중앙난방 방식이 적용된 둔촌주공아파트가 더 '고급 단지'로 인식되었다. 둔촌주공아파트 주민들은 '그래도 우리가 개포나 고덕보다 더 낫다'라는 은근한 자부심을 유지할 수 있었다.

당시에 둔촌주공아파트 최대 평형보다 큰 40평 이상의 아파트가 없었던 것은 아니다. 하지만 강동구에는 20~30평형대의 비중이 높았고 40평대 이상은 5.3퍼센트에 불과했다. 강동구에서 대단지를 건설할 만한 넓은 부지를 구하기 힘들었던 민간 건설사들은 평균 483세대

규모의 작은 단지를 지을 수밖에 없었기 때문에 대형 평수를 갖췄다 한들 단지 규모 면에서 둔촌주공과 직접적인 비교 대상이 될 수 없었다.

그러나 송파구가 개발될 때의 상황은 조금 달랐다. 1980년대에 송파구에 건설된 35개 단지 중에서 시영아파트 두 곳을 제외하면, 대부분이 30평형대 이상의 중대형 세대 위주였다. 40평형대 이상도 37.1퍼센트에 달했다. 특히 '86 아시안게임과 '88 올림픽 개최를 계기로 건설된 아시아선수촌아파트와 올림픽선수·기자촌아파트는 40평형대 이상이 45.1퍼센트, 그중 50평형대 이상이 30.7퍼센트에 달할 정도로 대형 평형이 많았다. 송파구 지역에 대형 평형이 많아진 것은 전두환 대통령의 특별 지시가 있었기 때문이다. 1982년 6월 국무총리행정조정실에 의해 하달된 「올림픽과 아시안게임 주요 시설 배치 조정 방안 시달」에는 "잠실지구는 올림픽 시설이 집중되는 특정 지역임을 감안, 소형 서민 아파트 밀집 지역 인상을 불식토록 앞으로는 고급 아파트를 적절히 배합, 좋은 환경이 조성되도록 추진할 것"이라는 문구가 포함되었고, 이에 따라 송파구에는 30평대 이상이 폭발적으로 늘어났다.[19]

이어서 1989년에 제1기 신도시 건설이 발표되었다. 서울 강남을 대체할 "쾌적한 환경을 갖춘 자족적 도시"로 기획된 분당 지역에는 2조 4900억 원이 투자되었고, 새로 건설된 '이상 도시'는 강남권의 중산층을 대거 흡수했다.[20] 둔촌주공아파트 거주민 중에서도 분당 이주 행렬에 올라탄 이들이 적지 않았다. 수많은 중산층 아파트 단지가 새로이 건설되는 상황에서 둔촌주공아파트는 수많은 대체재 중 하나가 되었다.

둔촌주공아파트의 위상은 1980년대 초에 아주 잠깐 강동 지역의 발전을 이끈 '대장 아파트'로 인식되다가, 송파구 개발이 완료되고 1기 신도시도 건설된 시점에는 '그래도 살기는 참 좋은 아파트'로 변했다. 그나마 위안이라면, 이렇게 상대적 위상이 하락하는 슬픔이 둔촌주공아파트만 겪는 일이 아니라는 것이다. 아파트에 대해 세간의 평가는 언제나 주변 환경과 여건의 변화에 민감한 '상대평가'이며, 점차

1980년대에 건설된 강동·송파 지역의 아파트 비교

지역	아파트 구분	10평 이하	10평대	20평대	30평대	40평대	50평대	계
		세대수(세대) 비율(%)						
강동	주공	100	10,616	3,624	4,360			18,700
		0.6	56.8	19.4	23.3			
	민간		2,148	5,148	4,055	1,625	72	13,048
			16.5	39.5	31.1	12.5	0.6	
	소계	100	12,764	8,772	8,415	1,625	72	31,748
		0.3	40.2	27.6	26.5	5.1	0.2	
송파	시영		10,664	252				10,916
			97.7	2.3				
	아시안·올림픽			68	3,718	994	2,116	6,896
				1.0	53.9	14.4	30.7	
	민간	164	841	4,036	6,977	7,126	1,636	20,780
		0.8	4.0	19.4	33.6	34.3	7.9	
	소계	164	11,505	4,356	10,695	8,120	3,752	38,592
		0.4	29.8	11.3	27.7	21.0	9.7	

출처: 「서울시 공동주택 현황 2008년도 자료」, 서울특별시, 2008년 12월 31일

중요해지는 가치 척도인 '신축'의 연한은 점점 짧아지고 있다.

장소 애착과 재건축을 향한 꿈

송파구가 개발되고 신도시가 생기면서 그쪽으로 이사하는 이가
적잖았지만 둔촌주공아파트에 만족하며 눌러앉은 주민도 많았다. 한
주민은 지난 30년을 회고하며 한곳에 오랫동안 남게 된 자신의 사정을
털어놓았다. 그는 세상은 빠르게 돌아가는데 자신만 그대로 멈춰
있다는 기분을 지울 수는 없었다고 말한다. 하지만 이웃과 어울리며 두
아이를 키워낸 추억, 단지 안에서 세일 큰 30평대로 내 집 마련을 이룬
기쁨을 이야기하는 대목에서는 단지 안에 고여 있던 30년이라는 시간이
'거주의 가치'를 누리는 시간이었음이 진하게 배어난다. 둔촌주공
주민이라면 공감할 보편적인 경험이기도 하다.

30여 년 사는 동안 목동, 분당, 올림픽아파트, 일산까지 한 번씩
부동산 광풍이 불었을 때 나도 꿈틀거려봤고, 아파트 당첨권이
부의 축적 수단이 되던 시절에 덩달아 청약통장 들고 뛰어
다녀봤지만 용케도 그런 기회들은 나를 비껴가기만 했다. 거기다
남편이나 나나 걱정 많고 생각만 많아 뭐든 확 저지르지 못하는
성격이 똑같아 여태 움직이지 못한 것 같다. [⋯]
　　5층짜리 119동에 살 때는 앞뒤 동 모두 고만고만한 아이들
천지여서 동네 앞길은 항상 와자지껄했다. 차도 별로 없어 동네
그대로 놀이터였다. 저녁 먹고 나와서 아이들은 숨바꼭질에
자전거를 타면서 놀고 엄마들은 모여 앉아 늦는 남편들을
기다리면서 수다삼매경에 빠지곤 했다. 여름 한낮 뛰어 노느라
목이 마른 아이들은 아무 집에나 들어가 물을 얻어먹을 정도로
너나들이로 살았다. 그때는 집집마다 죄다 사내애들이 많아서
우리 딸은 홍일점으로 끼어서 땀을 뻘뻘 흘리며 쫓아다녔던
기억이 새롭다. 아이들이 물장난까지 하던 둔촌동 성당 옆 개천,
개구리 소리 선명하던 여름밤, 뒷동네 배 밭의 배는 어찌나 물
많고 달았었는지.[21]

둔촌주공아파트에 대한 애정을 담아 진행한 아카이빙 프로젝트
'안녕,둔촌주공아파트'가 예상 외의 관심과 사랑을 받았던 것은
이러한 일상의 기억을 소중하게 다뤘기 때문이다. 이전까지 아파트
단지에 대한 이야기가 대체로 투기적 욕망과 그에 대한 날 선 비판으로
양극화되어 있었다면, '안녕,둔촌주공아파트'는 아파트 단지가
누군가의 집이자 동네라는 사실에 주목했다. 이 프로젝트를 통해
둔촌주공아파트에서 하루하루 쌓인 소소한 일상의 기억과 기분 좋은
감각은 나이테가 켜켜이 쌓여 단단해진 나무의 밑동처럼 그곳에서
살아간 이들을 지탱해주고 있었음을 알게 되었다.
　　'토포필리아'(topophilia)라는 말이 있다. '어떤 장소를 좋아하는
마음'이라는 뜻이다. 이 용어를 처음으로 사용한 지리학자 이-푸 투안에

따르면, 토포필리아가 생겨나는 데에 특별한 랜드마크나 대단한 경험, 격정적인 감정이 필요하지는 않다. "그저 친근함과 편안함, 보살핌과 안전에 대한 확신, 소리와 맛에 대한 기억, 공동의 활동과 세월이 쌓아온 아늑하고 기쁜 추억으로도 깊은 잠재의식 같은" 마음, 즉 '고요한 애착심'을 품을 수 있다.[22] 둔촌주공아파트에서 거주한 이들이 보여준 장소에 대한 애착이 이와 비슷하다. 지극히 개인적인 친밀한 장소들과 우연히 마주하는 애틋한 경험들이 누적된 사랑의 감정이었다.

둔촌주공아파트 거주민들이 이토록 깊은 애정을 가지게 된 것은 그곳이 그들의 '집'이자 '동네'였기 때문이다. 둔촌주공아파트는 거주민이 일상을 영위하는 공간이자, 그 안에 함께 살아가는 가족 또는 이웃과 맺는 관계, 그 공간 자체와 맺는 관계를 포함하는 동네였다. 그리고 '완성형'으로 태어나 수십 년 동안 크게 바뀌는 것 없이 '정지된 마을'로 머무를 수밖에 없는 아파트 단지의 숙명도 장소 애착 형성에 영향을 미친 중요한 요인이었다. 이는 이-푸 투안이 장소를 "정지(pause)가 일어나는 곳"이라고 말한 것과 닿아 있다.[23] 사람과 공간의 관계는 정지해 머무를 때 발생하며, 사람이 아무리 정지해 있다고 해도 공간이 계속 변한다면 그곳은 '장소'가 되지 못한다. 둔촌주공아파트가 40년 동안 한결같은 모습으로 머물러 있었기에 그곳에 살았던 이들도 공간과 지긋하게 관계를 맺고 애정을 키울 수 있었다.

둔촌주공아파트의 분위기가 바뀐 것은 '재건축을 향한 꿈'이 시작되면서부터였다. 한국 사회에서 재건축이 본격적으로 시작된 것은 1990년대부터였으나, 그보다 조금 앞선 1980년대부터 재건축 추진을 위한 법적 체계는 차근차근 마련되고 있었다. 1983년 「도시재개발법」 개정은 재개발 사업을 시행할 수 있는 주체의 범위를 넓혀 민간 개발업지와 도지 소유자가 함께 사업을 주진하는 '합동 재개발 사업 방식' 도입의 배경이 되었으며, 1984년에 제정된 「집합건물의 소유 및 관리에 관한 법률」에서 재개발과는 별도로 재건축사업이 최초로 법률상 규정되었고, 1987년 「주택건설촉진법」에 노후·불량 주택의 재건축을

↑ 　둔촌주공아파트에서의 일상적인 풍경을
엿볼 수 있는 지은이 가족의 사진
(사진 ⓒ이인규)

추진할 수 있는 조항이 신설되었다.

'재건축의 시대'를 본격적으로 연 것은 1964년에 건설된 마포아파트였다. 1987년 「주택건설촉진법」이 일부 개정되자마자 삼성종합건설은 마포아파트 주민의 동의를 100퍼센트 받아내고 재건축 방안을 구체화하는 등 재건축을 본격적으로 추진했다. 곧이어 1988년 12월에 마포아파트 재건축조합이 사업인가를 받았고, 3년 뒤인 1991년 3월 28일부터 철거가 시작되었다.[24] 그로부터 다시 3년 후인 1994년 '마포 삼성아파트'가 완공되었다. 뒤이어 1966년에서 1969년 사이에 건설된 동부이촌동 공무원아파트도 재건축 논의에 들어갔다.

재건축 대열에 합류한 단지 중에는 당시 지어진 지 10년을 갓 넘긴 잠실주공아파트까지 끼어 있었다. 서울시가 슬럼화된 시민아파트를 재개발하겠다고 발표하면서부터 세대 규모가 가장 작고 연탄 난방식으로 건설된 잠실주공아파트 1단지에 투기꾼이 몰려들었다.[25] 이처럼 '건축물 수명'과는 무관한 단지들까지 재건축에 뛰어든 것은 한국 사회에서 재건축이 처음부터 '이익 창출에 대한 기대감'을 주된 동력으로 삼았다는 점을 보여준다. 이에 서울시는 "시민아파트 등 특수한 경우를 제외하고는 10~12년밖에 안 된 콘크리트 구조물에 현저한 위험이 있다고 보기 어렵다"라고 판단했고, "국가 자원 관리와 도시계획 측면에서 이를 허가할 수 없다"라며 재건축을 불허했다.[26] 그런데 1993년 출범한 김영삼 정부는 '재건축 장려' 카드를 꺼내 들었다. '노후 아파트에 대한 재건축 허용 기준 완화', '소형주택 건설 의무 비율 완화' 등의 장려책들이 1990년대 중반까지 이어지면서 재건축의 확산이 가속화했다. 1995년 서울시의 재건축사업 물량은 1만 1357가구로 전년에 비해 169.4퍼센트 증가했다.[27]

1990년대 중후반부터는 잠실, 반포, 청담·도곡, 화곡, 암사·명일 지역이 포함되는 '5대 저밀도 아파트지구'가 연합해 서울시 당국과 대결했다. 1970년대부터 1980년대 초반에 건설된 이 지역의 연탄 난방식 저층 아파트 단지들은 일찍부터 재건축을 추진해왔다. 그러나 서울시가 제시한 용적률 270퍼센트 이하, 12층 이하라는 재건축 기준을 받아들일 생각은 없었다. 고층, 고밀 개발로 개발 이익을 극대화하려는 주택 소유자들의 욕망에 비해 터무니없이 낮은 조건이었기 때문이다. 조합원들은 재개발과 재건축의 형평성을 들며 용적률 300~350퍼센트와 최고 층수를 20층까지 완화할 것, 그리고 18평 이하 소형주택 의무 건설 비중을 축소하거나 폐지할 것을 요구했다. 아파트 단지 연합은 시의회에 민원을 제기하는 등 집단행동을 통해 서울시를 압박했고, 마침내 용적률 최고 285퍼센트, 최고 층수 25층을 받아냈다. 1997년 12월 IMF 외환위기와 함께 시작된 김대중 정부는 경제위기 극복을 위해 부동산 경기 부양 정책을 펼 수밖에 없었다. 이후 1999년부터 2003년 사이 재건축 진행을 노리던 여러 단지에서 조합을 꾸리고 사업계획 승인을 받기 위한 절차를 밟으며 본격적인 '재건축 붐'이 시작되었다.[28]

연식이 20년쯤 된 둔촌주공아파트도 이 흐름에서 자유로울 수 없었다. 특히 2008년 고층 아파트 단지가 속속 들어서며 변화한 잠실의 모습이 둔촌주공에 일으킨 동요가 컸다. 동네에서 만난 어르신들은 둔촌을 잠실과 비교하곤 했다. 원래 잠실은 5단지 빼면 집이 작아서 둔촌보다 별로였다거나, 잠실과 둔촌 사이에서 고민하다가 둔촌에 집을 구했다 같은 이야기였다. 둔촌보다 '별로'라고 생각했던 잠실주공아파트의 소형 평형 단지들이 재건축되면서 가격이 폭등한 것은 둔촌주공 거주민들에게 큰 충격이었던 것 같다. '쾌적하고 살기 좋은 단지'라는 자부심은 중요하지 않아졌다. 집과 동네에서 누렸던 '거주'의 가치는 점차 잊히고, '명품 단지가 되어야 한다'라는 목표를 내걸고 자신의 집을 개발 이익을 벌어들이기 위한 투전판에 내놓게 된다. 그렇게 둔촌주공아파트는 재건축을 향한 여정을 시작한다.

둔촌주공아파트의 재건축은 참으로 더디게 진행됐고, 한번 발동이 걸린 재건축을 향한 꿈은 동네의 분위기를 아주 조금씩 달라지게 만들었다. 함께 살아가는 '거주 공동체'로 묶여 있던 이웃들은 주택을 소유한 사람과 아닌 사람, 재건축을 찬성하는 사람과 아닌 사람으로 갈라졌다. '우리 모두 이웃사촌'이라며 함께 즐겼던 둔촌 축제도

슬그머니 사라졌다. 단지는 관리되지 않은 채 방치되었다. 장기적인 시설의 개보수를 위해 매달 관리비에서 일정 금액을 적립하는 장기수선충당금이 적지 않았지만, 몇 년 안에 재건축이 진행될 수도 있다는 기대감에 수선을 하지 않았다. 아파트 외벽 도색도 십수 년간 한 번도 새로 하지 않았다. 당장이라도 재건축을 해야만 하는 낡은 아파트로 보여야 했기 때문이다. 속수무책으로 낡아가는 동네를 바라보며 이곳을 사랑하는 이들의 마음에는 서글픈 그늘이 드리웠다.

'안녕,둔촌주공아파트' 프로젝트를 시작하면서 처음으로 '동네를 좋아하는 마음'을 세상에 꺼내 보였다. 나만 품고 있는 애틋함인 줄 알았는데, 놀랍게도 둔촌주공을 경험한 많은 이가 각기 다르지만 닮아 있는 애정을 보여주었다. 서로 모르는 사이임에도 같은 기억과 감정을 공유하며 그 장소에 속했던 '우리'라는 '기억의 공동체'로서 서로를 인식했다. 거주 경험에서 비롯된 이러한 장소 애착은 주택의 소유 여부나 재건축에 대한 입장 차이와는 상관없이 사람들을 연결하는 힘으로 여전히 작동했다.

재건축을 두고 극심한 갈등을 겪고 있던 재건축조합 임원진과 입주자대표회 양측 모두 '안녕,둔촌주공아파트' 프로젝트에 대체로 호의적이었다. 강동구청 홍보팀과 협업해 만든 '안녕,둔촌주공아파트'에 관한 영상을 2017년 재건축조합 총회에서 상영하기도 했다. 그 뒤로 동네에서 나를 알아보시는 어르신들이 늘어났고 프로젝트에 공감하며 응원해주시는 분들도 적지 않았다. 그들 역시 둔촌주공아파트가 고향인 아파트 키드의 부모 세대였으며, 오랜 기간 터를 잡고 아이를 키우며 살아온 이곳을 '제2의 고향'으로 느끼고 있었기 때문이다. 이들은 갈등 없이 어울렸던 1990년대를 '가장 좋았던 시절'로 꼽았고, 건물과 시설의 노후나 주차 문제 같은 것만 아니라면 여전히 '참 살기 좋은 곳'이라고 입을 모았다. 그리고 새로 지어질 단지에서도 다시 그렇게 살기를 바란다고 했다. 사실 재건축을 추진하는 이들에게서도 '안녕,둔촌주공아파트' 프로젝트에 대한 공감을 얻으리라고는 생각지 못했었다. 재건축조합을 '내가 사랑하는 동네를

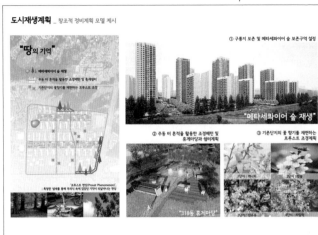

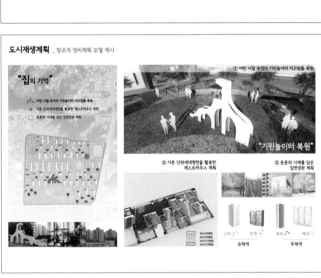

없애려는 사람들'이라고 이분법적으로 바라본 나의 고정관념과 반감을 뒤집는 귀한 발견이었다.

심지어 재건축조합은 '안녕,둔촌주공아파트' 프로젝트를 통해 확인된 거주민들의 '장소 기억'을 새로 지어지는 단지의 설계에 적극적으로 끌어들였다. 둔촌주공의 상징이었던 기린 미끄럼틀 복원, 단지 내 둔촌주공아파트 기념 전시실 설치, 재건축 전의 모습을 회상할 수 있는 조경 등이 설계안에 포함되었다. 사실 이는 서울시에서 '재건축 흔적 남기기'의 일환으로 권고한 '한 동 남기기' 규제를 피해갈 묘책으로 이용한 측면이 크다. 당시 개포주공아파트 4단지와 1단지에서 한 동을 남기는 것 때문에 갈등이 빚어졌고, 둔촌주공 재건축조합은 건축물을 남기는 방식 대신 지역의 장소성을 잇는 다양한 방안을 구체적으로 제시함으로써 이 문제를 피해 갔다.[29]

재건축조합과 비상대책위원회는 갈등이 첨예할 때 둔촌주공에 대한 깊은 애정에 호소했다. 이 역시 둔촌주공에 대한 장소 애착이 이곳에 오래 거주했던 이들에게 공유되던 의미 있는 감정이자 가치였음을 재확인시켜준다. 그러나 그것이 현실의 갈등을 봉합해주지는 못했다.

← 둔촌주공아파트 재건축사업 계획서 중 일부
출처: 서울시 클린업시스템(현 정비사업정보몽땅),
둔촌주공아파트 주택재건축정비사업조합
'신축아파트 명칭 공모 공고'(2019년 3월 4일)
게시글 내 첨부 문서

둔촌주공아파트 전경, 2017년

(사진 ⓒ류준열)

관리사무소 앞 모정상, 2017년 봄

(사진 ⓒ류준열)

둔촌주공아파트 4단지 전경, 2017년 가을
(사진 ⓒ류준열)

둔촌주공아파트 4단지 전경, 2016년 여름
(사진 ⓒ류준열)

동북중·고등학교 앞 자전거 거치 공간, 2017년

(사진 ⓒ류준열)

주민 이주 후 둔촌주공아파트 단지 전경, 2018년
(사진 ©류준열)

주민 이주 후 둔촌주공아파트 전경, 2019년
(사진 ⓒ류준열)

수목 철거 후 둔촌주공아파트 1, 3, 4단지 전경, 2018년
(사진 ⓒ류준열)

철거되는 둔촌주공아파트 303동
(사진 ⓒ류준열)

철거 중인 둔촌주공아파트, 2019년
(사진 ⓒ류준열)

올림픽파크포레온 건설 현장 전경, 2022년
(사진 ⓒ류준열)

3부

둔촌주공아파트는   어떻게   사라져갔을까?

1. 재건축을 향한 20년

한번 만들어진 건물과 도시의 구조는 외부에서 작동하는 힘이 없는 한
쉽게 바뀌지 않는 비가역적(irreversible)인 상태를 유지한다.[1] 재건축은
비가역적 상태에 있던 하나의 세계를 뒤엎고, 새로운 세계를 구축하는
일이다. 단지가 넓을수록 그 위에 지어진 건물 수가 많고, 그것을
소유·관리하는 공동체도 커서 내부 협의 과정이 복잡해지기 때문에
비가역성은 더욱 강해질 수밖에 없다. 전쟁이나 자연재해처럼 외부의
강력한 자극으로 파괴된 도시를 재건하는 것이 아닌 이상, 수천 세대가
거주하는 대규모 공간을 일시에 철거하고 새로 건설하는 대대적인
변화는 일어나지 않는 것이 자연스럽다. 한국에서 일상적으로 벌어지는
재건축은 그러한 자연스러움에 역행하는, 어쩌면 불가능에 가까운 일을
기어이 해내려는 것이 아닐까.

　"싸우면서 건설하자." 둔촌주공 재건축사업을 지켜보면서, 박정희
정권 시절의 이 구호가 요즘의 재건축사업과 더 잘 어울린다는 생각이
들었다. 재건축을 추진하는 동안 조합 내부의 갈등부터 시공사,
지자체, 정부, 인근 지역 주민과 시민단체까지, 재건축 단계마다 크고
작은 갈등이 있었다. 말 그대로 모두와 싸우며 건설하는 과정이었다.
이때마다 조합은 사전 대비를 철저히 한다거나 갈등 해소를 위한
적극적인 대처와 개선의 노력을 보이기보다는, 조합의 이익을 위해

161

그저 버티거나 밀어붙이는 방식으로 대응했다. 반대 의견을 수렴해
개선안을 내놓지 못하는 폐쇄적인 운영 방식이 갈등을 키우곤 했다.
끝내 조합이 원하는 결과를 얻어내는 경우도 많았지만, 그만큼
시간이라는 자원을 허비했다. 그렇게 둔촌주공아파트의 재건축은 무려
20년을 끌었다. 대한민국의 정권이 6번이나 바뀐 긴 시간이었다.

둔촌주공 재건축사업만 이런 것이 아니다. 재건축 재개발 사업
현장에서 비일비재하게 발견되는 비효율과 불합리는 사회적 낭비다.
재건축사업은 원론적으로는 조합이 결정권을 갖고 사업을 주도하는
구조이지만, 현실에서는 전문성과 조직력의 차이, 사업비에 관한
정보의 불균등으로 인해 주도권이 사실상 시공사로 넘어간다.
시공사에서 공사비를 과도하게 책정하여 사업비를 늘려도[2] 이를
관리·감독할 수 있는 권한이나 능력이 조합 내부에는 대체로 부재하다.
비전문적인 조합을 공공에서 체계적으로 지원해야 한다는 의견도
있지만, 이를 사유재산을 제한하는 개입이라고 여기며 거부하는 것은
조합 측이다. 조합의 불합리한 판단으로 피해를 보는 것은 조합원
개개인과 인근 지역의 주민들이며, 더 넓게는 우리 사회 전반에
부정적인 영향을 끼친다. 새로 건설되는 아파트 단지의 홍보 문구인
"모든 것이 기록적인 / 하나의 위대한 도시가 탄생하다"[3]를 보며,
둔촌주공아파트의 재건축이 실로 기록적이며 도시 차원에서 다뤄져야
하는 거대한 문제임을 곱씹게 된다. 거대한 아파트 단지는 그저
누군가의 사유재산일까, 아니면 도시 조직과 사회의 일부일까.

재건축사업의 주체

둔촌주공 재건축사업의 공식적인 시작점은 '재건축조합설립추진
위원회'(이하 재건축추진위)가 설립된 2003년 10월 27일이다.
하지만 재건축을 추진하기 위한 주민 모임이 처음으로 결성된
것은 2000년 2월 '주비(籌備)위원회'가 발족되면서부터였다.
주비위원회는 "정당의 창당 준비 위원회 결성을 준비하는 기구"라는

뜻으로, 재건축추진위를 결성하기 위한 사전 준비를 하는 역할을
맡았다.[4] 그해 연말, 예전부터 입주자대표회장, 둔촌축제추진위원회
등 단지 내 주민 활동에 적극적으로 참여하던 이들이 주축을
이룬 '재건축조합설립추진위원회'가 결성되었다. 그런데 2003년
「도시 및 주거환경정비법」이 제정되면서 기존 지위를 법적으로
인정받기 위해서는 주민총회와 지자체 승인 절차를 거쳐야 했다.[5]
그로부터 약 6년이 지난 2009년 12월 28일에야 '둔촌주공아파트
주택재건축정비사업조합'(이하 재건축조합)이 설립되었다.

현행법대로라면 재건축조합이 설립된 이후에 시공사를 선정해야
하지만,[6] 2000년대 초반만 해도 그런 법적 기준이 없었다. 2001년
7월에 「도시 및 주거환경정비법」 입법이 예고되자 재건축 추진 과정에
정부의 관리가 강화될 것이라는 우려가 시공사들에 퍼졌다. 그들은
재건축추진위 단계에 있는 단지까지도 수주하기 위해 바삐 움직였다.

역대 최대 재건축사업인 만큼 국내 유수의 건설사들이 앞다퉈 참여할
것이라고 예상했는지 둔촌주공 재건축추진위는 "도급순위 상위 20위권
안의 건설업체 중 조합원 투표를 통해 6개 업체를 선정하여 하나의
컨소시엄으로 구성"하겠고 공고를 냈다. 하지만 입찰에 동부건설,
SK건설, 코오롱건설, 쌍용건설 4개사만 신청하여 업체 선정 조건조차
충족하지 못했다.

재입찰을 시행할 때에는 건설업체가 자율적으로 구성한 1개의
컨소시엄을 시공사로 선정하기로 방침을 변경하면서도, 삼성물산과
LG건설이 단일 컨소시엄을 구성할 수 없다는 조건을 내걸었다. 당시
소비자 선호도가 높던 두 건설사가 연합해 입찰에 참가할 경우 공사
단가가 아무리 높아도 조합원들의 표가 몰릴 가능성이 높았기에 경쟁을
붙이겠다는 계산이었을 것이다.[7] 최종적으로 대림산업이 주관사를 맡고
삼성, SK, 롯데 건설이 함께하는 컨소시엄인 '드림사업단'이 단독으로
사업 참여 의향서를 제출했고, 2002년 12월 21일 주민총회를 통해
시공사로 선정되었다.

그러나 2003년 7월 「도시 및 주거환경정비법」이 시행되면서

추진위 단계인 단지에서 선정된 시공사는 그 시공권을 인정받지 못하고 사업 승인 이후에 재선정해야 한다는 신규 법의 적용을 받게 되었다. 시공단은 추진위 활동에 자금을 지원해온 만큼 기득권을 요구하며 법 개정을 건의하는 등 노력했지만, 추진위는 "현행법대로" 재선정하겠다고 뜻을 밝혀 기존 시공사의 지위가 박탈되었다.[8] 아마도 이 경험이 이후 시공사를 재선정하는 과정에서 삼성물산 등 유수의 건설사가 '무리한 경쟁'에 뛰어들지 않겠다고 선을 긋게 된 이유였을 것이다.

2009년, 재건축조합이 설립되고 1년이 채 되지 않은 시점에 서울시에서 '공공관리자제도' 도입을 예고하면서 조합은 시공사 재선정을 서둘렀다. 공공관리자제도는 정비 구역 지정 단계에서 공공이 '정비 업체'를 선정하고 추진위원회와 조합을 설립한 후, 설계자 및 시공사 선정 과정은 '공공관리자'가 관리함으로써 투명성을 제고하려는 목적에서 도입되었다. 이 제도가 시행되면 시공사 선정은 '사업 시행 인가 이후'로 늦어지고, 사업 추진 과정에 공공의 관여도가 높아질 수 있었다.[9]

재건축 단지가 몰려 있는 강동구에서 건설사들의 '대규모 수주전'이 펼쳐지던 와중에 '두산 이펙트' 사태가 벌어졌다. 고덕 6단지에서 두산건설이 무상지분율을 무려 174퍼센트나 제시한 것이다. 이는 조합원들에게 기존 보유 주택 면적의 174퍼센트만큼을 재건축 이후 무상으로 제공한다는 뜻이다. 이 소식을 들은 인근의 다른 단지 조합원들은 자신들이 상대적으로 손해를 봤다는 생각에 반발했다. '무상지분율 174퍼센트'는 무리한 수준이며 관리 처분 시 문제가 될 수 있다는 업계 관계자의 지적이 있었지만 조합원들에게 그것은 중요하지 않았다.[10] 결국 이미 시공사를 선정했던 고덕의 여러 단지들이 줄지어 시공사를 재선정했다.

이를 지켜본 둔촌주공 재건축조합은 둔촌이 고덕지구보다 입지가 좋고 역대 최대 규모라는 점을 들어 '무상지분율 최소 160퍼센트 이상 보장'을 입찰 참여 조건으로 요구했다. 이 입찰에는 어떤 시공사도 참여하지 않았다. 조합은 급하게 입찰 마감을 연기해 재입찰에 부쳤다. 이번에는 현대건설 컨소시엄과 한양건설이 입찰에 참여했으나, 한양건설 측의 서류 미비로 또다시 유찰되었다. 게다가 대의원회의 없이 임의로 입찰 마감을 연기한 것은 절차상 문제가 있다는 비상대책위원회측의 '총회 개최 금지 가처분 신청'이 받아들여져 입찰이 아예 무효 처리되었다.[11]

조합 대의원회는 입찰 방식을 '지명경쟁입찰' 방식으로 바꾸고 34개 업체를 지정했다. 그런데 삼성물산 건설부문, GS건설, 대림산업 등 3대 대형 건설사가 지명 경쟁 대상에서조차 제외되어 논란이 일었다. 이전에 시공사로 선정되었다가 지위를 박탈당했던 드림사업단은 '무상지분율 최소 160퍼센트 이상 보장'이라는 무리한 조건 대신 130퍼센트 무상지분율 또는 도급제를 제시하며 "현실적인 입찰 조건으로 변경해 재입찰할 경우" 입찰에 참여할 의사가 있다는 공문을 조합에 전달했다.[12] 조합원들 사이에서는 무리한 입찰 참여 조건이 "현대사업단을 밀어주기" 위한 행태라는 의혹이 제기되었고, 비상대책위원회가 또다시 '총회 개최 금지 가처분 신청'을 했으나, 이번에는 받아들여지지 않았다.[13]

시공사 선정은 중요한 결정 사항이었던 만큼 이를 결정하는 총회는 조합원의 반수 이상이 직접 출석할 수 있는 장충체육관에서 개최되었다. 전국 최대의 재건축사업임에도 국내 도급순위 상위권 건설사의 참여는 매우 제한적이었다. 대의원회 결의를 통해 상정된 현대사업단, 금호·경남사업단, 스위트사업단 중에서 현대사업단(현대건설, 현대산업개발, 롯데건설, 대우건설)이 94.1퍼센트(3605표)의 목표를 획득해 2010년 8월 28일 둔촌주공 재건축사업의 시공사로 선정되었다.[14]

재건축사업의 진행: 안전진단, 종 상향, 환경영향평가

2000년에 둔촌주공 재건축사업이 첫발을 뗐을 때만 해도 주민 주도로

↑ 2010년 7월 3일 총회 이전에 배포된 것으로
보이는 현대사업단 홍보물
(사진: 마을에숨어 제공)

정비 계획을 수립하는 방식이 아니라, 구청에서 지구단위계획안을 작성해 서울시에 제출하고 협의하는 방식으로 진행되었다. 하지만 강동구청의 제안은 번번이 반려되었다. 2002년 8월에 처음 있었던 안전진단에서 'B 등급'을 받으며 "아파트 상태가 비교적 양호해 재건축보다 리모델링이 바람직"하다는 평가를 받을 정도로[15] 둔촌주공아파트가 여전히 튼튼하고 안전하다는 것이 첫 번째 이유였다. 두 번째 이유는 제출한 지구단위계획안이 서울시 기준보다 높은 용적률과 건물 높이로 작성된 것이었다.[16] 그러던 중 「도시 및 주거환경정비법」이 제정되면서 주민 주도의 정비 계획으로 재건축 추진 방식이 전환되었다. 때마침 이명박 서울시장이 재건축 규제를 완화했다. 안전진단 실시의 판단 주체가 서울시에서 각 지자체로 이양되었고 사전 평가도 중단되었다. 이러한 조치만으로도 안전진단 단계에서 막혀 있던 강남4구 재건축 단지들의 주택 가격이 10퍼센트 이상 폭등했다.[17] 둔촌주공아파트는 2006년 7월 다시 실시한 안전진단에서 4년 만에 'D 등급'을 받아 안전진단 심의를 조건부로 통과했고, 같은 해 11월 2일에 정비구역으로 지정되었다.[18]

이후 2009년에는 '종 상향'을 향한 갈망이라는 새로운 불씨가 둔촌주공 재건축사업에 옮겨붙었다. 여기서 '종'은 '2종 주택전용지구'처럼 토지의 용도를 지칭하는 용어이다. 용도지구에 따라 법정 용적률이 달라지는데, 종이 상향되면 용적률이 올라가기 때문에 재건축사업의 수익성도 높아진다. 그러나 특정 단지에만 '특혜'를 줄 수 없다는 이유로 서울시가 '종 상향'을 쉽게 인정하지 않아왔다. 그런데 흥미롭게도 2009년에 '종 상향'을 추진하겠다고 먼저 나선 것은 서울시였다. 당시 오세훈 서울시장은 재건축 단지에서 법정 용적률을 채워서 건설하는 것을 허용하고,[19] 용도지역을 "도시건축공동위원회에서 지역별 특성 등을 고려해 결정"할 수 있게 했다.[20] 가락시영아파트와 둔촌주공아파트가 '종 상향'의 유력 대상지로 떠올랐다. 두 단지는 개포나 고덕 지구처럼 지구단위계획에 영향을 받지 않고 홀로 떨어져 있었으며, 두 면에 대로를 끼고 있는 등 교통

인프라도 받쳐주는 입지였기 때문이다. 그동안 종 상향을 반려하던 시울시의 급작스러운 태도 변화에 당시에는 강동구와 둔촌주공 재건축조합이 오히려 조심스러운 태도를 보일 정도였다.[21]

서울시의 유도에 따라 가락시영아파트에서 먼저 반년 정도 공을 들여 '3종 상향'으로 변경한 사업계획 안을 제출했다. 그런데 막상 제출하고 나니 '시장 자극 우려'와 '특혜 논란'을 이유로 불가 판정이 내려졌다.[22] 기껏 새로운 욕망과 꿈을 불어넣고는 현실에서는 막아버린 것이다. 2011년 8월 오세훈 서울시장이 무상급식 논란으로 자진 사퇴하고, 얼마 후 박원순이 새로운 서울시장으로 당선되면서 강남 재건축 추진의 불확실성이 높아졌다. 이에 그동안 둔촌주공아파트에서 사업 지연을 이유로 종 상향 추진을 반대해오던 비상대책위원회 측의 목소리가 격렬해졌다.[23]

그런데 불과 한 달 후인 2011년 12월 8일, 가락시영아파트의 3종 상향이 덜컥 확정되었다. 서울시 주택본부장은 이를 브리핑하는 자리에서 "대규모 저층 단지라 하더라도 2종 일반주거지역에서 3종 일반주거지역으로의 종 상향은 얼마든지 가능하다"라고 말하며, 다시 한번 둔촌지구를 유력 후보지로 언급했다. 둔촌주공 재건축조합은 3일 후 임시총회를 개최해 2종에서 3종으로의 종 상향 추진을 계속하기로 결의했다. 하지만 2012년 새해를 맞아 서울시가 도시 공간의 조화를 해칠 수 있다며 강남권 재건축 아파트 단지의 종 상향을 불허한다는 방침을 밝혔다. 그럼에도 둔촌주공 재건축조합은 뜻을 굽히지 않고[24] 4월에 '3종 상향(안)'을 서울시에 제출했다. 이에 서울시는 '특별건축구역' 지정을 통해 단지 설계 특화를 진행하는 조건을 제시했으나, 조합은 "건축 과정에 관의 개입 여지가 크다"라는 이유로 서울시의 제안을 보류했다. 종 상향 추진이 또다시 지지부진해지자 조합 집행부를 비판하는 목소리가 더욱 거세졌다.[25]

이후로도 수많은 갈등이 있었지만, 결과적으로 2013년 1월 16일 둔촌주공아파트는 2종과 3종을 혼합한 안으로 종 상향이 확정되었다. 용적률은 전체 평균 274퍼센트로 상승했고, 층수 기준도 평균

16층에서 35층, 높이 115미터 이하로 상향되었다. 계획 세대수는 9090세대에서 무려 2016세대가 늘어난 1만 1106세대로 변경되었다. 재건축 시 소형주택 건설 비율을 산정하는 법규가 개정되며 소형주택 수는 1417세대에서 1046세대로 오히려 감소했다. 종 상향 조건으로 기부채납하는 토지와 건축물의 면적이 늘어나 공공청사와 문화 및 사회복지시설 건설 계획이 추가되고, 도로의 면적이 늘어났다. 종 상향과 함께 용적률은 올랐으나 동시에 기부채납 비율도 늘고 추가된 임대주택 200세대가 사업성을 떨어트려 오히려 조합원 부담이 가중된다는 주장이 제기되며[26] 조합원 내부의 갈등은 진정되지 않았다.

2014년부터는 사업 진행 계획을 검토하는 각종 심의 절차를 하나씩 밟아나갔다. 건축 심의는 비교적 빠르게 통과되었지만, 환경영향평가가 난관이었다. 환경영향평가는 일정 규모 이상의 재건축사업일 경우, 해당 사업이 환경에 미치는 영향을 미리 조사·예측·평가해 피해를 최소화하는 방안을 마련하기 위해 의무적으로 거쳐야 하는 절차이다.[27] 둔촌주공아파트는 단지의 규모가 커서 정부에서 직접 관리하는 '국가 환경영향평가'를 받아야 했다. 공식적으로는 2015년 1월에 처음 접수되어 6월에 최종 협의가 완료되었다고 기록되어 있으나,[28] 실제로 주고받은 행정 문건을 확인해보면 협의가 진행된 기간은 그보다 훨씬 길었다.[29] 심의가 장기화된 것은 국가 환경영향평가여서 검토가 치밀했기 때문일 수도 있지만, 조합의 대응이 미흡했던 점도 큰 이유였던 것으로 보인다.

둔촌주공 재건축사업의 환경영향평가에서 반복적으로 다뤄진 중요한 안건을 몇 가지 살펴보면, 우선 둔촌주공아파트의 동쪽, 그린벨트와 면한 곳에 서울시의 두 번째 '생태경관보전지구'로 지정된 중요한 환경 자산인 '둔촌 습지 생태보전지구' 문제를 들 수 있다.[30] 예전부터 이곳을 관리해오던 환경난제가 환경영향평가가 시작되기 전에 「재건축사업으로 인한 습지 영향권 검토 보고서」를 서울시에 제출해 재건축사업이 둔촌 습지에 미칠 영향을 지적했고, 서울시는 재건축조합에 영향을 최소화하는 방안을 도출하라는 공문을 보냈다.[31]

서울시 자연생태과에서도 근본적이고 구체적인 대책 강구가 필요함을 조목조목 강조하며 검토 의견을 냈다. 환경영향평가 협의회는 지하 굴착 경계선을 둔촌 습지에서 최소 30~50미터 떨어지도록 설정하고, 지상부에는 그만큼의 완충녹지를 두도록 권고하는 등 구체적인 방법을 제시했고, 사전 검토와 사후 모니터링 등의 중요성을 강조했다.

재건축조합이 작성한 '협의 내용 관련 사업 시행 계획서 조치 내용'에 "본 사업 시행 시 지하 굴착에 의한 영향이 가장 직접적인 요인으로 사료"된다고 인정하는 전문가 의견서가 포함되어 있었지만 "건축물 이격이 어려운 상황"이라는 이유로 이격거리를 끝내 늘리지 않았다.[32] 실질적인 영향 저감 방안을 마련하라는 요구에는 굴착 시 물을 차단하는 차수 공법을 적용해 습지 쪽 지하수 유출을 막고,[33] 완충녹지 구간을 늘리지는 못하지만 대신 식재를 많이 하겠다는 동문서답을 내놓았다.[34] 둔촌 습지 문제뿐만 아니라 심의에서 언급된 대부분의 지적 사항에 대해 적절한 해결책을 당장 마련하는 것이 아닌, "공사 시, 착공 전, 실시설계 시" 등 추후 시점에 반영하겠다는 식으로 얼버무렸다.[35]

둔촌주공아파트 단지의 식생이 우수했기 때문에 환경영향평가협의회는 '단지 내 수목' 재활용 계획과 조류의 서식 환경에 미칠 영향에 대한 검토 및 저감 방안 마련을 요구했다.[36] 조합은 단지 내 수목을 전수 조사하여 수목 재활용 계획을 제시했으나 조사 내용이 실제와 차이가 커서 재조사를 요구받았고, 환경영향평가 심사일을 연장해가며 재차 전수 조사를 면밀하게 진행했다.[37] 그 결과, 둔촌주공아파트 내 수목 총 3만 3094주 중 이식 수목으로 선정된 수목은 교목 699주, 관목 1880주로 총 2579주였으며, 단지 내에 군락을 이루고 있던 계수나무도 104그루 포함되었다. 문제는 선별한 수목을 나중에 재활용하기 위해 임시로 이식해 놓을 가이식장을 확보하는 일이었다. 처음에 조합은 재건축 이후 근린공원이나 신설 학교로 예정된 단지 내 부지를 가이식장으로 활용하는 방안을 모색했으나, 사업지구 내 부지를 활용하기 위해서는 건물 철거가 선행되어야 하는데 수목 이식은 건물 철거 전에 진행되어야 했기에 공사 순서상 애당초 불가능한 계획이었다. 결국 단지 외부에 있는 새서울교회의 가용부지 6600제곱미터와 경기도 이천 등에 부지를 확보해 이식했으며, 일부 수목은 지하 토목공사가 이루어지지 않는 사업부지 내 펜스 가까이에 이식되었다. 하지만 펜스 근처로 이식된 수목들은 철거 및 토목공사 진행 과정에서 대부분 고사한 것으로 보인다.

대로변 소음 문제는 재건축조합을 끝까지 괴롭힌 난제였다. 환경 소음 예측 프로그램을 통해 재건축 이후 새로 건설될 단지를 대상으로 도로교통 소음을 예측해본 결과, 강동대로와 양재대로에 면한 7개 동의 소음이 목표 기준치를 초과했다. 환경영향평가협의회는 대로변의 소음 저감을 위해 도로에서 건물을 조금 더 이격시키고 완충녹지를 설치하는 방법이나 건물의 높이를 낮추고 방음둑·벽을 높게 설치하는 등의 구체적인 방안을 예시로 들어주기까지 했다. 하지만 재건축조합은 방음벽 설치 시 발생하는 악영향을 고려해 "방음벽의 실제 설치는 사업지구 완공 후 민원 발생 추이를 확인하고 입주민 및 관계기관과의 충분한 협의 등을 거쳐 실시"하겠다며 문제를 회피하려 했다.[38] 소음 저감 방안 조율이 원만히 이루어지지 못한 채 시간만 끌게 되자 재건축조합장은 국토교통부 장관에게 「환경영향평가 제도 개선(규제 완화) 청원서」를 발송해 과도한 환경영향평가의 규제 때문에 사업 지연과 사업성 저하가 우려된다고 호소했다. 그 후 별다른 추가 내용이 발견되지 않는 것으로 보아 아마도 이 읍소가 받아들여진 것으로 보인다. 가장 씁쓸한 지점은 2017년 말에 변경된 최종 설계안을 살펴보면 환경영향평가에서 소음이 가장 심할 것으로 지적받은 강동대로변 중심 부분에 소형 세대로만 구성된 주동이 놓이도록 단지 설계를 변경했다는 것이다. 문제를 해결하려고 노력하기보다 '조합원만 피해 보지 않으면 된다'라는 식의 낯부끄러운 대처였다.

2015년 7월, 우여곡절 끝에 드디어 둔촌주공아파트 재건축사업은 '사업 시행 인가'를 얻어냈다. 그러자 현대사업단은 본 계약을 앞둔 시점에서 2010년 시공사 선정 단계에서 공약했던 '무상지분율

164퍼센트'를 번복하며 일반 분양가에 따라 132~158퍼센트 범위에서 조정할 것을 제안했다. 결과적으로 무상지분율은 150.38퍼센트로 조정되었다. 조합은 그나마 고덕, 과천, 가락 시영 등 다른 단지보다 높은 최대한의 무상지분율을 얻어냈다고 자평했다.[39] 비상대책위원회의 평은 정반대였다. 현대사업단이 종 상향 시 추가되는 약정도 무시하고 이전에 제시한 164퍼센트 확정지분율보다 14퍼센트포인트 낮은 지분을 제시한데다, 관리 처분 후에도 설계 변경이 가능해서 이조차 확정지분율이 아닌 사실상 변동지분제라고 지적했다.[40] 이에 더해 건설사 선정 과정에서 경쟁력이 덜한 중견사를 들러리로 세웠다는 혐의로 비상대책위원회가 재건축조합을 공정거래위원회에 고발하는 등 시공사에 휘둘리는 현 조합을 교체해야 한다는 목소리가 높아졌다.[41] 아파트 단지 안에는 조합과 시공사를 비난하는 자극적인 현수막이 내걸렸고, 번쩍이는 전광판 차량까지 배치되었다. 재건축과 무관한 세입자들도 분위기가 심상치 않다는 느낌을 받을 정도였다. 조합은 2017년 말로 예정되어 있던 재건축 초과이익환수제 유예 기간이 끝나가는 것을 이유로 관리 처분 임시총회를 서둘렀다.[42] 새로 조정된 무상지분율 150.38퍼센트를 받아들이는 것으로 합의가 이루어졌다. 재건축 초과이익환수제 유예 기간이 코앞이었던 만큼 조합원들은 그저 빠른 추진이 더욱 시급했던 것으로 보인다.

5930세대 이주와 멸실의 과정

2017년 5월 4일 관리처분인가가 나고 주민들은 이주를 준비했다. 한 번에 약 6000세대가 멸실되는 초대형 단지의 이주였던 만큼 이주 과정도 만만찮았다. 강동구에 몰려 있던 재건축 단지의 거주민 이주를 분산시키기 위해 둔촌주공아파트의 이주는 예정보다 약 4개월 늦춰진 2017년 7월 20일부터 2018년 1월 19일까지 장장 6개월 동안 진행되었다.[43] 이주비 대출도 여러 은행이 연합을 꾸려 겨우 가능했다.[44]

하지만 대출은 주택 소유주만 받을 수 있었다. 재건축을 앞둔 시기에 거주자의 70퍼센트가량이 세입자였던 것으로 추정됐지만 그들을 위한 대책은 마련되지 않았다.

더 큰 문제는 재건축이 진행되는 단지가 둔촌주공아파트뿐만이 아니었다는 것이다. 40년 전에 한강 남동쪽 지역에 건설된 대단지의 재건축이 동시다발적으로 진행되고 주민 이주가 시작되면서, 주택 수요는 급증하는데 다량의 주택이 멸실된 상태였다. 수급 불균형으로 인한 전세가 폭등이 우려되었다. 서울시는 이에 대비하기 위해 2015년에 '강남4구 재건축 이주 집중 대비 특별 대책'을 발표했다. 재건축 단지 밀집 지역에서 전세난이 심화될 경우, 이주 시기를 강제로 조정할 수 있다는 내용이었다. 이러한 조치가 마련된 것은 2015년 당시 재건축으로 멸실되는 가구 수가 크게 늘면서 서울시의 주택 수급이 처음으로 마이너스로 전환되었기 때문이다. 고덕 2단지(2771가구)와 삼익그린1차(1560가구) 두 단지의 이주가 진행된 강동구의 2015년 전세가 상승률은 16.5퍼센트로, 서울 평균 상승률(8.8퍼센트)의 2배에 달했다.[45] 그런데 이 두 단지를 합쳐도 둔촌주공아파트 세대수의 73퍼센트에 불과했다. '진짜' 전세 대란은 아직 시작도 안 된 셈이었다. 둔촌주공아파트의 이주가 시작된 첫 한 달 동안 전세가율이 4.37퍼센트 급증했다. 당시 전세가율이 증가한 자치구는 강동구가 유일했다.[46] 2018년 1월 기준으로 강남4구에 재건축으로 이주 및 철거에 들어간 세대수는 3만 3090가구인 데 비해 새로 입주하는 가구는 1만 5542가구에 불과하여 부족분이 1만 7548가구에 달했다. 잠실 대단지의 재건축이 몰렸던 2005년경 8363가구가 부족했던 것보다 2배가 넘는 수치였다. 다행히 경기도 지역에 공급된 15만 3534가구 덕분에 그나마 이 사태를 감당할 수 있었다.

둔촌주공아파트의 이주 과정에서는 환경영향평가에서도 미처 잡아내지 못한 여러 문제가 불거졌다. 대표적으로 단지 안 초등학교 학생들의 집단 전학 문제가 있었다. 재건축 공사가 진행되는 동안 단지 안에 있던 두 학교는 휴교에 들어갔다. 그와 함께 이 두 학교에 다니던

학생 중 멀리 이사하지 않은 경우라면 인근 학교로 전학을 해야 했다. 그 수가 적지 않다 보니 이들을 받아줘야 할 학교에서 학생 과밀로 인한 학습권 저하 문제가 제기되었고, 이로 인해 전학하는 아이들이 차별을 받을지 모른다는 우려도 불거졌다. 또한 둔촌초등학교에는 40년의 역사와 명성을 지닌 야구부가 있었는데, 이를 수용해줄 수 있는 학교를 사전에 확보하지 않아 해체 위기에 처하기도 했다. 재건축사업이 그토록 장기간 진행되었는데도 교육청 등에서는 별다른 대비 없이 그저 휴교 조치만 내린 것이다. 결국 학부모들이 나섰다. 서울시의원을 만나 인근 학교에 대한 교실 증축 검토를 요청했고, 강동송파교육지원청 관계자, 각 학교 교장, 학부모 등 관련자 간담회를 통해 문제를 해결하려 애썼다.[47] 둔촌초등학교 야구부는 다행히 2018년 3월 31일 상일초등학교로 이적, 창단할 수 있었다.

환경영향평가를 통해 현장의 동식물 실태를 조사했지만 단지 내에 거주하던 길고양이들의 이주 문제는 간과되었다. 고양이를 돌보던 지역 주민들이 재건축에 대비해 수년 전부터 길고양이 중성화 수술을 진행해왔고, 당시 선진적인 동물복지 정책을 펼치고 있던 강동구청과 협조해 어느 정도 문제를 수습할 수 있었다. 하지만 고양이를 돌보던 활동가들 간의 갈등이 심각했고, 지역민들의 자발적 활동을 정치적으로 이용하려는 단체가 개입해 갈등의 골이 깊어지며 길고양이 이주 진행에 혼선이 빚어지기도 했다.[48] 재건축조합과 시공사는 석면 철거가 시작되기 전까지는 활동가들에게 단지 출입을 허가해주는 등 최대한 협조했다. 하지만 길고양이 이주 문제는 재건축으로 인해 야기된 만큼 원인 제공자로서 재건축조합과 시공사가 책임을 지고 적극적으로 문제 해결 노력을 기울여야 한다는 사실조차 인지하지 못하는 것으로 보였다.

주민들의 이주가 모두 끝난 후, 2018년 5월 단지 외곽에 펜스를 설치할 때부터 인근 지역 주민들과 마찰이 생겼다. 문제의 발단은 시공사가 단지 북쪽 측면에 2차선 도로를 사이에 두고 마주하는 한산초등학교와 한산중학교 쪽에 공사 차량 출입문을 설치하려고 한 것이었다. 그리 멀지 않은 고덕동 재건축사업지 인근에서 자전거로 통학하던 학생이 덤프트럭에 치여 사망하는 사고가 발생해 학부모들의 걱정이 극에 달해 있던 때였다.[49] 한산초등학교와 한산중학교 학부모를 중심으로 비상대책위원회가 구성되었다. 이들은 학생들의 통학로 안전 확보를 위해 공사 차량 출입문 위치를 조정하고 본격적인 석면 철거가 시작되기 전에 안전 대책을 강화하라고 요구하며 시위를 벌였다.[50] 단지 반대편에서는 동북중·고등학교 학생들의 통학로 안전을 확보하라는 학부모들의 시위와 항의도 이어졌다.[51] 건설사 관계자는 해당 출입구를 차량이 이용하지 못하게 되면 공사가 사실상 불가능하다면서 '다른 방법이 없다'라는 입장이었고, 공사장 진·출입로의 설치 허가권자인 강동구청 관계자는 논의해서 서로 합의점을 찾으라고 권고했다.[52] 마치 예상치 못한 문제가 벌어진 것처럼 행동했지만, 사실 이는 환경영향평가에서 이미 지적된 사안이었다. 사업지구 내외 학교에 미칠 환경 영향은 '중점 검토' 사항이다. 소음, 진동, 먼지 등의 피해를 최소화할 대책과 보행 통로 확보 방안을 수립하라는 지적은 본격적인 환경영향평가가 시작되기도 전인 2013년 7월 '환경영향평가 준비서 검토' 단계에서부터 나왔으며, 수차례 진행된 평가에서 거의 매번 언급되었다.[53] 재건축조합과 시공사업단의 준비가 얼마나 미흡했는지를 여실히 보여주는 대목이다.

강동구청은 학부모 대표를 비롯해 시민단체, 환경 전문가, 강동·송파 교육지원청, 강동경찰서와 강동구청 관계자 등으로 구성된 둔촌주공아파트 재건축의 '안전 관련 민관협의회'를 출범시켰다.[54] 이어서 「강동구 석면 안전 관리 및 지원에 관한 조례」를 제정하고, '석면 주민감시단'을 운영하기로 했다. 그런데 이 과정에서 한국석면추방네트워크의 위원을 배제하고 주민감시단 인원을 축수하려고 해 주민들이 반빌하기도 했다.[55]

2018년 11월, 석면감시단 활동이 본격적으로 시작된 지 이틀 만에 석면 조사가 부실하게 진행된 것이 확인되면서 고용노동부와 강동구청이 바로 작업을 중지시켰다.[56] 하지만 3개월 후인 2019년

2월에 '석면 장판이 붙은 몰탈'을 현장에서 외부로 반출하는 것이 포착되어 다시 주민들의 항의가 제기되었다.[57] 이에 따라 지역 주민들은 현장 감리의 교체를 요구했고, 새롭게 꾸려진 전문가단에서 현장의 문제를 파악하고 해결 방안을 정리해 조합과 주민감시단에 전달한 후 석면 해체가 재개되었다.[58]

이후 둔촌주공아파트 지상부의 석면 철거가 마무리되면서 강동구청은 '조건부 착공 승인'이라는 현행법상에서 인정하지 않는 방식으로 착공 신고필증을 내주었다. 지하에 철거해야 할 석면이 남아 있었는데도 말이다. 석면 철거 감리 책임자는 상하수도와 보일러 배관의 이음새인 개스킷 1만 2000개를 별도로 방진 처리된 곳에서 안전하게 철거해야 한다고 지적했지만, 재건축조합과 시행사는 그 의견을 묵살한 채 터파기 공사를 진행했다. 언론 인터뷰에서 구청은 철거를 모두 마치고 진행하라는 '조건부'로 착공 허가를 내줬다고 했지만, 시공사는 강동구청이 착공 허가를 내줬으니 문제가 없다는 식이었다.[59] 결국 또다시 문제가 불거지며 공사가 중단되고 말았다. 조합은 석면 주민감시단의 시위와 민원 제기로 재건축사업 진행에 피해가 있었다며 일부 석면 주민감시단을 형사 고소하고 손해배상 청구를 준비하겠다고 밝혔다.[60] 하지만 조합원들은 도의적 책임이 있음을 인정했다.[61] 계속되는 관리 부실로 사업이 지연되자 조합 집행부에 대한 조합원들의 불신이 더욱 커졌고, 결과적으로 조합을 교체하려는 움직임에 힘이 실렸다.

조합의 내부 갈등과 교체

둔촌주공아파트 재건축조합 내부의 갈등은 오래전부터 있었다. 2003년 재건축조합 설립 추진위 시절부터 대의원 선출 방식에 대한 문제가 제기되어 주민 간 소송이 있었고,[62] 2010년에는 시공사 선정 때문에, 2011년과 2012년에는 종 상향 추진 과정에서의 의견 대립 때문에, 그리고 2015년에는 시공사의 무상지분율 번복 때문에 격렬한 반발이 있었다. 그러나 재건축조합의 중요 사항은 총회에서 다수결 투표로 결정되므로 소수의 반대 의견은 '다수의 권력'에 묵살되기 쉬웠다. 내부 갈등이 벌어질 때마다 조합 관계자는 "조합원이 총 5930명에 이른다"라며 "소수에 의해 다수가 피해를 보는 일이 없으면 한다"라고 말하곤 했다.[63] 하지만 20년간 소수라고 생각했던 이들이 어느 순간 '다수의 권력'이 되어 기존의 조합을 교체하는 일이 재건축 현장에선 자주 일어난다.

조합 내부 갈등이 다시 격화된 것은 2019년 정부가 '분양가상한제'를 민간택지까지 확대 적용하겠다고 발표하고, 이어서 6월에 주택도시보증공사(HUG)의 분양 보증 심사에서 기대했던 일반 분양가를 받아내지 못하게 되면서부터였다. 처음에는 조합이 나서서 '후분양제'로 우회할 수 있다고 큰소리도 치고,[64] 전국 42개 재건축·재개발 조합과 연합해 광화문에서 개최된 '분양가상한제 소급 적용 저지 조합원 총궐기 대회'에 참여하는 등 적극적으로 대항할 태세였다. 정부는 이미 관리처분인가를 받은 단지는 2020년 4월까지 입주자 모집을 진행하면 분양가상한제 적용을 유예해주겠다며 물러났다. 시간을 번 조합은 HUG와의 협의에서 분양가 3550만 원을 고수할 것이며, 협의 결과가 만족스럽지 않을 경우 통매각도 불사하겠다며 엄포를 놓았다.[65]

2019년 11월 '공사비 검증 제도' 도입으로 감정원이 공사비 적정성을 검토해 시공사의 불투명한 공사비 문제가 드러나자 조합의 방만한 관리와 시공사에 대한 조합원들의 불신이 폭발했다. 이어서 2020년 정초부터 둔촌주공아파트 재건축 공사 현장에서 또다시 석면 문제가 발생했다. 앞서 살펴본 것처럼 분양가상한제 적용을 피하기 위해 연내 착공을 서두르다가 비정상적으로 공사를 진행한 것이었다. 남아 있는 석면을 마저 제거한 후 공사가 재개되었지만, 이미 조합원들의 마음은 조합 집행부를 해임하는 쪽으로 기울었다.

제21대 총선을 4개월 앞두고 정부에서 먼저 HUG 관리 기준 개선을 검토 중이라고 밝히자 기준이 완화되리라는 기대로 너도나도 목표 분양가를 높이 잡았다. 둔촌주공아파트 재건축조합은 3550만 원을 넘어 4000~4500만 원까지 가능하다고 보기도 했다. 하지만 HUG는 기존 목표인 3550만 원 이상도 애초에 불가능하다고 선을 그었다. HUG가 조합에 처음 제시한 일반분양가는 3.3제곱미터당 2910만 원이었고, 한 주 지나 조합이 다시 공지한 일반분양가는 3.3제곱미터당 2978만 원이었다.[66] 둘 다 조합원들의 기대에 크게 못 미치는 수준이었다. 그런데 비슷한 시기에 비슷한 규모로 재건축이 진행 중이던 개포주공아파트 1단지는 3.3제곱미터당 4750만 원까지 인정받았다.[67]

두 단지 사이에 분양가 차이가 이렇게 크게 난 것은 HUG의 고분양가 사업장 심사 기준에 '최근 1년 이내 인근 분양 사업장의 평균 분양가 및 최고 분양가의 100퍼센트 이내'라는 조건이 있기 때문이었다. 개포주공 1단지는 분양가상한제가 적용되기 전에 높은 분양가로 분양한 '개포 프레지던스 자이'가 인근에 있어 그 가격을 기준으로 분양가를 책정받을 수 있었다. 이에 비해 둔촌주공아파트는 비교할 만한 비슷한 급의 재건축 단지가 근처에 없었다. 3킬로미터가량 떨어진 가락시영아파트를 재건축한 '헬리오시티'가 규모나 재건축 시기 면에서 가장 적합한 비교 대상이었지만, 송파구에 있어 같은 지자체 내에서 비교해야 한다는 조건에 부합하지 않았다. 둔촌주공 재건축사업처럼 주변에 비교할 수 있는 단지가 없으면 HUG에서 매달 발표하는 '서울 평균 분양가'를 기준으로 삼게 되며, 그나마 세부 기준이 바뀌어서 100퍼센트 가중치를 적용하여 받아낸 일반분양가가 2978만 원이었다.[68]

코로나19 발생으로 분양가상한제 적용 기한이 또다시 3개월 연장되어 7월 29일까지 협상 시한이 늘었지만 협상에는 진척이 없었다.[69] 조합 집행부 해임에 대한 압박은 점점 심해졌다. 수세에 몰린 재건축조합이 HUG가 제시한 분양가 수용 여부를 임시총회에서 투표로 결정하자고 제안했다.[70] 그런데 조합에서 발주했던 용역보고서에서 분양가상한제를 적용했을 때 3.3제곱미터당

분양가가 2842만~3516만 원으로 추산되었다는 것이 때마침 조합원 사이에 알려졌다.[71] 주변 시세에 따라 가격을 정하는 HUG와 달리 분양가상한제는 토지 원가에 표준 건축비 등을 합산한 금액으로 책정하기 때문에 해가 지나 표준지가가 오르면 그만큼 분양가도 오르게 된다는 이야기가 돌면서 그냥 분양가상한제를 적용받고 내년까지 버텨보자는 목소리가 커졌다.[72]

그러자 현대건설 시공사업단에서 사업 지연에 따른 비용 상승을 이유로 들며 7월 9일 총회에서 일반분양 일정을 확정하지 않으면 공사를 중단할 수밖에 없다는 내용의 공문을 보냈다. 조합은 공사 중단만은 피해야 한다면서 HUG의 분양가를 받아들여 분양을 서두르자며 결단을 호소했다.[73] 하지만 비상대책위원회 측은 조합원들의 재산을 헐값에 넘기려 한다고 격분하며 그동안 준비해온 조합장 해임 발의 카드를 내걸고, 시공사 교체까지 거론하며 맞불을 놓았다.[74] '공사 중단'이라는 초강수는 오히려 불난 데에 기름을 퍼부은 격이 되었다.

시공사는 이전보다는 조금 수그러진 태도로 현 정부의 기조를 보았을 때 둔촌이 예외적으로 다뤄지지 않을 것이니 "현실을 냉정하게 직시하셔야 한다"라면서 더는 사업을 지연시키지 말고 분양을 서두르자는 설득과 압박이 뒤섞인 의견을 전달했다. 이에 비상대책위원회는 "더 이상 조합원의 중요한 의사결정 판단에 불법적인 개입을 멈추라. 엄중히 경고한다"라며 맞섰다.[75] 재건축 조합장이 7월 9일 임시총회까지만 성공시키고 사퇴하겠다고 선언했으나, 양측 갈등의 골이 너무나 깊어 총회 당일 충돌이 예상된다는 이유로 예정된 임시총회는 전격 취소되고 조합장도 당일에 자진 사퇴했다.[76]

임시총회가 무산되며 사실상 분양가상한제 적용을 피하기 어려워졌으나 그렇다고 이 갈등이 끝난 것은 아니었다. 분양가상한제 유예 기간인 7월 28일까지 일단 입주자 모집 공고부터 신청하고 나서 HUG의 분양 보증 유효 기간인 60일 안에 관리 처분 계획 변경을 의결하면 분양가상한제 적용을 피해 갈 수도 있었다. 재건축 조합은 HUG의 분양가로 분양을 일단 먼저 진행하되, 분양가상한제에 따른 분양가가 더 높으면 '자동 폐기 조건부'로 기존 분양 절차를 즉시 중단하는 안을 내놓으며 끝까지 조합원들을 설득했다.[77] 사태를 주시하던 비상대책위원회가 입주자 모집 신청 승인 권한을 가진 강동구청에 입주자 공고 승인 신청을 받아주지 말라는 단체 민원을 제기했고 강동구청장이 "조합 동의 없이는 받아들이지 않겠다"라고 확언했지만, 분양가 상한제 유예 기간 마지막 날인 2020년 7월 28일에 이루어진 조합의 입주자 모집 공고 신청을 구청은 받아주었다.[78]

8월 8일에 개최된 임시총회에서 기존 조합 임원 전원의 해임안이 가결되면서, 20년간 둔촌주공아파트의 재건축을 이끌었던 이들은 그동안의 권한을 내려놓게 되었다. 한동안 '해임총회효력정지가처분 신청' 등 소송이 이어지며 조합의 업무 인수인계는 더디게 진행되었고,[79] 그러는 사이 HUG로부터 받은 분양 보증의 유효 기간 2개월이 만료되었다.[80] 강동구청은 모집 공고 승인 보완 기간을 연장해주면서까지 분양가상한제를 피할 수 있는 여지를 마련해주려 했지만, 이미 기존 조합의 집행부가 모두 해임되어 이 같은 구청의 노력에 응할 사람이 없었다.[81] 새로운 조합장이 선출된 2021년 5월 29일까지 직무대행 체제로 운영되던 조합은 2021년 9월 12일에 대의원회를 꾸리며 재정비를 마쳤다. 기존 조합장이 해임된 후 제대로 된 조직이 갖춰지기까지 어느덧 1년이 넘는 시간이 흐른 것이다.

공사 중지라는 초유의 사태

이전 재건축조합 임원이 해임되고 얼마 지나지 않아 분양가상한제를 적용받는 서초구의 '래미안 원베일리'의 분양가가 HUG에서 제안했던 분양가인 4891만 원보다 수백만 원 더 높은 5200~5400만 원까지도 거뜬히 받아낼 수 있을 것이라는 전망이 나왔다. 국토교통부가 '공시지가 현실화율'을 도입하며 분양가상한제의 분양가 산출 기준

중 하나인 택지비가 올랐기 때문이다. 그리고 곧이어 2021년 1월
8일 래미안 원베일리의 분양가가 3.3제곱미터당 5668만 원으로
책정되었다.[82] HUG의 제안을 받아들이느니 '차라리' 분양가상한제를
적용받는 편이 분양가 상승에 유리할 것이라던 조합원들의 계산이
맞았던 것이다. 더 높은 분양가를 받아낼 수 있으리라는 기대감에
조합이 술렁였다. 적어도 3700만 원에서 많게는 4300만 원까지
가능할 것이라는 계산이 나왔다. 이는 HUG에서 제안한 2978만 원과
비교하면 24~44퍼센트 증가한 금액이었다.

그런데 이즈음부터 "영끌해서 살 때는 아니다"라는 이야기가
나왔다. 부동산 전문가들은 코로나19와 저금리로 인한 과잉 유동성
문제를 지적하며 "정상적인 상황은 아니라고 강조"했고 "주택 시장이
조정받는 시기가 반드시 온다"고 전망했다.[83] 이어서 2021년 6월에는
정부가 나서서 집값 하락을 경고했다. 홍남기 경제부총리는 "과도한
레버리지(차입투자)가 주택 가격 하방 리스크로 작용할 것"이라 했고,
노형욱 국토교통부 장관은 "최근 집값이 많이 올랐지만 2~3년 후에는
반대를 고민해야 한다. 자산 가격 재조정 시기가 머지않았다"라고
말했다.[84] 그리고 "지금 주택을 구입할 때 무리하게 대출해 영끌한다면
나중에 처분하는 시점에 자산 가격이 재조정되면 정말 힘든 상황에
처할 수 있다"라고 덧붙였다. 하지만 일부 경제 기사는 "하반기에도
'불장'이 계속된다"라며, 이들의 경고를 무겁게 전하지 않았다. 한
부동산정보지의 연구원은 "금리가 단기간 급격하게 상승한다면 시장에
대단한 변수로 작용하겠지만 경기 위축을 감안해 점진적으로 올릴
것이란 점에서 큰 영향으로 작용하지는 않을 것"이라고 전망했지만,[85]
2022년 미국은 기준금리를 급격히 인상했다.

한편, 건설 현장의 상황도 좋지 않았다. 코로나19의 영향으로
국제 물류가 막혀 자재난이 심각해졌다. 시멘트, 철근 가격이 일제히
상승했고 품귀 현상까지 벌어졌다. 외국인들의 입국이 제한적으로
이루어지면서 이주노동자의 비율이 높은 건설 현장에 인력 부족 문제가
가중되었다. 설상가상으로 타워크레인 노조가 파업하며 전국에 가동

중인 크레인 4200여 대 가운데 70퍼센트가 멈춰 섰다. 둔촌주공아파트 재건축 현장에는 14대가 여기에 포함되었다.[86]

2021년으로 넘어오면서 경제 악화의 단초가 점차 드러났다. 그럼에도 이제 막 신임 조합장을 필두로 새 출발에 나선 둔촌주공아파트 재건축조합은 여전히 더 높은 분양가를 얻어내는 것에만 골몰했다. 심지어 분양을 최대한 늦게 해야 매년 오르는 공시지가가 분양가에 반영된다면서 '후분양'을 진행하자는 목소리도 올라왔다. 사업비를 대고 있는 시공단은 조합에 선분양 진행을 요청하는 입장문을 전달하며 이를 반대했다. 이때까지는 금리가 낮게 유지되어 그나마 버틸 만했지만, 하반기부터 금리 인상이 예상되면서 각종 금융 비용의 부담이 더욱 커질 것으로 예측되었기 때문이다.[87]

그러던 차에 2021년 9월 9일 국토교통부 장관이 먼저 나서서 분양가상한제 개선을 검토해 택지비, 건축비, 가산비 등 3가지 항목으로 나누어 정리한 '분양가상한제 심사 매뉴얼'을 만들어 배포했다.[88] 업계는 그동안 지자체의 재량이나 임의적인 해석으로 처리되던 부분이 명확해짐으로써 사업 예측 가능성이 커지고 계획 수립과 추진이 원활해질 것이라고 보았다. 이제 분양가상한제 기준도 확실해졌고, 대의원회 구성도 마친 둔촌주공아파트 재건축조합은 일반분양가 산정 및 심의 업무 대행업체를 선정하고, 여러모로 문제가 많았던 아파트 단지의 새로운 이름을 변경하는 작업에 들어가는 등 대외적으로는 모처럼 일이 진척되는 모습을 보였다.[89]

그런데 얼마 가지 않아서 시공사와의 갈등이 심각하다는 소식이 들려왔다. 갈등의 중심에는 1년 전인 2020년 6월에 체결된 공사비 계약서가 있었다. 이전 조합 임원들의 해임 발의가 이루어진 2020년 6월 25일, 당시 조합장이 2016년 관리 처분 계획에서 의결한 공사비 2조 6000억여 원보다 5200억 원이 늘어난 계약서에 날인을 했던 것이다. 자진하여 사퇴하기 보름 전이었다. 이 소식을 뒤늦게 알게 된 조합원들은 격노했고, 신조합은 이처럼 적법하지 않은 방식으로 체결된 계약서를 인정할 수 없다고 주장했다. 이 계약은 조합원 총회 결의를 누락한데다 부동산원이 검증한 공사비 검증 보고서를 공개하지 않았다고 지적하고 2016년 계약을 기준으로 공사비를 다시 책정해야 한다고 주장했다.[90] 게다가 시공단이 공사 내역서와 공정표 제출을 거부함으로써 일반 분양가 산정이 불가능한 상황이며 그 때문에 일반분양이 늦어지고 있다고 했다.

이러한 주장에 대해 시공단은 2019년 12월 관리 처분 변경 인가를 위한 임시총회에서 '공사 계약 변경의 건(공사비 증액)'이 의결되었으며, 2020년 6월 대의원 회의를 통해 최종 통과한 후 날인을 한 것이기 때문에 합법적인 절차를 통해 이루어진 계약이라는 입장을 내놓았다.[91] 또한 2016년 계약은 1만 1000세대 기준이었으며, 그 후 설계 변경으로 인해 세대수가 1만 2000세대로 늘어난데다 사업 지연에 따른 원자재와 인건비 상승분도 반영되어야 한다고 주장했다.

신조합이 다시 반박하고 나섰다. 현대건설 시공단이 예전 조합장과 작성했던 계약서의 공사비는 건축 연면적을 기준으로 계산되었으며, 설계 변경 후 세대수는 늘었지만 연면적은 오히려 감소했다는 것이었다. 그리고 시공단이 한국부동산원에 제출한 내역서에 34층으로 설계된 건물을 45층 건물이라고 기입하는 등 건설비를 과다하게 부풀려 산출했다고 지적했다.[92] 이 같은 지적에 시공단은 '단순 실수였다'라는 불성실한 답변을 내놓으며 조합원들의 공분을 샀다.

여기에 더해 시공단은 우선 투입된 사업비와 이주비 대여를 중지하겠다는 공문을 조합에 발송했다. 2010년에 시공사로 선정된 이후로 사업이 10년 넘게 지연되어 손해가 막심하다는 것이 이유였다.[93] 신조합은 시공단이 조합을 파산시키고 조합원을 신용불량자로 만들겠다는 "협박 공문"이라면서 현대건설 사옥 앞에서 시위를 벌였다.[94] 현대건설 사업단은 이례적으로 입장문을 발표해 조합의 주장을 반박했고,[95] 조합원들의 단체행동에 대해서는 허위사실 유포 및 비방 금지 가처분 소송을 내며 저지했다.[96] 양측의 의견 차이는 좀처럼 좁혀지지 않았다. 조합원들은 서울시에 중재를 요청하는 민원을 1000여 건이나 제출했다. 서울시는 분쟁 조정을 위한 서울시 정비사업 코디네이터 3인을 중재자로 파견했다. 이들이 배석해 조합과 시공단 권리지가 만나는 자리가 수차례 마련되었지만,[97] 서로 간의 입장 차만 확인할 뿐이었다.[98]

그 과정에서 코디네이터들이 조사해 작성한 「정비사업 코디네이터 활동 보고서(최종)」에서 갈등의 중요한 쟁점들이 밝혀졌다. 가장 문제가 된 2020년 6월 체결된 계약은 절차상 문제가 없었다. 세대수가 1만 2032세대로 조정된 계획으로 2019년 5월 15일 변경 인가가 이루어졌고, 이를 바탕으로 관리 처분 계획 변경 인가도 2020년 1월 16일에 이루어졌다. 그사이 2019년 12월 7일 임시총회에서 사업 시행 계획의 변경에 따른 후속 조치로 공사 계약 변경의 건을 이미 다 같이 의결한 바 있었다. 그날 이루어진 의결 내용이 "실현될 수 없는 분양가이고, 공사비도 검증 절차를 마치지 않은 것인데도 불구하고 이를 기초로 무상지분율을 산정함으로써 조합원들을 오해하게 하여 얻어낸 동의"라는 주장 역시 "특별한 사정은 발견할 수 없"었으며, 그것이 사실이라고 하더라도 계약의 효력에 영향을 미치지는 않는다는 것이 코디네이터들의 의견이었다.

2019년 12월 7일 임시총회에서 의결된 이상 조합의 의사가 결정된 것이며 조합장은 이를 집행할 수 있고 해야 할 의무도 있었다. 2020년 6월 8일 대의원회의 의결까지 이루어진 후 공사 변경 계약서에 날인한 것이므로 문제 될 것은 역시나 없었다. 또한 보고서는 전(前) 조합장이 연대보증 없이 혼자서 계약서에 날인한 것을 이유로 공사 변경 계약의 효력을 부정하는 것은 "그 자체로 모순"이라고 지적했다. 일반적으로 연대보증은 시공단에서 조합에 요구하는 것으로, 서울시가 2015년 6월 18일에 시행한 「서울시 정비사업 조합 등 표준 행정 업무 규정」 개정안에서 조합장을 제외한 임원(위원)과 직원의 연대보증을 금지하고 있기 때문에 전혀 문제가 되지 않는 것이었다.[99] 전 조합장이 해임 직전에 급작스럽게 날인한 것으로 보이는 정황은 조합 집행부 해임을 추진 중이던 조합원들이 보았을 때 화가 날 만하지만, 절차상 문제는 없었다.

'한국감정원의 공사비 검증' 역시 "시공사업단과 협의한 공사비는 공사비 검증을 통해 조합과 협의한 공사비보다 높으면 시공사업단과 협의한 공사비로 공사 변경 계약을 체결하고, 조합과 협의한 공사비보다 낮으면 낮은 공사비로 변경 계약 체결한다"라는 내용으로 이미 총회 의결을 받은 바 있었다. 이후 검증을 완료하고 『재건축 소식지』를 통해 공사비 검증 결과가 조합원에게 공지되었다. 서울시 코디네이터는 공사비 검증은 "공사 변경 계약 체결을 전제로 한 후속 행위로 볼 수 있고" 총회에서 다시 공개해 재의결을 거쳐야 할 필요는 없다는 의견을 내놓았다. 조합에서 문제 삼은 '정비사업 계약 업무 처리 기준'은 둔촌주공아파트 재건축의 시공사 선정과 최초 계약이 체결된 지 한참 지나고서 시행되었기에 이 사안에 적용되지 않았다. 사실상 신조합에서 억지 주장을 하고 있다는 것이 드러난 것이다.

서울시 코디네이터는 "입주 지연 등 조합원의 피해를 최소화하기 위해" 최대한 합의를 유도했다. 소송으로 갈 경우 오래 걸리고 "당사자 모두, 특히 6000여 조합원의 경제적·정신적 피해는 심각할 것으로 판단"된다면서 "소송의 제기는 분쟁 해결의 마지막 수단임"을 분명히 했다. 그럼에도 법률적 논쟁을 포기하지 않을 것이라면 차라리 "지금 당장 소를 제기해 사업 지연을 최소화할 수 있도록 하되, 쟁송 중에도 '당사자 간 합의', '분쟁조정위원회 조정' 등의 대책을 동시에 활용해 갈등과 분쟁의 소요 기간을 최소화할 필요가 있"다고 적었다. 그런데 신조합은 이런 중재 의견을 받고 불과 한 달 만에 전 조합장과 시공단 사이에 체결된 공사비 증액 변경 계약의 무효를 요청하는 소송을 2022년 3월 21일 제기했다. 시공단도 공사비 충당을 위한 조처를 마련하지 않으면 총회 바로 전날인 4월 15일에 '공사 중지'에 들어가겠다고 맞불을 놓았다.[100] 안타깝게도 기일은 다가왔고, 우려했던 사태가 현실로 일어났다. 2022년 4월 15일 공사장 곳곳에 '유치권 행사 중'이라는 현수막이 걸렸다. 다음 날인 4월 16일 조합 총회에서는 94.5퍼센트의 찬성률로 공사 계약 변경을 취소하는 안건이 가결되었다. 전국 최대 재건축 공사가 중지되는 초유의 사태가 벌어지자 거의

↑　올림픽파크포레온 공사 중지 기간에 내걸린
　　'유치권 행사 중' 현수막
　　(사진 ⓒ류준열)

모든 언론사에서 둔촌주공아파트 재건축 관련 뉴스가 쏟아져 나왔다. 당시 기사의 댓글들을 살펴보면 조합원들이 '생떼'를 쓰는 것처럼 바라보며 그들의 사정을 이해하지 못하는 분위기가 짙었다. 하지만 지금까지 정리한 지난 수년간의 여러 정황을 살펴보면 그들의 뿌리 깊은 불신과 반감을 충분히 이해할 수 있을 것이다.

다만 안타까운 것은 신조합에서 오랜 감정의 골을 이용해 정확한 정보를 전달하지 않은 채 사실을 호도했다는 점이다. 만약 서울시 코디네이터가 작성한 보고서가 바로 조합원들에게 공개되었다면 이런 사태를 막을 수도 있지 않았을까 하는 아쉬움이 크다. 법률적 쟁점은 법원이 판단할 문제이지만, 그동안 논쟁해온 사항의 사실관계를 조사해 정리한 이 보고서에는 판단에 도움이 될 만한 내용이 충분히 담겨 있었다. 조합원들이 이 보고서를 적시에 제대로 접할 수만 있었다면 조합 총회에서의 결정이 조금 달랐을지도 모른다. 심지어 보고서 마지막에 정보 불균형 해소를 위해 조합원들이 정보에 쉽게 접근할 수 있도록 이를 공개적으로 게시하는 '서울시 클린업시스템'(현 정비사업 정보몽땅) 제도가 활성화되어야 한다는 제언도 있었지만, 이 보고서는 작성한 지 3개월이 지난 2022년 5월에야 뒤늦게 서울시 클린업시스템에 공지사항으로 등록되었다.[101]

소송과 공사 중지로 사태가 격화되면서 한동안 신조합과 시공단은 협상 테이블에 마주 앉지도 못하고 좁혀지지 않는 평행선을 달렸다. 서울시가 중재안을 내놓았지만 시공단은 소송 취하가 우선되어야 한다며 이를 거부했다.[102] 이후 시공단이 협의안 9개 조항을 조합에 제시해 왔는데, 그 안에 '상가 분쟁'이라는 미처 알려지지 않은 문제가 포함되어 있었다.

원래 둔촌주공아파트 상가의 조합원은 287명으로 총 점포 수 309개보다 적었다. 그런데 2017년 관리 처분 계획 인가를 받은 직후, 흔히 '상가 지분 쪼개기'라고 불리는 상가 공유지분제로 분할 지분을 매입해 상가 지분권자로 등록한 이가 530여 명으로 늘어났다. 이제 막 새로운 집행부를 꾸린 신조합은 2021년 7월 10일 임시총회에서 기존 상가 단체의 대표 단체 자격을 취소했다.[103] 아파트 재건축 정상화에만 집중해도 되는 상황에서 굳이 관여하지 않아도 될 상가 문제에 개입한 것이다. 이날 임시총회에서는 이전 정비사업전문관리업자(PM회사)와의 계약 해지, 이전 대의원 해임 등의 묵직한 안건이 논의되었는데, 조합원들은 상가 대표 단체를 취소하는 안건 역시 이전 조합의 잔재를 없애는 과정이라 인식하고 승인했던 것 같다.[104] 이어서 2021년 12월, 상가 공유지분을 갖고 있던 소유주들을 중심으로 신조합이 함께 '통합상가위원회'를 구성했고, 그동안 상가 재건축사업 부분을 진행해온 PM회사에게 갑자기 무상지분율을 190퍼센트에서 270퍼센트까지 상향할 것을 요구했다. 결국 신조합과 마찰을 겪다 끝내 계약을 해지당한 상가 PM회사가 상가 건물에 대한 유치권을 행사했고, 그 문제가 지속되고 있었던 것이다.[105]

2022년 7월 공사 재개를 위한 협의 자리에서 현대건설 시공단이 이 분쟁을 언급했다. 상가 문제가 해결되지 않으면 단지 내 다른 공사를 마무리해도 준공이 이루어질 수 없기 때문이다. 조합과 시공단의 갈등이 극으로 치닫는 와중에 시공단이 꺼내든 카드였다.[106] 이 외에도 신조합에 가해지는 압박은 점차 심해졌다. 공사 현장에 설치된 57개의 타워크레인을 철거한다는 이야기도 나왔다. 타워크레인을 해체하고 재설치하는 것은 수개월이 걸리는 일이기 때문에, 이는 곧 공사 중지가 장기화됨을 뜻했다. 서울시와 국토부가 합동 점검을 진행하기로 하면서 그 기간만큼 철거가 연기되었으나, 합동 점검이 끝나자 시공사업단은 예정했던 타워크레인 철수를 재개하겠다고 엄포했다.[107] 서울시의 중재로 몇 차례 연기를 거듭하며 타워크레인을 철수하는 최악의 상황은 피했다.

이즈음 '둔촌주공사업정상화위원회'라는 비상대책위원회가 새롭게 꾸려져 신조합의 해임 안건을 발의했다. 게다가 재건축사업비 7000억 원을 대출해 주었던 금융사 단체(대주단)가 대출 연장이 불가하다고 통보했다. 이에 신조합은 새로운 대주단을 꾸려 8000억 원을 신규 대출을 받겠다고 했으나 자금의 출처와 금리 등 대출 조건이 공개되지 않아 논란이 되었다.[108] 신조합의 조합장은 공사 중지 장기화와 협의 지연으로 인한 여론 악화로 돌연 자진 사임했다.[109] 이어서 시공사업단이 사업비 7000억 원을 대신 변제 후 조합에 구상권을 청구하겠다고 통보하며 조합은 더욱 코너에 몰리게 되었다.

둔촌주공 일병 구하기

2022년 7월 28일, 극적으로 합의가 이루어졌다. 집행부는 전원 사퇴 의향서를 제출한다는 전제로 업무를 계속하며, 10월 중에 총회를 통해 새로운 조합 집행부를 꾸림과 동시에 공사 재개를 위한 안건을 협의하기로 했다.[110] 앞서 상가 분쟁으로 문제가 되었던 통합상가위원회의 상가 대표 단체 자격을 취소하고 이전 상가 재건축 PM회사와 계약을 복구하는 안건이 10월 15일 임시총회에서 처리되는 것을 막기 위해 통합상가위원회가 '총회 일부 안건 상정 금지' 가처분 신청을 제기했으나 기각당했고, 총회는 예정대로 개최되었다.[111] 공사 현장에 내걸린 현수막의 문구는 '유치권 행사 중'에서 '다시 시작합니다!'라는 힘찬 메시지로 바뀌었고, 세 번째로 선출된 조합장, 시공단, 강동구청장이 함께 모여 '재착공식'을 진행했다. 공사가 중지된 지 183일 만이었다.

공사가 재개된 것은 다행이었지만, 그사이에 늘어난 공사비가 큰 문제였다. 2022년 9월 8일, 시공사업단은 공사 중단과 재개에 따른 손실 비용과 조합 요청에 의한 설계 변경 및 추가 공사 비용을 합해 약 1조 1000억 원이 증액될 것이며, 공사 중지 기간 외에도 공사 기간이 417일가량 늘어날 것이라는 내용의 안건을 전달했다.[112] 증액된 공사비와 기간 연장 건은 한국부동산원의 검증을 거칠 예정이지만 공사 재개를 위한 총회가 당장 10월 15일에 예정되어 있어서 조합은 2개월이 소요되는 검증 결과를 보지 못한 채 시공사업단의 요구를 받아들이는 수밖에 없었다. 급증한 공사비 때문에 조합원의 추가분담금이 1억 8000만 원에 달할 것이라는 우려가 더해지면서 일반분양가를 높여 조합원의 부담을 낮춰야 한다는 목소리가 높아졌지만, 그 시점에는 청약시장이 얼어붙은 상태라 미분양이 발생할 수도 있다는 전망이 나올 정도로 시장 상황이 나빠져 있었다.[113] 계속된 금리 상승으로 부동산 경기가 급랭했던 것이다.

엎친 데 덮친 격으로 2022년 9월 28일 김진태 강원도지사의 실책으로 시작된 '레고랜드 사태'가 둔촌주공 재건축사업에까지 영향을 미쳤다. 강원도가 레고랜드 사업의 부채 2050억 원에 대한 지급보증을 거부하면서 국채 다음으로 안전하게 인식되던 지방자치단체의 보증마저 신뢰할 수 없다는 불안감에 투자 심리가 위축되었다.[114] 논란이 커지자 강원도는 보증채무를 회피하려는 것이 아니었다고 해명했지만, 자금시장은 이미 얼어붙어 심각한 유동성 위기가 불어 닥쳤다. 그 불똥이 둔촌주공 재건축사업에 옮겨붙으면서 프로젝트파이낸스(PF) 차환 발행에 실패해 시공단이 모두 떠안게 되는 상황 직전까지 갔다가,[115] 만기 하루 전에 겨우겨우 KB증권과 한국투자증권을 통해 7231억 원을 조달해 자산유동화 전자단기사채(ABSTB) 차환을 완료하고 대출 연장을 할 수 있었다. 그 이면에는 정부에서 긴급하게 투입한 유동성 공급 프로그램 중 하나인 채권시장안정펀드(채안펀드)가 있었다. 이렇게 국가의 긴급자금이 투입되고도 2023년 1월 19일까지 83일 동안의 단기대출 이율이 12퍼센트에 달했다. 이는 금융권에서 둔촌의 상황을 얼마나 위험하게 보는지를 암시했다.[116]

자금시장의 위기가 고조되면서 시공사업단 중 한 곳인 롯데건설은 롯데그룹사를 통해 계속해서 자금 조달을 시도했다. 10월 18일에 2000억 원 규모의 유상증자에 이어 10월 19일에는 롯데케미칼에서 5000억 원을 차입했고, 11월 초에는 롯데정밀화학에서 3000억 원을 추가로 수혈받았다.[117] 롯데건설은 '재무구조 안정화 차원'에서의 선제 조치라고 발표했지만, 롯데건설에서 진행 중이던 둔촌, 청담삼익 재건축 등의 사업이 난항을 겪으며 프로젝트펀드(PF) 우발 부채 규모가 10조 원에 달한다는 것은 알려진 사실이었다.[118] 업계 상위 기업인 롯데건설마저 위기를 겪는 실정이니, 건설사와 금융사의 연쇄 부도가 크게 우려되는 시점이었다.[119] 정부에서 단기자금 시장의 안정화를 위해 채권시장안정펀드로 꾸린 50조 원을 투입해 급한 불을 꺼보았지만, 상환 시점을 3개월 유예시킬 뿐이었다. 3개월이 지나 다시 상환 기일이 다가올 2023년 1월에 더 큰 위기가 불어 닥칠지 모른다는 불안감은 꺼지지 않았다.

이러한 악조건 속에서 둔촌주공 재건축사업은 일반분양을 서둘러야 했다. 과도해진 금융 비용으로 인한 자금 압박을 줄이기 위해 2023년 1~2월로 예정되어 있던 분양 시기를 한 달 이상 앞당겨 2022년 12월에 진행하기로 했다.[120] 하지만 부동산 경기가 너무나 위축돼 있었다. 당장 분양을 진행하면 미분양이 날 가능성이 있었고, 분양을 미루자니 금융 부담이 늘어났다.[121] 둔촌주공과 마찬가지로 엎치락뒤치락 진행되던 서초구 반포동 래미안 원펜타스와 동대문구 이문1·3지구가 내년으로 분양을 연기하면서 둔촌주공 재건축사업의 분양이 대규모 사업지 중에서는 제일 선두에 서게 되었다. 분양가를 책정하는 데에도 고민이 깊을 수밖에 없었다. 그동안 원자재 가격 인상, 사업 지연, 금리 인상 등으로 인해 사업비의 총액은 천정부지로 늘어났는데, 조합원 분담금을 마냥 높일 수도 없었고, 그렇다고 주변 집값이 눈에 띄게 하락하는데 일반분양가를 마냥 높였다가는 미분양이 날 수도 있었다.

정부는 부동산 경기 부양을 위해 규제 완화책을 내놓았다. 주택 가격별로 20~50퍼센트로 차등 적용되던 주택담보대출비율(LTV)을 50퍼센트로 상향해 단일화하고, 투기지구·투기과열지구 내 15억 원 초과 아파트의 주택담보대출 금지 규제도 풀어버렸다. 그동안 9억 원 선에 머물러 있던 아파트 중도금 대출 제한 기준선이 분양가 12억 원 이하로 상향 조정되면서 둔촌주공 재건축사업에 작은 숨구멍이 트였다. 일반분양가를 3.3제곱미터당 3700만 원 이상으로 책정할 경우 59제곱미터의 분양가가 9억 원을 넘겨 중도금 대출이 막히는데, 이 부분이 해결된 것이다. 둔촌주공 재건축조합은 3.3제곱미터당 4100만 원의 희망 분양가를 제출했고, 강동구청 분양가심의위원회를

거쳐 11월 16일 일반분양가가 3.3제곱미터당 3829만 원으로
확정되었다.[122] 이로써 전용면적 59제곱미터 분양가는 9억 5000만 원
수준으로 중도금 대출 완화의 혜택을 받게 되었지만, 84제곱미터는
13억 원 수준으로 여전히 대출이 묶이게 되었다.

더 많은 사람이 분양에 참여할 수 있도록 중도금 대출을 받을 수
있게 하는 것은 재건축사업을 이끌어가는 이들에겐 절실한 문제였다.
그렇다면 84제곱미터 규모 역시 대출 규제를 받지 않는 12억 원
이하가 되도록 일반분양가를 낮춰 잡을 수도 있었다. 하지만 그들은
그렇게 하지 않았다. 대신 상황의 어려움을 이유로 대출 규제를
더 완화해달라고 요구했다. 결국 원희룡 국토교통부 장관이 "특정
주택단지를 중심으로 [중도금 대출 상한선을] 더 올릴 수는 없다"라고
잘라 말하는 지경에 이르렀다.[123] 일개 아파트 단지의 재건축사업과
관련해 국가 정책까지 흔드는 요구가 계속된 것은 7000억 원 규모의
프로젝트파이낸싱(PF)으로 진행되는 둔촌주공 재건축사업의 분양
성공 여부에 3개월 후로 미뤄둔 단기채권 유동성 위기 극복의 가능성이
달려 있었기 때문이다. 정부에서도 이 문제의 심각성은 알고 있었다.
하지만 "PF나 공급 쪽이 쓰러지는데 소비자에게 대출을 해줄 테니
집을 사라고 하는 것은 부분과 전체가 맞지 않는다"라고 원희룡 장관이
말했듯, 금융과 건설업 그리고 조합이 키워온 문제를 일반분양을
기다린 일반 국민에게 전가하지 않는 게 이치에 맞다. 하지만 국가의
긴급자금까지 투입된 둔촌주공의 행보에 국운까지 달린 상황이었으니
어쩔 수 없었던 것일까. 이후 정부는 입장을 바꿔 '둔촌주공 일병
구하기'에 돌입했다.[124]

2022년 11월 25일 둔촌주공 재건축사업의 분양 공고가 드디어
발표되었다. 공교롭게도 하루 전인 2022년 11월 24일 0시, 민주노총
공공운수노조 화물연대본부(이하 화물연대)의 안전운임제 영구
정착을 위한 총파업이 개시되면서 골조 공사 중이던 둔촌주공의
레미콘 타설 작업이 중단되었다는 소식도 함께 전해졌다. 정부는 법에
따라 엄정 대응한다며 화물연대 파업 5일째였던 2022년 11월 29일

시멘트업 운수 종사자에게 사상 첫 업무개시명령을 발동했다. 다음 날, 정부와 화물연대의 2차 협상이 있었으나 합의점을 찾지 못하고 40분 만에 결렬되었다. 같은 날 원희룡 국토교통부 장관은 협상 자리가 아닌 둔촌주공 재건축 건설현장을 찾았다. 건설업계 관계자, 입주 예정자와의 간담회에서 "둔촌주공 1만 2000여 입주 예정자가 고통받고 있다"며 시멘트와 레미콘 운송 정상화를 위해 엄정히 법을 집행하겠다고 말했다.[125] 하지만 업무개시명령에도 불구하고 개시명령서를 송달하는 방법과 절차에 문제가 제기되면서 효력 발생에 대한 해석이 엇갈렸고, 관련 종사자의 현장 복귀가 바로 이루어지진 않았다.[126]

상황이 복잡해지는 와중에 2022년 12월 1일, 둔촌주공 재건축 단지의 새로운 이름인 '올림픽파크포레온'의 견본주택이 공개되었다. 이른 한파에도 불구하고 모델하우스에 사람들이 몰렸다. 흔히 '국민평형'이라 불리는 84제곱미터는 인근 신축 단지와 엇비슷한 12~13억 원이었다. 84제곱미터 중에서도 선호도가 높은 평면은 조합원들이 이미 차지했고, 일반분양에 많이 배정된 타워형 84E 타입은 설계도면상 마주 보는 두 세대의 주방이 불과 2.6미터밖에 떨어져 있지 않아 분양 전부터 문제가 되었다. 49제곱미터 이하 소형 타입의 평면은 사실상 오피스텔과 다를 바가 없다는 불만도 터져 나왔다. 일반분양가가 3829만 원으로 결정되자 2년 전 HUG가 제시한 기준가가 2900만 원 선이었던 점이 거론되며 고분양가에 대한 비판의 목소리가 높아졌다.[127] 그런데 전문가들은 둔촌주공 재건축사업의 청약이 우려보다 성공적일 것이라는 낙관론을 펼쳤다. 아무리 경기가 좋지 않아도 실수요자들에게 이곳을 대체할 만한 다른 우량 단지가 없으므로 "될 곳은 된다"라고 단언하거나, 청약에 10만 명이 몰려 1순위에서 무난하게 마감되리라고 전망했다.[128] 그러나 만에 하나 둔촌주공조차 분양에 실패한다면 침체가 오래갈 것이라고 입을 모았다.

청약 결과는 한마디로 흥행 참패였다. 2022년 12월 5일 시작된 특별공급의 경쟁률은 3.28대 1에 그쳤다. 신혼부부, 노부모 부양 등 일부 유형은 아예 미달되었다. 분양가 9억 원 이하의 주택만 특별공급이 가능한데 올림픽파크포레온은 분양가가 높아서 전용면적 49제곱미터 이하 소형 주택만이 이에 해당되었다. 원룸형 세대인 29제곱미터가 5억 원대, 39제곱미터는 7억 원대로, 주변 시세보다 낮은 가격을 기대하는 청약 수요자를 끌어들이지 못했다.[129] 특별공급에 이어 1순위 청약도 경쟁률 4.7대 1로 높지 않았다. 총 16개 타입 중 절반인 8개 타입이 1순위 마감을 성공시키지 못하고 2순위 청약으로 넘어갔고,[130] 그중 절반인 4개 타입이 끝내 순위 내 마감하지 못한 채 남겨졌다. 초라한 분양 흥행 성적에 미계약이 속출할 것이라는 우려가 커졌다. 한 달 뒤인 2023년 1월 19일에 돌아오는 7200억 원의 만기 채권을 분양 계약금으로 차환하려면 최소 77퍼센트 이상의 초기 계약률을 달성해야만 했다. 정부가 채권시장안정펀드까지 투입해서 겨우 살려놓은 사업이 채권 차환에 끝내 실패한다면 PF 시장과 국가 경제 전반에 매우 심각한 영향을 미칠 수 있었다.[131] 외신에서도 둔촌주공 재건축사업 상황을 전하며 레고랜드 사태보다 더 심대한 경제적 여파가 있을 수 있다며 주목할 정도였다.[132]

둔촌주공 청약의 계약률을 높이기 위해 또다시 국가가 나섰다. 청약 정당계약이 시작되던 2023년 1월 3일, 정부는 전매제한을 완화하고 실거주 의무도 폐지하겠다고 발표했다.[133] HUG에서도 주택시장 안정을 위해 15조 원을 투입하기로 했다.[134] 다음 날에는 12억 원으로 제한되어 있던 중도금 대출 허용 분양가 한도를 없앤다는 발표가 나오면서 84제곱미터도 중도금 대출을 받을 수 있게 되었다.[135] "둔촌주공 '완판'되라고 대출 규제를 풀 수는 없다"던 원희룡 국토교통부 장관의 말은 40여 일만에 번복되었다. 이어서 일주일 후에는 7500억 원 규모의 사업비를 HUG 보증을 통해 은행권에서 새로 받기로 했다는 소식이 전해지면서 PF 사업비 상환 리스크가 일시에 해소되었다. 만기는 2025년 4월까지로 준공 기한인 2025년 1월보다 3개월 더 길었고, 금리도 긴급 투여된 단기채권의 금리가 12퍼센트였던 것에 비해 7.6~7.7퍼센트로 낮아질 예정이었다.[136]

하지만 정부의 전방위적 정책 지원에도 둔촌주공 재건축사업의
계약은 순항하지 못했다. 재건축조합이 계약률 고지는 의무가
아니라는 이유로 정확한 계약률을 공개하지 않자 70퍼센트 안팎으로
추정되던 것보다 계약률이 낮은 것 아니냐며 시장이 술렁이기도
했다. 미계약분에 대한 무순위 청약이 시작되던 3월에야 밝혀진
평균 계약률은 69.82퍼센트였다. 비슷한 시기에 분양된 '장위자이
레디언트'의 계약률이 59퍼센트였던 것에 비해 '선방했다'고 보는
이들도 있었지만, 사실 무려 1400채가 미계약되는 사태가 벌어진
것이었다.[137]

2월부터 시작된 예비당첨자 계약을 통해 선호도가 높은
84제곱미터와 59제곱미터는 잔여물건 대부분의 계약을 성사시켰다.[138]
끝까지 소진되지 못한 전용면적 29~49제곱미터의 초소평 평형은
3월 무순위 청약을 진행하게 되었다. 때마침 2월 28일에 무순위
청약의 무주택·거주지 요건을 폐지하는 '주택 공급에 관한 규칙' 일부
개정안이 공포되었다. 이는 무주택, 지역 거주자 등 실수요자에게
주택을 공급한다는 청약제도의 중요한 명분마저 포기하고 투자자를
끌어들이려는 것이었다. 2023년 3월 8일 단 하루 진행된 899채의
무순위 청약에 4만 명이 넘게 몰리면서 평균 경쟁률 46대 1로
둔촌주공 재건축사업은 '완판'에 성공했다. 2가구 모집에 1311명이
지원한 29제곱미터 평형은 최고경쟁률 655대 1을 기록했다. 이로써
정부의 '둔촌주공 일병 구하기'는 어쨌든 성공한 듯 보이지만, 서울과
수도권의 미분양을 해소하기 위해 정부가 앞장서서 전국의 투기 자금을
끌어옴으로써 지방의 미분양 상황은 더욱 악화되어 버렸다.[139]

과정은 힘겨웠지만 어쨌든 분양을 성공시키며 이제는 정말 끝난
듯했다. 하지만 여전히 크고 작은 뉴스가 들려온다. 가장 큰 문제는
공사비다. 지난 2022년 여름, 조합과 시공사업단은 공사 재개를
협의하면서 한국부동산원에 공사 중단에 따른 손실 보상 금액 검증을
의뢰하고 그 결과를 받아들이기로 합의했다. 그런데 부동산원에서
검증할 수 있는 항목은 증액된 1조 1400억 원 중 10퍼센트가 조금 넘는

1630억 원에 불과하다는 회신을 2023년 3월에야 받게 되었다. 최근 여러 현장에서 시공비 증액 갈등의 원인이 되는 자잿값과 금융 비용은 애초에 부동산원에서 검증하는 영역이 아니었다. 분양 지연에 따른 금융 비용 손실 금액, 재착공에 따른 원자재 가격 상승 금액, 공사 중단 기간과 공사 기간 연장에 따른 손실 금액, 공사 중단 및 재개 준비에 따른 손실 금액 등을 이유로 증액된 약 9700억 원에 대해서는 조합과 시공사업단이 직접 협의해 부담금을 책정해야 한다.[140] 부동산원의 검증이 무의미해지자 조합은 2023년 4월 비영리연구단체에 용역을 맡겨 전체 공사비 재검증을 진행할 계획이라고 밝혔다. 용역 결과는 5월쯤 발표될 예정이다.[141]

분양이 '완판'된 후 조합은 은행권에 이주비 대출 이율 조정을 요청했다. 3~4조 원에 달할 일반분양 중도금 대출 금융기관을 선정할 때 혜택을 주겠다는 조건을 내걸었다.[142] 하지만 일부 은행이 이를 거절하면서 집단대출에 참여한 6개 은행이 만장일치여야 가능한 이율 조정에 실패했다. 은행 관계자는 PF 위기 때 연 12퍼센트의 고이율 단기채권으로 버티던 조합을 돕기 위해 기준금리 상승과 부동산 경기 하락에도 불구하고 예정보다 낮은 6.88퍼센트의 금리로 7500억 원을 긴급 수혈했음에도 대출 이자 인하를 요구하는 것은 과도하다는 입장이었고, 이에 조합은 "실망과 분노를 느낀다"며 해당 은행을 비난했다.[143] 그리고 4월에 진행된 일반분양 중도금 대출 은행 선정에서 해당 은행을 제외했다. 이주비와 중도금 집단대출의 은행이 바뀌는 경우는 이례적이다.[144] 조합은 여기서 그치지 않고 해당 은행 지점을 찾아가 이주비 대출 금리 인하를 요구하는 항의집회를 하겠다고 밝혔다. 인하 요구를 들어주지 않으면 입주 후 해당 은행을 불매하는 집단행동도 불사하겠다는 입장이다.[145]

이외에도 여전히 미결로 남은 이슈들이 있다. 정부의 1·3 부동산 대책에서 공표한 분양권 전매제한 완화는 시행령만 개정하면 되었기 때문에 바로 시행되었지만, 「주택법」을 개정해야 하는 실거주 의무 요건 폐지는 아직 상임위원회 논의도 제대로 거치지 못했다. 재건축 초과이익 환수제 완화도, 취득세 중과 완화 관련 법안도 국회를 통화하지 못하고 있다.[146] 2023년 6월 현재 공사 현장의 골조는 대부분 올라간 것으로 보인다. 둔촌주공 재건축사업이 가야 할 길은 아직 좀 더 남은 듯하지만, 전용면적 84제곱미터 입주권이 분양가 13억 2000만 원보다 약 5억 원 높은 18억 원에 거래되면서 또다시 기대감으로 술렁이고 있다.[147]

2. 숫자에 밀려버린 집

재건축 이후에 새로 지어질 아파트 단지는 어떤 곳이 될까? 이 지역은 처음부터 잠실에서 멀지 않은 '양호한 입지'라 평가되던 곳이었다. 둔촌주공이 살아온 40년 동안 단지 주변 환경은 더 좋아졌다. 흙먼지가 날리던 둔촌사거리는 반듯하게 닦인 12차선 도로로 변모했고 올림픽대로와 강변북로로 손쉽게 이어지며, 서하남 IC를 통해 서울 외곽과 지방으로 편리하게 연결된다. 지하철 5호선에 더해 지하철 9호선까지 개통되었다. 넓디넓은 올림픽공원이 코앞에 있고, 한강까지 벚꽃길이 이어진다. 서울아산병원이 지척에 있다는 것은 나이가 들수록 점점 더 소중하게 느껴지는 장점이다. 고덕동이나 명일동 지역의 아파트 단지들보다는 둔촌동이 확실히 접근성이 좋다면서 그들과의 비교를 달가워하지 않고, 번잡하고 복잡하게 느껴지는 강남보다 둔촌동이 '살기에는' 더 좋다고 여기는 이들도 있을 정도였다.

재건축을 통해 단지 내부는 완전히 새롭게 태어날 것이다. 수십 년 전에 지어진 오래되고 낡아버린 콘크리트 아파트를 헐어버리고 짓는 최신식 아파트 건물은 더 번듯하고, 쾌적하고, 편리한 거주 공간을 제공해줄 것이다. 베란다 확장을 선택하면 예전과 같은 평형이어도 전용공간은 훨씬 넓어진다.[1] 지하주차장도 3층까지 만든다고 하니, 둔촌주공아파트 거주민들을 지긋지긋하게 괴롭혔던 주차 문제도

199

← 건설 중인 올림픽파크포레온
(사진 ⓒ류준열)

한동안 없을 것이다. 한강을 따라 동쪽으로 달려오다 보면, 저 멀리서 빛나고 있을 번듯하고 거대한 신축 아파트 단지의 모습이 눈에 들어올 것이다. 누군가는 그 모습을 바라보며 자부심 같은 감정을 느끼게 될지도 모르겠다.

다만, 조합원들은 그러한 자부심을 단지 거주민 모두와 골고루 나눌 마음이 아마도 없었던 듯하다. 일반적으로 재건축사업에서 조합원을 위한 집과 일반분양으로 내놓은 집이 다르게 지어지는 것이 관행이라고 한다. 하지만 건축 심의 협의 내용을 전부 뒤바꾼 설계 변경의 구체적인 내용을 살펴보면, 조합원들이 초소형 평형을 새로운 이웃이 될 누군가의 '집'이 아니라, 그저 자신들의 꿈을 이루기 위한 '수단'으로만 바라보고 있다는 것이 드러난다.

집의 서열화: 조합원 분양과 일반분양의 차등

일정 규모 이상[2]의 건물을 지을 때, 앞으로 어떤 집과 단지를 만들 것인지를 검토하는 '건축 심의' 단계를 거친다. 건축 심의에서는 주거동의 설계, 단지 배치, 디자인, 구조, 도로계획, 「건축법」 위배 사항 등을 주로 살피며 도시 미관과 공공성 등을 따진다.[3] 특히 재건축에서는 건축법령의 적용 완화 여부 및 적용 범위를 검토하여 용적률, 소형주택 건설 비율 등[4] 사업성에 영향을 미치는 민감한 사안들이 결정되는 중요한 단계이다. 둔촌주공아파트 역시 서울시의 건축위원회의 심의 기준인 '연면적의 합계가 10만 제곱미터 이상이거나 21층 이상 건축물의 건축'에 해당해 건축 심의가 진행되었다.[5] 2014년 4월에 제10차 건축위원회의 안건으로 둔촌주공 재건축사업의 건축 심의안이 처음 상정되었고, 36일 만에 조건부로 건축 심의가 통과되었다. 이후 두 번의 재보고를 거쳐 건축 심의를 완전히 마치기까지 소요된 기간은 183일로, 총 6개월 정도 걸렸다. 수년이 걸린 환경영향평가에 비해서 건축 심의는 상대적으로 단기간에 이루어졌는데, 그 배경에는 '서울시 공공건축가'의 참여가 있었다.[6]

서울시 공공건축가는 서울시 주택정책실 공동주택과에 의해 위촉된
전문가로, 서울시의 공동 주거 재건축사업 기본 방침인 '사업성,
개방성, 공공성'을 지키면서 사업이 원활히 진행되도록 돕는다.
둔촌주공 재건축사업에 참여한 서울시 공공건축가는 조합과 시공사,
설계사무소, 관공서 등 관계자들 사이에서 협의와 조율을 끌어내고,
모두를 만족시킬 수 있도록 건축 설계안을 조정했으며, 심지어 서울시
건축위원회에서 직접 설명하며 건축 심의를 수월하게 통과할 수 있도록
도움을 주기까지 했다.[7]

하지만 재건축조합은 건축 심의가 진행되는 동안에도 심의 이후에
또 다 바뀔 것이라는 이야기를 종종 할 정도로 공공건축가의 설계안을
유지하려는 의지가 없었다. 공공건축가도 자문 이후에 설계가 변형되는
것에 대한 우려를 밝힌 바 있다.[8] 건축 심의에서 협의한 내용을
강제하는 구속력이 부족하기 때문이다. 건축 심의를 통과하고 관리
처분 계획 인가까지 이루어진 이후에 동일한 연면적 내에서 세대수를
10퍼센트 정도 조정하는 것은 법적으로 '경미한 변경'으로 인정된다는
것[9]을 명분으로 재건축조합은 또다시 대대적인 설계 변경에 들어갔다.
건축 연면적은 늘어나지 않았지만, 세대 수를 1만 1106세대에서 1만
2032세대로 926세대나 늘렸고, 주동의 설계와 배치 방식을 모두
바꾸었다. 그 결과, 공공건축가가 참여해 도출한 설계의 주요한 개념과
의도는 대부분 틀어져버렸다.

건축 심의에서 중요하게 다뤄진 것은 소형 세대의 거주성을 확보하는
것이었다. 건축 심의 이전의 초기 설계안에서 49제곱미터 이하의
소형 세대는 전형적인 원룸 오피스텔 평면과 크게 다를 바가 없었다.
겹복도식 타워형 주동에 몰아 넣어진 소형 세대는 한쪽 면만 외기에
면해 채광 및 통풍이 잘 이루어지지 않는 문제가 있었다. 심지어
북향이나 서향에 면한 세대도 있어서 이에 대한 개선이 필요하다는
지적이 거듭되었고, 소형 세대일수록 공용공간이 작은 계단실형으로
설계하라는 권고도 받았다. 서울시 공공건축가가 이 문제를 해결할
방안들을 제시했다. 49제곱미터 이하의 소형 세대에도 채광과 환기에

유리한 편복도형과 계단실형 구조를 적용해 최소한 두 면이 외기에 면하도록 설계했다. 실내공간이 작은 평형일수록 확장 가능성이 있는 서비스 면적이 더욱 절실한 만큼, 베란다 개수를 늘리기 위해 복도 양쪽 끝 세대나 코너형의 경우 베란다를 앞뒤로 두 곳 설치하거나, 세대 폭을 넓혀 3베이로 설계하는 등 다양한 노력을 더했다. 이처럼 적극적으로 문제를 해결하자 막혀 있던 건축 심의를 수월하게 통과할 수 있었다.

하지만 재건축조합은 건축심의 통과 이후 2017년에 설계를 다 바꿔버렸다. 49제곱미터 이하 소형 세대의 90.7퍼센트를 다시 겹복도식 타워형 주동으로 몰아 모든 조건이 다시금 오피스텔 수준으로 원상 복귀되었다. 겹복도형은 주거동의 깊이를 증대시켜 단위 면적당 밀도를 높이는 효과는 매우 높지만, 채광과 환기가 불리해져서 일반적인 주거공간에서는 보편적으로 채택되지 않는 방식이다. 물론, 최근에 소형주택 공급을 거의 전담하고 있는 오피스텔 등에는 자주 사용되지만, 일반적으로 아파트에 기대하는 주거의 질에 적합한 방식은 아니다. 최근 서울시 중구에 공급된 한 초소형 원룸 아파트에 관한 기사에서도 비슷한 상황을 발견할 수 있다. 이 기사는 "1개 층에 27가구를 복도식으로 나란히 배치하는 것"을 "오히려 오피스텔 구조에 더 가깝다"라고 지적하면서 "무늬만 아파트인 원룸"의 분양 가격이 아파트 수준인 것이 적정한 것인지 묻는다. 더불어 "청약 가점이 높고 가용 자금이 충분하다면 올해 분양을 앞둔 '래미안 원베일리', '둔촌주공 재건축' 등 다른 아파트 청약에 도전하는 것이 더 나을 것"이라고 조언하는데,[10] 안타깝게도 둔촌주공 재건축사업으로 만들어지는 초소형 세대의 평면 역시 오피스텔과 크게 다르지 않다. 분양 소식이 전해지자 그제야 평면을 분석한 기사가 나오기 시작했고, "사실상 오피스텔"을 비싼 분양가로 판매하는 격이라며 뒤늦은 "절망"이 이어졌다.[11]

도대체 왜 이렇게 설계를 엉망으로 바꿔버린 것일까? 앞서 언급한 기사 말미의 인터뷰에서 한 대형 건설사 관계자는 "통상 대단지 새 아파트라도 소형주택만으로 구성하는 동이라면 계단식이 아닌

복도식으로 짓는 경우가 대다수다. 층마다 소형주택을 2가구만
배치한다면 계단실을 일일이 설치하면서 공사비도 늘고 부지 활용도도
떨어지기 때문"이라고 설명했다. 둔촌주공 재건축사업의 경우 이
같은 설계 변경이 이루어진 배경에 일반 조합원들의 거센 요구도
있었다. 조합원들은 자신들이 분양받게 될 대형 평형이 '사각 타워형
아파트'로 설계된 것에 강하게 반발했다. 요즘 아파트 설계의 트렌드가
변했기 때문일 수도 있고, 예전에 살았던 둔촌주공아파트에서 가장
큰 평형이던 34평형이 하필 '타워형 주동'으로 만들어진 탓에 제일
비싼 집에 살면서도 주택 내부에서 맞바람이 치지 않아 불편했던
경험이 못내 '한'으로 남았기 때문일 수도 있을 것 같다. 2015년 가을,
재건축조합에 반대 의견을 전하던 비상대책위원회에서 내걸었던
현수막에는 다음과 같은 문장이 적혀 있었다.

> 명품단지·명품아파트 입주 희망으로
> 15년을 속고 또 속고도 참아왔는데
> 이미 퇴출된 사각 타워형 아파트 조합원 분양 웬 말이냐?
> 명품단지 특화설계 조합원 전 세대
> 남향·4BAY·판상형 분양 보장하라!
> ─둔재연 일동

요즘에는 공조 시스템이나 공기청정기 등 가전제품이 발달해서 굳이
맞바람이 들지 않아도 실내 공기를 쾌적하게 유지할 수 있다고 하지만,
조합원들의 외침을 음미해보면 여전히 주거공간에서 채광과 통풍은
매우 중요한 가치임을 새삼 느낄 수 있다.
  2017년에 만들어진 새로운 설계안에는 아주 단순하고 명확한 규칙이
적용되었다. 세대 규모에 따라 거주 공간의 실을 철저하게 서열화하는
것이다. 조합원들이 그토록 소중하게 여기며 지키려 했던 채광, 통풍,
소음, 조망 등 거주성에 영향을 미치는 요소는 철저히 세대 규모에
따라 배분되었다. 조합원들이 차지한 95제곱미터 이상의 중·대형

49제곱미터 이하 소형 평형의 건축 유형 배분 변화: 세대수

구분	전용 면적	세대수 (개)	편복도형		계단실형		중복도 타워형	
			세대수	비율	세대수	비율	세대수	비율
ⓐ 2015 설계 변경	29m²	268	268	100%	-	-	-	-
	39m²	1,186	376	31.7%	810	68.3%	-	-
	49m²	1,124	852	75.8%	272	24.2%	-	-
	소계	2,578	1,496	58.0%	1082	42.0%	-	-
ⓑ 2017 설계 변경	29m²	340	-	-	-	-	340	100%
	39m²	1,776	310	17.5%	-	-	1466	82.5%
	49m²	1,224	-	-	-	-	1224	100%
	소계	5,422	310	9.3%	-	-	3030	90.7

주: ⓐ 2015년 공공건축가 참여 설계안(정비구역 변경 계획 3차)
　　ⓑ 2017년 다시 변경된 설계안(정비구역 변경 계획 4차)

출처: 클린업시스템, 둔촌주공아파트 주택재건축정비사업조합, '공개 자료' 내 '단위 세대 평면도'
(2015년 7월 30일 등록 자료와 2019년 5월 10일 등록 자료 비교)

49제곱미터 이하 소형 평형의 건축 유형 배분 변화: 평면도

구분	편복도형	계단실형	중복도 타워형
ⓐ 2015 설계			-
	1496세대 (58%)	1082세대 (42%)	-
ⓑ 2017 설계		-	
	310세대 (9.3%)	-	3030세대 (90.7%)

출처: 클린업시스템, 둔촌주공아파트 주택재건축정비사업조합, '공개 자료' 내 '단위 세대 평면도'
(2015년 7월 30일 등록 자료와 2019년 5월 10일 등록 자료 비교)

평형은 그들의 요구대로 통풍과 채광에 가장 유리한 '판상형', '남향 배치'로 대부분 설계되었다. 84제곱미터 세대는 판상형과 타워형 혼합에 대체로 남향이었지만 동향 세대가 일부 있었다. 59제곱미터 세대도 판상형, 타워형에 섞여 배치되었는데, 남향보다는 동향, 서향의 비율이 높았다. 남향인 경우는 통풍이 불리한 '코너형 세대'인 경우가 많았다. 하나의 주동에 서로 다른 평형을 혼합 배치하는 경우, 거주성이 떨어지는 코너형 세대, 서향 세대 등에 어김없이 더 작은 세대가 배치되었다.[12] 예외도 간혹 있었는데, 109제곱미터 세대가 동향으로 배치된 것은 '그린벨트 뷰'라는 프리미엄이 있었기 때문이고, 49제곱미터 이하의 소형 평형이 저 멀리 '올림픽공원 뷰'를 갖게 된 것은 해당 주동의 위치가 단지 내에서 소음이 가장 심할 것으로 예측되어 환경영향평가에서 대책을 마련하라고 수차례 지적된 문제의 자리였기 때문이다.

주택의 기본적인 기능인 '거주성'으로 위계를 만드는 것은 상품 개발 및 브랜딩에서 흔히 사용되는 '가격 결정 전략'으로 이해해볼 수 있다. 일반적으로 다양한 상품과 브랜드를 시장에 선보일 때, 각각의 상하 관계를 명확히 정립하고, 그에 따른 역할을 부여한 후 시장 상황, 자사 및 경쟁 제품 비교, 소비자의 제품 구매 요인 등의 분석해 전략적으로 가격을 결정한다. 가격 결정 전략의 목표는 당연히 '기업의 이익 극대화'이다.[13] 이러한 자본주의적 시각에서 주택은 시장에서 거래되는 '상품'이며, 주택의 가격은 시장 상황과 소비자가 인지하는 제품 가치에 따라 '상대적으로' 책정된다. 세대 규모에 따라 상품의 위계가 정해지고, 이 위계에 따라 상품의 기능에 영향을 미치는 요소들을 배분하는 것은 이미 대부분의 아파트 단지에서 적용되고 있는, 우리 사회에서 너무나 익숙하고 당연한 논리이기도 하다. 하지만 이 전략이 모든 상황에서 유효한지는 생각해볼 필요가 있다.

2017년 설계 변경 과정에서 49제곱미터 이하 초소형 세대의 물량이 크게 늘어 총 2000가구를 넘겼다. 초소형 세대의 평면의 수준을 낮춘 결정의 이면에는 '이렇게 해도 잘 팔릴 것이다'라는 판단이 있었을 것이다. 순조롭게 팔린다면 수익을 극대화할 수 있겠지만, 그만큼 팔아야 할 재고가 늘어나는 문제가 있었다. 물론 '없어서 못 파는' 부동산 호황기였다면 충분히 가능한 전략이었을 것이다. 하지만 부동산 경기는 주기적으로 등락을 반복하며, 그때마다 수요의 강도는 달라지기 마련이다. 설계를 변경하던 2017년만 해도 부동산 시장에는 훈풍이 불고 있었다. 그러나 둔촌주공 재건축사업이 석면 문제로 발생한 사업 지연과 조합 교체의 내홍, 그리고 공사 중단이라는 초유의 사태를 겪는 동안 상당한 시간이 흘렀고, 분양가를 조금이라도 더 높게 받으려 일부러 분양을 지연시킨 것도 여기에 한몫을 했다. 그러는 사이, 부동산 경기는 하락기에 접어들었다. 잠실과 고덕 등에서는 주택 가격이 7억씩 하락하며 공시 가격보다 낮아지는 '공시 가격 역전 현상'도 벌어졌다.[14] 이제 덮어놓고 일단 사던 시기는 지나가 버린 것이다. 그제야 새롭게 지어질 아파트 단지의 평면 설계를 꼼꼼하게 들여다본 이들의 불평이 쏟아지기 시작했다.[15] 게다가 여러 재건축 단지에서 '하이엔드 브랜드 경쟁'이 시작되었으니, 둔촌주공 재건축사업은 완공 시점에 반짝 빛났다가 곧바로 상대적 가치가 하락하는 대단지의 숙명을 반복할 것으로 예상된다.

만약 새로 만들어지는 단지에서 일반분양으로 판매될 물량을 '정말 살고 싶은 집'으로 만들었다면 어땠을까? 부동산 경기와 상관없이 실거주자들이 매력적인 상품으로 느낄 수 있었다면? 그런 면에서 부동산 경기의 등락과 상관없이 모든 평면의 공간 매력도와 거주성을 골고루 상승시키려 애쓴 공공건축가의 설계안이 '상품 판매 전략' 측면에서도 더 나은 판단이었을지 모른다. 둔촌주공아파트에서 그리 멀지 않은 송파구 가락동 시영아파트가 재건축된 '헬리오시티'는 서울시 공공건축가가 대단지 재건축 설계에 참여한 최초의 사례였다. 이 단지에서는 다행히도 건축 심의 과정에서 합의된 설계안이 크게 바뀌지 않았고, '거주성을 개선한 소형 평면'이 실제로 건설되었다. 그 결과, 현재 이 단지는 "주호와 주동의 위치에 상관없이 모두 나름의 장점이 있어 좋고 나쁜 경계가 없다"라는 평을 받는다. 세대 규모와 상관없이 "누구에게나 어디에서나 사는 사람들이 가지는 행복감은 같아야 한다"라는 "평등과 균형과 공유"를 대전제로 만들어낸 설계안은 '거주성' 측면에서뿐만 아니라 '주택 판매 전략' 측면에서도 분명 더 나은 판단이었음을 보여준다.[16]

재건축을 추진하는 동안에는 '미래의 자산 가치와 가능성'이 더욱 중요한 것 같지만, 꿈꾸던 미래가 현실이 되고 나서부터는 다시 '거주'의 가치가 중요해지기 마련이다. 아파트 단지는 여러 가구가 하나로 묶인 공동주택이며, 그곳에 거주하게 되는 이들은 수십 년간 하나의 공동체를 이뤄 살아가야 한다. 둔촌주공 재건축사업으로 들어서는 새 단지는 1만 2000세대라는 유례가 없는 대규모다. 아마도 단지의 자치 관리 과정에서 벌어질 이권 다툼과 갈등은 이전과는 차원이 다르게 예민하고 치열할 것이다.[17] 게다가 둔촌주공아파트의 재건축 과정은 20년에 걸쳐 이루어진 비효율을 일반분양의 성공을 통해 타인에게 전가하려고 애쓴 기나긴 투쟁이었다고도 말할 수 있다. 그러니 재건축 조합원과 일반분양으로 신규 입주하게 되는 이들 간의 입주 이후 갈등은 어쩌면 예정된 일일지도 모른다. 한번 만들어지면 수십 년이 그대로 유지되는 물리적인 공간에 차등을 두었으니 그들 사이의 간극을 좁히기란 쉽지 않을 것이다. 함께 할 생각 없이 만든 동네에서 과연 함께 행복할 수 있을까? 그 안에서 실제로 살아갈 수많은 이들의 '집'이자 '동네'로 아파트 단지를 바라봤다면, 서로 간의 차이와 구별을 줄이기 위한 노력을 조금이라도 했다면, 새로운 공동체의 출발선이 조금 달라지지 않았을까.

누구를 위한 집일까

신규 분양 시장에는 '9억 원'이라는 벽이 있었다. '주택 공급에 관한 규칙'에 따라 서울 등 투기과열지구에서 분양가가 9억 원을 넘기면 특별공급 물량을 공급할 수 없고, 주택도시보증공사(HUG)에서도 신축 아파트의 경우 9억 원을 넘기면 중도금 대출 보증을 금지했다. 그렇기에 일반분양 물량의 가격이 9억 원을 넘는지에 따라 분양 경쟁 상황이 많이 달라질 수 있었다. 대출이 제한되면 분양에 참여할 수 있는 사람이 줄어들고, 분양 시장이 얼어붙은 상황에서는 미분양의 우려가 커질 수밖에 없었다.

둔촌주공 재건축조합에서 목표로 삼은 일반분양가는 처음부터 3.3제곱미터당 3550만 원이었다. 일반분양가가 3.3제곱미터당 3500만 원만 넘어도 25평형(전용면적 59제곱미터)의 분양가는 9억 원이 넘는다. 대출 제한에 걸릴 수 있는 높은 분양가를 밀어붙인 것은 왜일까? 대출을 받지 않아도 되는 '현금 부자'만으로도 충분히 분양이 될 것이라는 계산이었을까, 아니면 수천 세대의 일반분양 물량을 손에 쥐고 있으니 정부에 규제 완화를 요구해보려는 생각이었을까?

둔촌주공 재건축사업의 분양가가 높아질 수 있다는 소식이 전해질 때마다 각종 경제신문에서는 "대출·특공 기준 올릴 때 됐다", "사라진 특공에 청약 대기자 '발동동'", "서민들도 둔촌 주공에 청약할 권리"와 같은 제목과 함께 "서민들의 내 집 마련 창구인 아파트 청약이 자칫 현금 부자들의 전유물이 될 수 있다"며 우려를 표하는 기사가 쏟아졌다.[18] 둔촌주공아파트의 분양이 시작되기 직전인 2022년 10월에 침체된 부동산 시장을 정상화한다는 명분으로 '12억 원'으로 상향 조정되었다.[19] 그리고 결국은 미분양 확대 위기를 극복해야 한다는 이유로 '12억 원'의 벽마저 모두 허물어버렸다.[20] 아무리 시세보다 낮다고 해도, 이 정도의 주택 가격에 '서민들의 내 집 마련'이라는 표현을 써도 되는지 의문이다. 부담 가능성(affordability)을 기준으로 주택 가격의 적정성을 따져보는 '연소득 대비 주택 가격의 비율'(PIR)[21]을 통해 둔촌주공아파트의 주택 가격이 어느 정도의 수준이었는지를 살펴보자.

둔촌주공아파트가 처음 분양된 1979년, 16평형의 분양 가격을 당시 연소득과 비교해보면 PIR은 3.91배였다. 평균 소득을 고스란히 4년 정도 모으면 16평형(52.8제곱미터) 주택을 구매할 수 있었다는 뜻이다. 일반적으로 주택시장이 안정적이라고 평가할 때의 PIR은

3~5배이니[22] 적정 수준이었다고 볼 수 있다. 이를 2022년 4/4분기 기준 2인 이상 도시 지역 근로 가구의 연평균 소득 7742만 원을 기준으로 계산해보면[23] 16평형 아파트를 대략 3억 원에 매매할 수 있었던 것이다. 나름 번듯한 주택의 가격이 이 수준이라면 지금의 20~30대들도 "허리띠 바짝 졸라 내 집 마련 한번 해보자"라는 의지가 생길 수도 있지 않을까? 그렇다면 둔촌주공 재건축사업으로 새롭게 지어지는 집 가운데 당시 16평형의 전용면적과 가장 비슷한 전용면적 49제곱미터(21평형)의 PIR은 어느 정도일까? 많은 논쟁과 갈등 끝에 최종 결정된 둔촌주공 재건축사업의 일반분양가는 3829만 원으로, 49제곱미터 일반분양가가 8억 2000만~8억 8000만 원이었으며 2022년 4/4분기 소득 기준으로 PIR을 환산하면 10.5~11.3배이다. 한국주택금융공사에서 발표한 2021년 4/4분기 서울지역의 평균 PIR 8.55배에 비해 크게 높은 수준이다.[24] 만약 HUG에서 제시했던 분양가 기준 2910만~2978만 원으로 분양가가 결정되었다면 주택 가격은 6억 1000만~6억 2500만 원이었을 테고, HUG 분양가가 제시되었던 당시 2020년 4/4분기 소득 기준으로 환산한 PIR은 8.77~8.98배로 서울지역 평균 PIR에 근접했을 것이다.

둔촌주공 재건축으로 만들어지는 아파트 중에서 흔히 '국민평형'이라 불리는 59, 84제곱미터 규모의 주택 가격은 국민의 평균 수준을 지나치게 뛰어넘는다. 전용면적 59제곱미터의 분양가는 9억 7000만~10억 6만 원으로 PIR은 분양시점인 2022년 4/4분기 소득을 기준으로 12.5~13.6배이며, 전용면적 84제곱미터는 분양가 12억 3000만~13억 1000만 원으로 PIR은 15.8~16.9이다. 이제는 주택 가격을 근로소득으로 환산하는 것 자체가 시대착오적인 생각인가 싶을 정도로 올랐다. 하지만 언론에서는 주택 가격이 너무 오른 것을 문제리고 지적하기보다 '서민 수택 마련'을 위해 분양가가 주변 시세보다 싼 '로또 청약'의 기회를 더 많은 이들이 나눠 가질 수 있도록 부동산 규제를 풀어야 한다는 논지를 반복했다. 1970~80년대에 '서민 주택 공급'이란 명분을 앞세워 건설된 주공아파트가 사실상 서민을

1979~2019년 근로 가구 평균 소득과 둔촌주공아파트 매매가 및 PIR 변화

연도 (년)	근로 가구 소득		34평형		16평형	
	월평균(원)	연평균(원)	매매가(원)	PIR(배)	매매가(원)	PIR(배)
1979	194,749	2,336,988	23,050,000	9.86	9,140,000	3.91
1980	234,086	2,809,032	-	-	-	-
1981	280,953	3,371,436	-	-	13,000,000	3.86
1982	313,608	3,763,296	28,000,000	7.44	15,400,000	4.09
1983	359,041	4,308,492	39,000,000	9.05	19,500,000	4.53
1984	395,613	4,747,356	49,000,000	10.32	23,000,000	4.84
1985	423,788	5,085,456	32,000,000	6.29	-	-
1986	473,553	5,682,636	-	-	-	-
1987	553,099	6,637,188	33,000,000	4.97	21,000,000	3.16
1988	646,672	7,760,064	50,000,000	6.44	25,000,000	3.22
1989	804,938	9,659,256	110,000,000	11.39	-	-
1990	943,272	11,319,264	140,000,000	12.37	-	-
1991	1,158,608	13,903,296	90,500,000	6.51	85,000,000	6.11
1992	1,356,110	16,273,320	-	-	-	-
1993	1,477,828	17,733,936	-	-	-	-
1994	1,701,304	20,415,648	-	-	115,000,000	5.63
1995	1,911,064	22,932,768	-	-	-	-
1996	2,152,687	25,832,244	-	-	-	-
1997	2,287,335	27,448,020	-	-	-	-
1998	2,133,115	25,597,380	190,000,000	7.42	105,000,000	4.10
1999	2,224,743	26,696,916	270,000,000	10.11	152,500,000	5.71
2000	2,386,947	28,643,364	277,500,000	9.69	167,500,000	5.85
2001	2,625,118	31,501,416	347,500,000	11.03	205,000,000	6.51
2002	2,792,400	33,508,800	497,500,000	14.85	302,500,000	9.03
2003	2,940,026	35,280,312	670,000,000	18.99	435,000,000	12.33
2004	3,113,362	37,360,344	600,000,000	16.06	375,000,000	10.04
2005	3,250,837	39,010,044	705,000,000	18.07	405,000,000	10.38
2006	3,443,399	41,320,788	896,634,615	21.70	539,314,815	13.05
2007	3,675,431	44,105,172	943,888,889	21.40	587,454,545	13.32
2008	3,894,709	46,736,508	818,550,000	17.51	549,166,667	11.75
2009	3,853,189	46,238,268	909,196,970	19.66	596,057,692	12.89
2010	4,007,671	48,092,052	907,000,000	18.86	637,772,727	13.26
2011	4,248,619	50,983,428	865,000,000	16.97	607,222,222	11.91
2012	4,492,364	53,908,368	748,176,471	13.88	536,444,444	9.95
2013	4,606,216	55,274,592	742,035,714	13.42	548,444,444	9.92
2014	4,734,603	56,815,236	789,642,857	13.90	570,681,818	10.04
2015	4,816,665	57,799,980	836,500,000	14.47	615,980,769	10.66

2016	4,884,448	58,613,376	912,161,765	15.56	677,222,222	11.55
2017	4,891,049	58,692,588	1,097,679,231	18.70	865,772,727	14.75
2018	5,274,193	63,290,316	1,439,111,111	22.74	1,189,285,714	18.79
2019	5,494,686	65,936,232	1,527,857,143	23.17	1,243,000,000	18.85
2020	5,794,406	69,532,872	-	-	-	-
2021	6,236,968	74,843,616	-	-	-	-
2022	6,452,108	77,425,296	-	-	-	-

출처:

1) 근로 가구 소득: 통계청, 가계동향조사 자료
1979~2008년: 가계동향조사(도시, 2인 이상, 1963~2008)가구원수별 가구당 월평균 가계수지, 연간 기준
2009~2016년: 가계동향조사, 도시(명목) 가구당 월평균 가계수지 (도시, 2인 이상), 연간 기준
2017~2022년: 가계동향조사, 도시(명목) 가구당 월평균 가계수지 (도시, 2인 이상), 각 연도 마지막 4/4분기 기준
2) 둔촌주공아파트 매매가 및 PIR: 언론 자료(~1998), 부동산뱅크 시세(1998~2005), 국토교통부 실거래가(2006~2019)

위한 주택 공급이 아니었다고 날을 세워 비판하던 당시의 언론과는 많이 달라진 모습이다.

어쩌면 재건축은 '서민을 위한 주택'을 공급하려는 것이 아니라 '서민과는 완전히 구별될 수 있는 주택'을 만드는 것이 목적인지도 모르겠다. 『세습 중산층 사회』를 쓴 조귀동은 과거에 중산층 핵가족이 보여주었던 취업, 결혼, 출산 그리고 주택 소유를 통한 자산 축적이라는 전형적인 '정상가족'의 생애주기가 지금도 이어지려면 '번듯한 일자리'와 '부모의 지원'이 필수적이 되었다고 말한다. 근로소득으로는 자산 가격 상승률을 도저히 따라잡을 수 없게 되었기 때문이다. 부모로부터 물려받는 상속 자산의 유무에 따라 자녀의 계층 격차가 발생함에 따라 "중산층 지위는 세습에 가까운 것"이 되어버렸다.[25] 재건축이 줄지어 이어지던 과천 지역의 한 청년이 어머니와 나눈 대화가 담긴 다음에 인용한 글은 자녀에게 '중산층의 삶'이라는 것을 물려주기 위해 살아온 터전을 갈아엎어야 하는 가족의 모습을 잘 보여준다.

과천의 한 청년이 "여기에 계속 살고 싶은데, 왜 재건축,
재건축하시는 거예요?"라고 묻자, 어머니가 이렇게 대답했다고
한다. "얘, 너 신혼집 마련해주려면 이 방법밖에 없어!"
　　재건축을 둘러싼 이 딜레마를 어떻게 설명할 수 있을까?
집값이라는 고리가 사람들을 옭아매고 있다. 다음 세대의
신혼집을 마련해주려면 집값이 더 올라야 하는 건가? 모두가
망하는 결과로 치달을 이 고리를 끊는 일이 절실하다. 이 모순된
사회 구조는 도시를 소유하는 공간으로 보고 그 공간을 자본
증식의 수단으로 여기는 관점에서부터 시작되었다. 이러한 관점은
숫자로 삶의 의미를 지워버린다.[26]

3. "여러분, 둔촌은
    강동이 아닙니다!"

아마도 2015년 가을이었던 것 같다. 시공사가 '164퍼센트
확정지분제'를 번복하며 온 동네가 시끄럽던 무렵, 동북중·고등학교
운동장에서 열린 비상대책위원회의 설명회에 구경을 갔었다. 그토록
많은 사람이 모여 재건축을 향한 에너지를 내뿜는 현장을 마주한 것은
처음이었다. 몇몇 연사의 발표가 이어진 뒤, 한 중년 여성이 단상 위에
올랐다. 그는 둔촌주공아파트가 너무도 소중한 곳인 만큼 재건축이 꼭
성공적으로 이루어져야 한다는 이야기를 절절히 하다가 갑자기 목 놓아
외쳤다. "여러분! 둔촌은 강동이 아닙니다!!"

그 한마디에 실소가 터져버렸다. 둔촌이 강동이 아니면 뭐란 말인가?
강남이라도 된단 말인가? 둔촌을 넘어 강동구에 대한 애정과 자부심이
남달랐던 나는 그분이 둔촌주공아파트 고유의 가치를 이야기할
때까지만 해도 깊이 공감하고 있었는데, 갑자기 튀어나온 이 말에
마음이 차게 식어버렸다.

시간이 한참 흘러 둔촌주공아파트의 건설 배경을 이해하기 위해
서울 동남쪽의 개발 과정을 공부하면서, 그분의 외침이 뜻한 바가
무엇인지 조금은 이해할 수 있게 되었다. 오래전부터 구도심이 발전해
있던 강동구 지역과 대단지로 개발된 둔촌주공아파트는 도시 조직과
환경이 구성된 맥락 자체가 다르다는 얘기였다. 그러니까 '서울

← 빛나는 도시의 야경과 대조적인
   주민 이주 후의 둔촌주공아파트 단지 전경
   (사진 ⓒ류준열)

강동구에 속한 둔촌주공아파트'라고 생각할 필요 없이 '서울의 대단지 중 하나인 둔촌주공아파트'라고 생각할 수도 있는 여지가 있었다. 둔촌주공아파트를 고향이라 여기고 둔촌주공이 속한 강동구에도 깊은 소속감을 느꼈던 내게 지역과 단지를 분리하는 이 발상은 놀라운 것이었다.

세상을 읽어내는 새로운 틀을 얻게 된 후로, 내 머릿속에서 저 문장이 자주 맴돌았다. '강남4구'라는 말이 언급된 기사에 달린 '도대체 여기에 강동구는 왜 끼는 거냐'라는 댓글이나 대대손손 보수 성향이 짙은 둔촌1동의 선거 결과를 볼 때마다 떠올랐다. 그리고 분양가 문제로 HUG와의 갈등이 빚어지던 상황에서 청약을 기다리던 누군가가 나에게 "둔촌은 강동구면서 왜 그렇게까지 강남, 송파를 못 쫓아가서 안달이냐?"라고 물어봤을 때는 심지어 저 문장을 내 입으로 내뱉기까지 했었다. "둔촌은 강동이 아니거든요."

이제 나도 둔촌을 강동에서 떼어내어 생각할 수 있는 눈을 갖게 되었다. 하지만 여전히 둔촌이 강동이 아니면 무엇일지 생각한다. 한국 사회에는 지역과 사회에서 벗어나 있는 '대단지 주민'이라는 일종의 '계급' 같은 세계가 존재하는 것이 분명해 보이지만, 여전히 나는 그러한 구분이 왜 있어야 하는지 잘 모르겠다. 둔촌주공아파트에서 보낸 유년 시절을 향한 애틋한 마음이 남다른 만큼 더 나은 거주 환경을 선호하는 것은 누구보다 공감한다. 하지만 울타리로 단지 안과 밖을 구분하고, 그 안에서도 촘촘한 서열을 나눠 차별과 배척의 도구로 사용하는 행태를 '속물스럽다'며 부정적으로 여겼던 옛 기억이 남아 있어서인지 그 부분은 좀처럼 공감이 되지 않는다. 아무리 둔촌은 강동이 아니라고 이야기해도 다른 사람들은 둔촌을 강동이라고 생각하듯이, 아무리 너와 나는 다르다고 선을 그어도 사회에서 완전히 벗어나 영향을 받지 않고 살아갈 수는 없을 것이다.

도시를 만드는 서로 다른 축

1963년 1월 1일, 서울의 영역은 이전보다 2배 가까이 확장되었다.
그때 성동구로 함께 편입된 강남구와 송파구, 강동구는 전형적인
서울 근교의 농경지였다. 쌀농사와 더불어 서울에 판매할 과수를
키우고 누에를 치던 평화로운 논과 밭이 펼쳐져 있었다. 오래전부터
시가지가 형성되어 있던 천호동이 그나마 중심지에 해당했다. '인가
수천 호가 살 만한 지역'이 되리라는 풍수지리설에 근거해 개칭했다는
'천호'(千戶)라는 지명에서부터 알 수 있듯이, 천호동은 예부터 많은
사람이 살아가는 터전이었다. 서울과 지방을 잇는 중요한 길목으로
경기도 광주, 이천, 충청북도, 강원도 등에서 오는 사람과 물자가
천호동을 지나 서울 시내로 향했다. 1920년대에 이미 발동기선이라
불리는 소형 증기선으로 화물차나 버스를 이동시켰을 정도로 교통
이동량이 많은 요충지였으며, 일제강점기인 1936년에는 이 길목에
한강을 건너는 가장 오래된 육로인 광진교가 건설되었다. 그리고
광진교와 바로 연결되는 천호시장 사거리에서 두 갈래로 갈라져
동쪽으로 둥그렇게 휘어지며 이어지는 구천면로와 진황도로를 따라
꽤 넓은 면적에 구불구불 복잡한 구시가지 골목이 퍼져 있었다.[1]
　이 지역이 본격적으로 개발되기 시작한 것은 1970년대에 들어
굵직한 도로가 만들어지면서부터였다. 1966년 발표된 '서울
도시기본계획'[2]에 따라 새롭게 난 천호대로와 이에 직교하는 올림픽로,
양재대로, 동남로 3개의 굵직한 도로가 강동구의 동-서를 새롭게
잇게 되었다. 그러면서 광진교로부터 이어지던 구천면로, 진황도로로
대표되는 기존의 도시 맥락이 끊겨, 강동구의 도시 조직은 두 개의
레이어가 어긋나듯 겹쳐진 형태가 되었다. 하지만 그때부터 바로
대단지아파트가 들어선 것은 아니었다.
　서울은 도시 조직의 많은 부분이 '토지구획정리사업'이라는 도시개발
방식으로 만들어졌다. 1960년대부터 진행된 '강남개발'의 시작도 전례
없는 대규모로 진행된 '영동 토지구획정리사업'이었다. 이는 국가적
사업이었던 경부고속도로 건설을 위한 토지와 재원을 마련함과 동시에

당시 사람들이 품고 있던 '단독주택의 꿈'을 실현할 수 있는 도시 구조를 만들기 위한 사업이었다. 그래서 강남구와 서초구 가운데 강남개발 초기에 만들어진 지역에서는 아파트 단지보다 일반 주택지가 더 넓은 면적을 차지한다.

1960년대 후반부터 당시 주택 공급을 주도하던 두 주체인 서울시와 대한주택공사가 '아파트 단지 건설'을 기본 기조로 삼으면서[3] 도시개발의 방식이 아파트 단지를 건설할 수 있는 거대한 단일 필지를 확보하는 방향으로 전환된다. 토지구획정리사업은 1973년 국무총리 행정조정실의 특별 지시로 대대적인 제도 개편이 이루어졌다.[4] 이미 사업이 진행되고 있던 잠실지구도 잠시 사업 진행을 멈추고 계획을 다시 수립해야 했다. 구역별로 건물 층수 기준을 달리한 저·중·고밀도 지구로 입체적인 도시를 건설하기 위한 새로운 계획이 세워졌다. 그리고 토지구획정리사업의 개편으로 확보한 '집단 체비지'에 잠실 주공아파트 단지와 시영아파트 단지가 줄지어 들어섰다. 이전까지는 한강 공유 수면 매립 등 대규모 토목사업을 통해 마련한 부지를 대단지 건설을 위한 필지로 활용했는데, 토지구획정리사업의 방식을 변화시킴으로서 대규모 필지 여럿을 동시에 마련할 수 있게 되었다.

이러한 개발 방식의 변화는 강동구 지역의 변천사를 살펴볼 때도 고스란히 확인된다. 강동구 지역은 천호 구사거리를 중심으로 오래전에 시가지화되었고, 토지구획정리사업의 개발 방식이 바뀌기 직전인 1972년에 '천호 토지구획정리사업'이 진행되어 강동구의 중심부는 예전 방식으로 개발이 되어버린 상태였다. 뒤늦게 시작된 대단지의 흐름이 흘러들어올 틈은 그린벨트에 인접해 아직 개발의 손길이 닿지 않은 주변부였다. 북쪽 구석에 해당하는 암사동 지역에 새로운 사업 방식이 적용된 '암사 토지구획정리사업'이 1970년대 후반에 진행되었다. 이를 통해 '집단 체비지'를 확보할 수 있었고, 그곳에 강동구 최초의 대단지아파트인 총 4400세대의 암사 시영아파트가 건설되었다. 하지만 시영아파트는 서울시에서 철거민 등 영세시민을 대상으로 공급한 장기 상환 주택이다 보니, 한강 유역을 따라 흐르며 시작된 '중산층 아파트 열풍'과는 성격이 다소 달라 민간 건설사들을 강동으로 추가 유인해 아파트 단지 건설을 확장하기에는 파급력이 약했다.

'중산층 아파트'의 흐름을 강동 지역으로 끌어들인 것이 바로 둔촌주공아파트였다. 인근 지역의 토지구획정리사업이 완료된 상황이었기에 둔촌지구는 토지를 대규모로 매입해 개발하는 방식으로 진행되었다. 그렇게 강동구의 남쪽 구석에 역대 최대 규모인 5930세대의 대단지가 건설되었고, 이후 민간 건설사들의 강동 지역 진출이 본격화되었다. 둔촌주공아파트의 건설을 강동개발의 '중요한 전환점'으로 평가하는 이유다.[5] 하지만 당시에는 이미 강동구의 남쪽 구석에는 미개발 필지가 별로 남지 않았다. 그나마 민간 건설사가 비교적 큰 단지를 건설할 수 있는 곳은 강동구의 북쪽 지역인 암사동과 명일동이었다. 1979년 11월에 이 지역이 '아파트지구'로 지정되면서 '강동 시영아파트'와 '삼익그린 1차 아파트'가 각각 건설되었고, 그 외에도 삼익건설, 현대건설, 신동아건설, 한양건설 등 민간 건설사의 강동구 진출이 이어졌다. 그리고 1982년에는 「택지개발촉진법」을 적용해 강동구의 북동쪽 구석에 1만 세대가 넘는 고덕지구가 개발되었다. 그 결과, 강동구는 1980년대 중반에 이미 주거 유형에서 아파트가 가장 많은 비율을 차지하는 '아파트의 도시'가 되었다. 그리고 이렇게 둔촌을 통해 '중산층을 위한 대단지 건설'의 계보가 이어진 부분이 있기에 '둔촌은 강동이 아닙니다!'라고 외칠 수 있던 것이다.

문제는 둔촌주공아파트가 어쨌든 여전히 '강동구'로 묶인다는 사실이다. 이런 인식의 격차가 현실의 문제로 불거졌던 것이 바로 HUG 고분양가 규제로 인한 갈등이었다. 둔촌주공아파트 재건축사업의 일반분양가를 산정하기 위해 기준이 될 만한 다른 단지를 강동구 안에서 찾아야 했는데, 둔촌주공아파트 바로 근처에는 비교가 될 만한 대단지가 아예 없고, 그나마 비교할 만한 대단지는 반대편 북쪽 끝에 있는 고덕지구였다. 오히려 둔촌에서는 송파구가 더 가까웠다. 둔촌주공아파트 재건축조합은 경계를 마주하고 있어 지적인데다

분양가도 더 높게 책정될 수 있는 송파구의 신축 단지인 헬리오시티나 잠실 파크리오를 비교 기준으로 삼고 싶어 했다. 하지만 현실의 제도에서는 도시개발의 맥락이 아닌 '강동구'라는 행정구역 기준에 묶였다.

대단지의 연합과 '부동산 민심'

'둔촌은 강동이 아닙니다!'라는 외침에는 자신의 집단을 인근 지역 사회와 구별 짓고, 결코 섞일 생각이 없음을 드러내는 폐쇄적인 태도가 드러난다. 앞서 살펴본 것처럼 근린주구를 추구하며 만들어진 대단지의 태생적 한계에, 지역 사회에 적지 않은 영향력을 미칠 수 있는 집단권력의 부정적인 면이 겹쳐진 결과다. 게다가 재건축조합이라는 것은 지역에 발붙인 '거주'라는 개념에서 벗어나 '소유' 여부를 기준으로 구성되는 집단이다. 굳이 그 지역에 거주하지 않아도 조합원이 될 수 있기에 조합원들 사이에서 지역 사회가 무의미해지는 것은 자연스러운 일일 수 있다. 재건축 조합원들이 더 동질감을 느끼고 더 '쓸 만하다고' 여기는 관계는 재건축·재개발을 추진 중인 다른 조합이다. 한국 사회에서 재건축은 처음부터 여러 조합이 연합한 거대 이익집단이 쟁취해낸 승리의 과정이자, 조합들이 결집할 때 정치적으로 영향을 미칠 수 있다는 것을 지속적으로 학습한 결과이기 때문이다.

2000년대 이전까지만 해도 부동산 '투기'는 부정한 세력이 벌이는 그릇된 방식의 돈벌이라는 인식이 있었다. 적어도 표면적으로나마 '집을 가지고 장난질을 치는' 부동산 투기는 근절해야 한다는 사회적 공감대가 있었다. 정부에서 부동산 투기 근절을 위해 각종 규제책과 세무 조사 등을 실행할 때도 지지를 받을지언정 지탄받지는 않았다. 정부의 부동산 정책은 경제 상황에 맞춰 시장을 조절하기 위해 사용하는 적절한 도구로 인식되었다. 하지만 IMF 이후 2000년대에 들어서면서 금융시장의 패러다임이 바뀌었다. 가계 대출 상품이 늘어났고, 이를 통해 자금 유동성을 확보한 일반 시민들도 부동산 거래에 뛰어들 수 있게 되자 사람들의 인식이 바뀌었다. 부동산을 통해 수익을 창출하는 일이 더는 '투기'가 아닌 '투자'로 변모했고, 누구나 할 수 있는 또는 해야 하는 보편적인 경제 활동으로 받아들여졌다. 그리고 투자 수익률에 악영향을 미칠 수 있는 부동산 정책은 개인의 '재산권'에 피해를 주는 '부당한 규제'로 인식되었다. 정부의 부동산 정책은 부동산 경기 변화에 따라 규제와 완화를 반복하며 행해지던 일이었음에도 어느 순간부터 특정 집단의 '호불호'에 따라 평가를 받게 되었다.

아파트 단지들의 연합이 하나둘 만들어지기 시작한 것도 2000년대 초반이다. 그중 가장 대표적인 단체라고 할 수 있는 '전국아파트입주자 대표회의연합회'(이하 전아연)는 2003년 6월에 창립했다.[6] 대구에 거점을 둔 이 단체는 "아파트 입주자 등의 권익 보호와 국가 경제 발전에 기여"하는 것을 목적으로 창립했다. 2005년 6월 건설교통부 비영리법인 설립 허가를 받아 본부, 지부, 지회로 이루어진 전국구 조직을 꾸리며 지금까지 활동하고 있다. 2003년 10월에 이 연합회의 대구지회인 '사단법인 대구광역시아파트입주자대표회의연합회'에서 개최한 토론회에 대구 지역 각 아파트 입주자대표회장, 부녀회장, 관리소장 등 150여 명이 모여 '아파트 새마을운동'을 논의했고,[7] 2004년 7월에는 전아연 창립 1주년을 맞아 '아파트 새마을운동 선포식'을 가졌다. 당시 전아연 총재는 아파트 새마을운동을 "아파트의 내·외적 주거환경을 개선하고 입주민의 의식을 변화시키며, 주민 자치 문화를 활성화해 아파트 입주민의 삶의 질을 향상시키는 것"이라 소개했다. 이 자리에는 전국 45개 지역 및 지부에 포함된 여러 단지의 회원들이 참여했을 뿐 아니라, 당시 경북도지사, 대구 수성구청장, 대구시의원, 대한주택관리사협회장 등이 참석했다. 참석자의 면면만 보더라도 전아연은 이미 지역에서 정치적으로 중요한 집단이었다.[8]

IMF 이후 잠시 움츠렸던 부동산 경기가 폭등하자 노무현 정부에서는 '시민 주거 안정'을 목표로 "입체적인 투기 방지 대책" 마련에 집중했다.[9] 이에 대응해 전아연은 2006년 전국적 조직을 바탕으로 종합부동산세에 반대하는 캠페인을 주도했다. 우선, 서울

지부에서 종부세 취소 소송과 위헌 소송을 제기한 것을 시작으로 분당, 고양, 과천 등 지역연합회가 연대해 무려 30만 명의 입법 청원을 달성했다. 이어서 강남, 송파, 강동, 양천 지회에서도 법 개정을 촉구하는 결의안을 채택했다.[10] 종부세 이슈에 대한 정치인의 태도를 평가해 2007년 대선과 2008년 총선에서 투표로 심판하겠다는 움직임도 있었지만, '비영리단체의 정치 활동 관여 금지 원칙'에 따라 낙선 운동은 무산됐다. 하지만 아파트 단지의 영향력이 '투표'에서 발휘된다는 것을 전아연은 잘 알고 있었다.

비슷한 시기인 2004년 여름에는 전국의 재건축조합의 연합 조직인 '바른재건축실천전국조합연합'(이하 재건련)이 결성되었다. 이 단체는 정부 종합청사 앞에서 모여 개발이익환수제 입법에 반대하는 대규모 과격 시위를 벌였다. 이들은 법안이 통과될 경우 조합인가증을 반납할 것이라고 으름장을 놓았다. 이는 자신들에게 '신규 주택 공급권'이 달려 있음을 알고 취한 행동이었다. 당시 건설교통부 관계자는 "조합 설립 인가증을 반납할 경우 즉시 취소하겠다는 방침을 고수"했다.[11] 하지만 이 시위에 참여한 80여 개 조합이 약 10만여 세대를 대표하는 만큼 당시 정권에 적지 않은 압박이었을 것이다.[12] 전아연과 재건련 그리고 뉴타운 재개발의 광풍까지 더해져 2007년 대선과 2008년 국회의원 선거에서 부동산 정책 완화 의제를 밀어붙인 한나라당이 압승했다.[13] 이 과정에서 전국의 아파트 단지가 결집하면 그들의 입맛에 맞지 않는 정부 정책에 저항할 수 있으며, 정권 교체도 가능하다는 게 자연스레 학습되었다.

아파트 단지의 연합은 2010년대에도, 2020년대에도 계속 생겼다. 새롭게 등장한 단체 중 '한국도시정비사업조합중앙회'라는 곳이 있었다.[14] 2010년 12월 15일에 창립총회를 열며 발족한 이 단체는 재건축과 재개발 분야의 조합과 조합장 중심의 연합체로 시민단체 수준을 넘어 법정화 단체로 자리 잡겠다는 포부를 갖고 있었다. 그들은 창립 취지문에서 "건설사, 설계사, 도시정비업체는 물론 세입자까지 그들만의 단체를 구성해서 그들만의 이익을 위해 활동한다. […] 도시정비사업의 주체이며 주인인 우리만 유독 변화하지 못하고 사분오열되어 우리 모두를 안타깝게 했다. […] 기존 유관단체와의 관계를 돈독히 해 협력관계를 유지할 것이며, 순수 조합 관련 단체와의 경쟁 관계를 없애고, 기존의 단체가 그 창립 목적과 기본 틀을 유지한 채 우리와 함께 할 수 있는 방안을 적극 모색함으로써 경쟁하기보다는 우호적인 관계로서 중앙회 방향을 모색할 것이다"라고 선포하며, 전국 재건축·재개발 조합의 '중앙회'로 역할을 하겠다고 공표했다.

이 단체는 재건축 부문과 재개발 부문에서 각 1명을 공동대표로 선출했는데, 초대 '재건축 부문' 회장이 바로 둔촌주공아파트 재건축조합에서 오랫동안 조합장을 해온 인물이었다.[15] 임원진 명단에는 반포주공2단지, 고덕주공7단지, 고덕주공3단지, 개포주공4단지 등 여러 주공아파트의 조합장들이 자문위원, 수석부회장, 감사 등의 자리에 올랐다. 이는 재건축 이슈에 있어서 대단지로 건설된 주공아파트의 영향력이 얼마나 컸는지를 보여준다. 한편, 창립총회 자리에 신영수 국회의원과 임동규 국회의원이 직접 참석해 축사를 전하기도 하는 등 이 단체도 정치권과 밀접하게 연결되어 있었다. 당시 '재건축 초과이익환수 법률안 폐지 법률안'을 발의한 임동규 국회의원은 "일관되지 못한 주택정책"을 비판하면서 "중앙회를 중심으로 힘을 똘똘 뭉치는 것이 급선무다"라며 단체를 지지하는 발언을 했다.[16]

정부의 부동산 정책과 법 제도 변화를 촉구하는 목소리도 수차례 냈다. 2011년에는 '재건축 초과이익환수에 관한 법률 폐지안' 상정에 앞서 해당 법의 철폐를 촉구하는 선포식을 열었고,[17] 2014년 부동산 경기 침체가 이어지자 전국 93개 단지의 조합장과 추진위원장 등 200여 명이 모여 연수회를 개최해 "도시 정비 관련 규제 혁파"를 위한 토론을 벌이고 초과이익환수제 폐지 운동 전개, 분양가 상한제 폐지, 기부채납제도 완화 정책 반영, 그리고 임대주택 의무제도 개선을 활동 목표로 제시하는 결의문을 발표했다.[18]

2017년에 문재인 정권이 들어서면서 이전 정권에서 완화했던 정책들이 서민 주거 안정과 실수요자를 보호하는 방향으로 전환되었다.

↑↑ 2004년 재건축 지역 임대 건설 입법에 반대하는
수도권 지역 재건축조합 조합원들의 시위
(사진 ⓒ연합뉴스)

↑ 2009년 분양가상한제 소급 적용 저지
재개발·재건축 조합원 총궐기대회
(사진 ⓒ연합뉴스)

과도한 가계대출을 제한하고, 투기과열지구 지정, 종합부동산세 세율 인상 등의 조치가 이루어졌다. 초과이익환수제를 예정대로 재시행했으며, 분양가상한제 재도입 및 민간택지 확대 적용, 재건축 안전진단 평가 기준 강화 등이 이루어졌다. 그러자 '서울 미래도시 재개발·재건축 시민연대'(서미연)라는 이름의 새로운 재건축·재개발 모임이 등장했다. 2018년 5월에 진행된 이 단체의 출범식에는 당시 서울시장 후보였던 자유한국당 김문수가 참석했으며, 바른미래당 서울시장 후보였던 안철수도 참석할 예정이었으나 당일에 당 사정상 불참했다.[19] 재건축·재개발 지역의 연합은 서울시장 후보들도 중요하게 생각할 만큼의 큰 정치적 영향력을 지닌 조직이 되었다.

흥미롭게도 이 단체의 '재건축지원조합 단장'을 맡은 이는 2010년 '한국도시정비사업조합중앙회'의 사무총장이었고, 그 이전에는 ㈔한국도시정비정비전문관리협회라는 단체의 초대회장이었던 인물이다. 2021년에는 '서울 미래도시 재개발·재건축 시민연대'의 '대회 추진단장'을 맡으면서 ㈔주거환경연합 조합경영지원단장도 겸했다. 시기에 따라 단체의 명칭이나 이에 참여하는 재건축조합의 구성은 계속 바뀌었지만, 재건축·재개발 조합의 결집을 지원하는 사람과 조직은 대를 이어온 것이다. 이들은 문재인 정부의 분양가상한제 민간택지 확대 적용에 반대하기 위해 2019년 9월 9일 광화문에서 개최한 시위도 주도했다. 주최 측 추산으로 42개 재건축·재개발 조합원 1만 2000명이 참여한 이 시위로 분양가상한제의 철폐를 이루지는 못했지만, 이미 관리처분인가를 신청한 단지에 국한해 분양가상한제 적용 유예기간 6개월을 얻어냈다.[20]

2022년에는 대통령 선거와 지방선거에서 또다시 '부동산 민심'의 영향으로 정권이 교체되었다. 대선 이후 '재산세에 대한 조세저항'과 정당 지지도 변화의 상관성이 학인된다는 연구가 발표되었고,[21] 공시지가 변동률과 윤석열 당선인의 득표율 역시 큰 상관관계가 있다는 분석도 있었다.[22] 그런데 대선 후보의 득표율을 지도에 표시한 자료를 보면, 윤석열을 압도적으로 지지한 지역을 표시한 짙은 붉은색

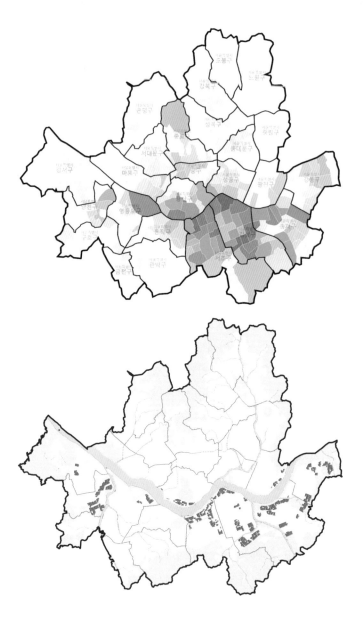

↑↑ 2022년 20대 대통령 선거 개표 결과 지역별 1위
득표 지도 중 서울 지역. 색이 진할수록 2위와
득표차가 큰 것을 뜻한다.
출처: vuski.github.io/presidentialElection202
2SouthKoreaEmdmap/(서울 지역만 보이도록
저자가 편집)

↑ 1970~80년대 건설된 주요 대단지 및 아파트 지구.
출처: 황세원, 「The Morphological
Consequences of Apartment Complex Building
in Seoul」, 2018 (자료를 제공받아 저자가 편집)

필지 규모별 단지 수 및 비율

필지 규모	단지 수(개)	비율(%)
2500m² 이하	17	0.8
2500~5000m²	151	7.0
5000~1만m²	560	25.8
1만~5만m²	1,183	54.5
5만~10만m²	181	8.3
10만~20만m²	66	3.0
20만m² 이상	14	0.6
계	2,172	100

출처: 황세원, 「The Morphological Consequences of Apartment Complex Building in Seoul」, 2018, 81쪽, 표11 일부

부분이 한강을 따라 좌우로 길게 이어지면서 남쪽으로 일부 번져 있다. 1960년대 말부터 1980년대까지 서울에 대단지가 건설된 지역을 표시한 지도와 아주 많이 닮았다.

서울의 아파트 단지를 대지면적 순서대로 나열해보면, 서울시 내에 10만 제곱미터 이상인 단지는 총 80개가 있으며, 20만 제곱미터 이상인 '초대형 단지'도 10개를 훌쩍 넘긴다.[23] 1960년대 말 중산층 아파트 건설이 시작된 이촌동부터 1970년대 초에 개발된 여의도, 반포, 잠실 지구를 거쳐, 1970년대에 '아파트지구'로 묶여 개발된 아파트 밀집 지역들과 1980년대 아시안게임과 올림픽으로 건설된 대단지가 있는 잠실본동과 오륜동, 그리고 목동까지 모두 붉게 물들어 있다는 것은 의미심장했다. 40년 전 한강의 남동쪽 지역을 개발하며 당시 정권에 우호적인 중산층과 반공 국민을 위한 집단 거주지로 건설된 대단지들이 40년이 흘렀음에도 정권 교체를 위한 에너지를 결집하는 모습을 보면 대단지가 엄청난 정치적 씨앗임이 실감된다. 어쩌면 언론에서 말하는 '부동산 민심'이라는 것은 '대단지 민심'을 대변하는 것이라 보아도 무방하지 않을까?

고작 아파트 단지 몇 개에 그렇게까지 의미 부여를 할 필요는 없지 않느냐고 반문할 수도 있겠지만, 둔촌주공아파트의 생애를 관통하면서 살펴봤듯 한국의 대단지는 서울의 평균적인 아파트 단지의 개념과

규모를 크게 넘어선다는 것을 잊지 말아야 한다. 60만 제곱미터가
넘는 땅에 지어진 둔촌주공아파트는 5930세대였고, 재건축된 아파트
단지에는 1만 2000여 세대가 살게 되어 약 3만 명이 넘는 인구가 한
집단으로 묶이게 된다.[24] 이는 하나의 '군'에 버금가는 규모이다.

그렇다면 신시가지 혹은 신도시 규모로 개발된 경우는 어떨까?
잠실지구에 대한주택공사가 건설한 주공아파트 단지 5곳은 아직
재건축되지 않은 잠실주공 5단지를 제외하면 모두 2000년대 초반에
재건축되어 잠실 엘스, 리센츠, 트리지움, 레이크팰리스가 되었다.
이 외에도 올림픽로를 따라 달리면 30층 이상의 높은 아파트 단지의
장벽이 한동안 길게 이어진다. 잠실 시영아파트를 재건축한 잠실
파크리오의 6864세대를 비롯해서 재건축이 진행 중이거나 재건축을
기다리고 있는 잠실 일대의 단지들의 세대수를 모두 합치면 대략
4만 세대에 이른다. 세대당 2.5명씩만 거주한다고 해도 1만 명에
이른다. 사실상 '잠실' 일대의 아파트 단지들을 '잠실시'라고 불러도
될 정도이다. 잠실을 품고 있는 서울 송파구의 인구는 제주특별자치도
전체와 맞먹는다.[25]

아파트 단지에 거주하는 이들이 전체 가구수의 60퍼센트를
넘어섰고, 모두가 아파트를 꿈꾸는 것처럼 이야기한다. 그런 사회에서
잠실주공 5단지가 "꿈의 50층"을 이룰 수 있게 되었다거나,[26] 26년간
재건축이 좌절되던 은마아파트가 드디어 움직이기 시작했다거나,[27]
공사가 중지되었던 둔촌주공아파트 재건축사업이 재개될 것[28]이라는
유명 아파트 단지의 소식은 유명 연예인들의 근황을 접하는 것과
다를 바가 없어진 것 같다. 인플루언서가 사람들의 욕망을 자극하며
트렌드를 주도해나가듯, 유명 아파트 단지와 그곳에 거주하는 인구
집단이 정치, 경제, 사회, 문화 모든 면에서 주요 변수로 작동하며 적지
않은 영향력을 행사하고 있다.

'부동산 심판론'의 승리로 윤석열 정부가 들어서면서, 부동산 규제
완화에 대한 기대감에 재건축 단지가 밀집한 강남4구와 여의도의
집값이 반짝 되살아났었다.[29] 하지만 부동산 하락은 시작되어버렸고,

서울시 내 20만 제곱미터 이상의 초대형 단지

	지역	단지명	준공일 (연월일)	동 수 (개)	세대수 (세대)	대지면적 (m²)	비고
1	강동구	둔촌주공	80.12.22	145	5930	618,017	재건축 철거 완료
2	서초구	반포주공	74.03.31	107	4053	560,766	
3	송파구	올림픽선수·기자촌	88.06.30	122	5540	488,408	
4	강남구	개포주공1단지	82.12.24	124	5040	405,555	재건축 철거 완료
5	송파구	잠실파크리오	08.08.29	66	6864	397,406	전 잠실시영
6	송파구	잠실주공5단지	77.12.30	30	3930	326,089	
7	송파구	리센츠	08.07.31	65	5563	322,472	전 잠실 2단지
8	송파구	올림픽훼미리	88.12.31	56	4494	304,775	서울시 공급
9	송파구	잠실 엘스	08.09.30	72	5678	292,623	전 잠실 1단지
10	강남구	현대(구)	79.05.11	41	3130	251,618	
11	강남구	은마아파트	79.07.15	28	4424	239,225	
12	강동구	고덕주공2단지	83.11.30	71	2600	228,741	현 고덕 그라시움
13	양천구	목동 14단지	87.07.20	34	3100	209,548	
14	송파구	잠실트리지움	07.08.24	46	3696	209,160	전 잠실 3단지
15	송파구	가락시영1차	80.12.31	74	3600	205,729	현 헬리오시티
16	강동구	고덕주공3단지	83.11.20	68	2580	204,792	현 고덕 아르테온
17	노원구	월계시영 고층	86.03.31	32	3930	201,536	(미륭, 미성, 삼호)

주: 초대형 단지 목록은 대지면적 산정 기준에 따라 달라질 수 있어 앞에 언급한 황세원(2018) 자료와 일부 차이가 있다.

출처: 서울특별시, 「서울시 공동주택 현황 (2008)」, 엑셀 파일 재정리

사실 이것은 이미 예고된 일이었다. 2021년 8월 미국 연방준비제도의 금리 인상이 예상되자 그에 대한 선조치로 한국은행의 기준금리가 상향 전환되었다.[30] 실제로 미국 연방준비제도는 2022년 3월부터 '빅스텝'을 넘어 '자이언트 스텝'이라 표현될 정도로 공격적인 금리 인상을 이어갔고, 이를 좇아 국내 기준금리도 급격히 상향 조정되었다. 그에 따라 시중 은행의 주택담보대출 변동금리도 함께 올라 무리하게 대출을 받아 주택을 구입한 이들의 금융 비용 부담 역시 크게 늘었다.[31] 엎친 데 덮친 격으로 부동산 가격이 하락했고, 분양시장마저 굳어버렸다.[32]

아무리 '부동산 민심'으로 정권 교체를 이뤄낸다 해도 부동산 경기는 마음대로 되지 않는다. 그것은 전 세계적인 자금의 흐름에 영향을 받기 때문이다. 2020년 전 세계가 함께 겪은 코로나 팬데믹 기간에

각국에서는 경기 부양을 위해 시중에 많은 자금을 풀었고, 그로 인해 극심한 인플레이션과 부동산 버블이 생겨났다. 이는 한국에서만 벌어진 문제가 아니라 전 세계적으로 벌어졌던 현상이다. 미국에서 과잉유동성을 조정하기 위해 급격한 금리 인상을 단행한 것의 영향으로 경기 침체의 우려가 전 세계적으로 퍼진 것처럼 말이다. 안타까운 것은 주택 가격의 급등이 전 세계적인 현상이었다는 이야기를 진지하게 전하는 언론 기사를 이전 정권 시절에는 찾아보기 쉽지 않았다는 점이다. '부동산 민심'을 전하던 언론들은 오로지 특정 집단의 이득만 생각할 뿐이었다. 전체 사회의 안녕에는 전혀 관심이 없다는 점에서 "둔촌은 강동이 아닙니다!"라는 외침과 닮아 있는 것 같다.

나가며

둔촌주공아파트의 40년 생애를 훑어보는 이 책의 원고를 마무리하는
중인 2023년 5월에도 둔촌의 재건축은 여전히 현재 진행형이다.
원래는 2021년 2월에 완성한 논문을 바탕으로 빠르게 단행본을 엮어
낼 계획이었지만, 최근 2년 사이에 둔촌주공에 예상치 못한 일들이
계속 이어져 어느 시점에 어떻게 이야기를 마무리지어야 할지 고민하며
내내 지켜볼 수밖에 없었다. 우여곡절 끝에 둔촌주공 재건축의 분양이
마감됐으니, 이제 큰 고비는 다 지나온 것이길, 남은 일을 해결하는
과정은 순조롭길 기원하며 조금은 편안한 마음으로 원고를 이만 마치려
한다.

둔촌주공아파트의 생애는 20세기와 21세기에 고르게 걸쳐 있다. 국가
주도로 경제 발전을 이루려던 박정희 정권부터 이야기가 시작되어
1980~90년대 민주화와 세계화의 흐름 속에 나름의 번영기를 맞았고,
1997년 IMF를 거치며 신자유주의로 급속히 전환된 21세기에는
재건축이 20년 내내 화두였다. 둔촌주공아파트의 시간을 따라가다 보니
그사이 한국 사회와 서울의 도시 환경이 어떻게 변했는지, 발전국가
시기의 유산이 어떻게 신자유주의 시대의 자원으로 변용되는지, 이에
따라 대단지라는 환경에서 살아가던 이들의 삶의 방식과 사고방식이
어떻게 바뀌는지, 혹은 바뀌지 못하는지를 두루 살펴볼 수 있었다.
　세대수를 2배 이상 늘리며 몸집을 부풀리던 둔촌주공아파트의
마지막 시간을 지켜보면서 어릴 적 좋아했던 그림 동화책이 자주
생각났다. 레오 리오니의 『세상에서 가장 큰 집』이라는 책이다. 어느 날,
한 달팽이가 자신의 등에 짊어진 집을 더 크고 더 예쁘게 만들 줄 알게
된다. 달팽이는 자신을 뽐내기 위해 점점 더 큰 집을 만들어내고, 마침내
세상에서 가장 크고 아름다운 집을 완성한다. 하지만 너무 무거워진 집

231

때문에 한 발자국도 움직이지 못하고 멈춰선 채 결국 풍화되고 만다. 둔촌주공아파트 재건축사업을 지켜보며 이런 최악의 결말로 치닫지 않기를 바라고 또 바랐다.

자신의 집을 부풀리려는 욕망과 노력은 둔촌 이후에도 계속될 것이다. 2000년대 초반에 재건축이 된 한강 변의 한 아파트 단지에 이제는 리모델링을 추진한다는 현수막이 걸린 것을 보았다. 용적률을 채울 만큼 채운 곳이었고, 연식은 20여 년이 막 지났을 뿐이다. 아파트는 자가 증식으로 몸집을 계속 키워나가야만 집값이라는 가치를 유지할 수 있는 것일까? 그러나 이 과정을 무한히 반복할 수는 없는 노릇이다. '세상에서 가장 큰 집'의 무게가 존재 자체를 짓누르는 지경이 되어서는 안 되듯.

어쩌면 끝을 보아야 흐름이 바뀔지도 모르겠다. 굽이굽이 흐르던 강물이 극도로 휘어지면 물길을 새로 내는 것처럼 말이다. 기존 물줄기에서 떨어져 나온 소뿔 형태의 호수 '우각호'는 한때 이곳으로 물길이 나 있었다는 흔적이다. 이 책은 훗날 한국 사회가 지리멸렬하게 혹은 열광적으로 지나 온 재건축 시대의 우각호로 남을지도 모른다. 이 거대한 존재들이 자가 증식을 계속할 수 없게 되는 순간은 언젠가 분명 찾아올 것이고, 그때는 물길의 흐름이 완전히 달라질 것이다. 적어도 우리가 숱한 아파트 건축과 재건축에서 배우는 바가 있다면, 미래에는 다른 방향으로 새로운 물줄기가 흐를 수 있을 것이다.

이 책은 대학원에 입학할 때까지만 해도 단지 안에 갇혀 있던 나의 좁은 시야를 넓혀주시고, 둔촌주공아파트의 생애에 한껏 빠져들 수 있도록 응원과 격려를 아끼지 않으셨던 박철수 교수님 덕분에 나올 수 있었다. 교수님의 조언과 도움이 아니었다면 이런 작업은 처음부터 엄두도 내지 못했을 것이다.

교수님은 이 책이 어떻게 나올지 무척 궁금해하셨다. 하루는 책의 말미에 새로 지어지는 아파트에 입주한 재건축 조합원, 일반분양 입주자의 인터뷰를 나란히 실으면 좋겠다는 의견을 주셨다. 이 모든

232

진통을 겪고 난 후에 만들어지는 새로운 대단지 역시 결국은 사람들이 살아갈 삶의 터전임을, 그곳에 담기게 될 사람들의 일상이 가장 소중한 것임을 이야기해주길 바라셨던 것 같다. 그러려면 입주 예정일인 2025년 1월까지 2년을 더 기다려야 해서 도저히 안 될 것 같다고 대답했다. 교수님과 나는 함께 웃었다. 그토록 궁금해하셨던 제자의 책을 보지 못하신 채 지난 2월 박철수 교수님께서 영면하셨다. 너무 늦어버려 죄송한 마음과 함께 이 책을 출판하는 기쁨과 감사의 마음을 교수님께 온전히 전해드리고 싶다.

더불어 감사의 말을 전해야 할 분들이 많다. 논문 스타일에 얽매이지 말고 자유로운 글을 써보라고 조언해주신 김성홍 교수님과 둔촌주공아파트의 이야기에서 도시사회학적으로 의미 있는 지점들을 발견하기 위해 부족한 논문을 세세히 살펴봐 주신 서우석 교수님께 감사드린다. 내가 무엇을 하든 늘 믿어주시는 어머니와 아버지, 그리고 가족과 친구, 지인 들의 응원 덕분에 마지막까지 힘을 낼 수 있었다. 논문을 쓰는 동안 든든한 지원이 되어준 서울시립대학교 주택도시연구실 선배님들, 자료 수집과 사진 사용을 도와주신 둔촌1동 주민센터, LH토지주택박물관, 류준열, 라야, 김석영, 황세원 님께 감사드린다. 둔촌의 마지막 시간을 함께 보낸 마을에숨어 동료들과 정재은 감독님, 둔촌냥이 분들, 그리고 무엇보다 '안녕,둔촌주공아파트' 프로젝트에서 만난 한 분 한 분께 감사하다. 모두와 이 책을 나누고 싶다.

주

들어가며

1 「일개 재건축사업에 국운 걸려… 둔촌주공의 촌극」, 『시사오늘』, 2022년 10월 29일.

1부

1. 거대한 하나의 세계

1 『안녕,둔촌주공아파트 2』, 마을에숨어, 2013, 68쪽.

2 대지면적을 기준으로 아파트 단지를 정리한 자료는 흔하지 않아서 전국의 아파트 현황은 확인하지 못했다. 다만 「서울시 공동주택 현황 (2008)」에서 둔촌주공아파트가 서울 최대 단지라는 점은 확인했으며, 서울 외 지방의 유명한 대단지들의 규모를 개별적으로 확인한 결과 둔촌주공아파트보다 큰 곳은 없었다.

3 서울의 평균적인 아파트 단지의 크기가 약 2만 7000제곱미터이고, 전체 단지의 80.3퍼센트가 대지면적 5000~5만 제곱미터에 해당한다. 황세원, 「The Morphological Consequences of Apartment Complex Building in Seoul: 서울의 아파트 단지 개발에 따른 도시 형태 특성 연구」, 서울대학교 대학원 박사학위논문, 2018.

4 어린이대공원은 '능동'이라는 지역명에서도 유추할 수 있듯이 원래는 조선 왕족의 '능'이 있던 곳으로, 일제강점기에 골프 연습장으로 바뀐 후 해방 이후까지 상류층을 위한 골프 연습장으로 사용되다가 박정희 정권 당시 어린이대공원으로 탈바꿈했다.

5 『안녕,둔촌주공아파트 4』, 마을에숨어, 2016, 419쪽.

6 하나의 단지에 초등학교가 두 개 있는 경우는 드물다. 서울에는 둔촌초등학교와 위례초등학교를 품고 있는 둔촌주공아파트, 오륜초등학교와 세륜초등학교가 붙어 있는 올림픽선수기자촌아파트가 있다. 공교롭게도 두 단지는 강동대로를 사이에 두고 마주하고 있다.

7 『안녕,둔촌주공아파트 2』, 마을에숨어, 2013, 82, 83쪽.

2. '서민 주택'이라는 허명

1 박철수, 『한국주택 유전자 2』, 도서출판 마티, 2021, 355, 430쪽.

2 「건설 실적: 구조별, 평형별」, 『주택 단지 총람 1978~1980』, 대한주택공사, 1981. 이 자료에서 1971년에서 80년까지 건설 실적을 확인할 수 있다. 전체 주택 공급 물량 16만 5180채 가운데 19평 이하가 총 14만 2783세대다.

3 「국토진단(7), 내 집 없는 서민이 너무 많다」, 『동아일보』, 1975년 6월 9일.

4 대한주택공사, 『대단위 단지 개발 사례 연구』, 대한주택공사, 1978.

5 대한주택공사, 「둔촌동 대지조성 사업 계획(안)」, 1978년 3월 20일.

6 대한주택공사, 「둔촌 및 도곡아파트 위생 난방 가스 및 전기설비 설계 용역 외주 계획(안)」, 1978년 8월 19일.

7 「서울 지역 사채주택 83퍼센트가 30평 이상, 주공 서민형 주택 건설 외면」, 『매일경제』, 1979년 8월 29일. 둔촌주공아파트의 최대 평수인 34평형은 전용면적이 25.32평으로 국민주택 규모 상한선인 전용면적 25.7평보다 0.39평 작은, 국민주택 규모 내에서 최대 크기였다.

8 대한주택공사, 『대한주택공사 30년사』, 대한주택공사, 1992, 498쪽.

9 대한주택공사가 「대한주택공사법」 제23조에 따라 주택상환사채를 발행할 수 있는 자격이 법적으로 확보되어 있었기에 추진할 수 있었다. 건설부 장관의 승인을 받아야 했다.

10 대한주택공사, 앞의 책, 696쪽.

11 대한주택공사, 앞의 책, 389쪽.

12 1차 사채 발행의 대가로 전국 주요 도시 7개 지역(서울, 부산, 대구, 인천, 대전, 전주, 광주)에 총 2640호의 주택을 건설해 상환했고, 2차 사채 발행으로는 서울, 대전, 전주 3개 지역에 주택 5027호를 건설해 상환했다.

13 대한주택공사, 앞의 책, 389, 498, 511쪽.

14 「주공 주택상환사채 변칙 활용」, 『매일경제』, 1979년 7월 31일.

15 대한주택공사, 앞의 책, 139쪽.

16 서울 지역의 경우 금액이 590만~690만 원인 사채가 최저 200만 원에서 최고 300만 원의 프리미엄이 붙어 거래되었다. 「주택상환사채 프리미엄 거래」, 『매일경제』, 1979년 5월 22일.

17 「주공 주택상환사채 변칙 활용」, 『매일경제』, 1979년 7월 31일.

18 둔촌주공아파트 34평형의 가격은 2305만 원으로 PIR은 9.86배였다. 중산층 아파트의 대표적 사례인 한강맨션(1969년 준공)의 가장 작은 평형인 27평형의 PIR이 9.89였던 것과 비슷한 수치다. 이에 비해 둔촌주공아파트의 16평형의 PIR은 3.14배로 당시의 평균소득을 약 3년간 모두 모으면 구입할 수 있는 수준이었다.

19 1979년에 발행된 2차 주택상환사채 중 31평형은 800만 원, 34평형은 850만
    원을 사전에 매입해야 했다. 이는 이후 34평형 분양가로 책정된 2305만 원의
    37퍼센트에 해당하는 금액이었다. 대한주택공사, 앞의 책, 697쪽.

20 「주공, 층 따라 평형 기준 달라, 아리송한 평형」,『매일경제』, 1979년 9월 17일.

21 1975년부터 1990년 사이에 전년 대비 공사비 상승이 가장 높았던 시기가
    1977년부터 1980년까지였다. 그중 가장 높았던 시기는 1979년으로 전년 대비
    50퍼센트가 상승했으며, 그다음으로 높은 1978년에는 41퍼센트가 상승했다.
    대한주택공사, 앞의 책, 348쪽.

22 대한주택공사,「도곡3지구 및 둔촌동 아파트 건설사업계획 변경」, 1979년 7월
    16일.

23 「주공사채 아파트값 확정, 평당 67만 8천 원~69만 7천 원」,『동아일보』, 1980년
    4월 23일.

24 「'분양가 비싸다' 농성 도곡동 주공아파트」,『경향신문』, 1980년 5월 1일.

25 1차 사채아파트로 분양된 1100세대는 5층 규모의 저층아파트로 공용면적이
    매우 작아 전용면적과 공용면적의 차이가 크지 않다. 그렇기에 같은 전용면적
    25평형이어도 공용면적이 넓은 고층아파트의 분양가격이 훨씬 비싸지게 된다.

26 「아파트 분양가 내려달라. 사채매입자 주공에 몰려가 요구」,『매일경제』, 1980년
    5월 1일;「사채 계약자 주공 주택 사채 진통 장기화, 주공에 몰려가 10일째 농성」,
    『매일경제』, 1980년 5월 14일;「주공, 사채아파트에 추가 융자」,『매일경제』,
    1980년 5월 12일;「사채 계약자 억측에 주공서 골머리」,『매일경제』, 1980년 5월
    10일.

27 「사채 계약자 주공 주택 사채 진통 장기화, 주공에 몰려가 10일째 농성」,
    『매일경제』, 1980년 5월 14일.

28 「주공 도곡 둔촌아파트 95% 분양」,『매일경제』, 1980년 5월 26일.

29 「둔촌동 사채아파트 재분양, 잔여분 184가구」,『매일경제』, 1980년 7월 9일.

30 「주공 둔촌아파트 일반분양 검토」,『매일경제』, 1980년 7월 19일.

31 「둔촌동 사채아파트 재분양, 잔여분 184가구」,『매일경제』, 1980년 7월 9일. 이
    기사에 따르면 계약 무효 또는 해약된 가구는 34평형(타워형)이 101가구로 가장
    많았는데, 이는 타워형 34평형이 둔촌주공아파트 내에서 공급면적이 가장 큰
    평형이었기 때문이라고 생각된다.

32 대한주택공사, 앞의 책, 498쪽.

33 공문서에서도 당시의 분위기가 읽히는 지점들이 발견된다. 뒤에 설명될
    '중앙정보부'의 수탁 주택 건설에 긴한 문서만 봐도 대한주택공사에서 주의 깊게
    다루고 있음이 드러난다. 마찬가지로 둔촌주공아파트가 박정희 대통령의 특별
    지시로 건설된 것이라면 건설부와 대한주택공사 등 실무진이 주고받는 문건의
    분위기도 완전히 달랐을 것이다.

34 정치학대사전편찬위원회 편,『21세기 정치학대사전 하』, 아카데미아리서치,

2002, 1745쪽.

35 이송순, 「1970년대 한국 대중의 정치의식과 '반공 국민'으로 살아가기」,
    『민족문화연구』 제71호, 2106, 41~88쪽.

36 서울역사박물관, 『반포본동: 남서울에서 구반포로』, 서울역사박물관, 2019,
    129쪽.

37 대한주택공사, 앞의 책, 495쪽.

38 1978년 5월 10일에 제정된 「주택 공급에 관한 규칙」 제15조 건설부령 제202호에
    명시되어 있었다.

39 대한주택공사, 앞의 책, 510쪽.

40 흥미로운 점은 이들에게 주어지는 세대의 규모와 유형이 조금씩 달랐다는
    것이다. 서울대학교 교수아파트는 32평형으로 가장 넓었고, 제주대학교
    교수아파트는 25평형, 군인아파트는 15~18평형, 공무원아파트는
    13~17평형으로 건설되었다. 정신문화연구원은 특이하게 20평형 연립주택으로
    공급되었다. 이를 통해 국가에서 이들의 사회적 지위와 효용을 어떻게
    판단했는지를 가늠해볼 수 있다. 대한주택공사, 앞의 책, 144쪽 참조.

41 「1만 가구로 확정」, 『매일경제』, 1978년 5월 2일.

42 대한주택공사, 「CIA 기숙사 건설 방안」, 1978년 6월 2일.

43 중앙정보부, 「아파트 및 기숙사 신축 의뢰」, 1978년 7월 22일.

44 「백범 암살범 안두희씨 또 피습」, 『경향신문』, 1987년 7월 21일. 이 기사에서는
    안두희가 126동 104호에 거주했다고 적고 있는데 가짜 주소일 것으로 생각된다.
    126동은 중앙정보부 분양을 위해 지어진 주거동에 해당하진 않지만 134동에서
    그리 멀지 않은 위치에 있다.

45 대한주택공사, 「둔촌동 아파트 200호 건설 사업 집행」, 1979년 6월 2일.

46 대한주택공사, 「서울둔촌지구 사업계획 추가 및 변경 집행」, 1980년 1월 24일.

47 「부동산 투기의 규제 조치」, 『동아일보』, 1978년 8월 10일.

48 오종인(개발조사부), 「주택 건설과 집단 택지 확보 방안」, 『주택』 제37호,
    대한주택공사, 1979년 4월, 117~121쪽.

49 심지어 둔촌주공아파트가 준공되어 사람들이 입주한 후에도 이 길은 절반만
    포장되어 계속 흙먼지가 날리는 상태로 남아 있었을 정도로 '국립종합경기장
    건립 예정지' 부근의 개발은 올림픽 개최가 확정되기 전까지는 더디게
    진행되었다. 『안녕, 둔촌주공아파트 2』, 114쪽.

50 1977년 9월 6일에 대한주택공사가 건설부에 보고한 자료에 둔촌지구는
    서초, 천호지구와 함께 개발이 유보되어 '2단계 개발지'로 분류되었다. 1단계
    사업대상지로 거론되던 것은 잠실, 도곡, 방배 지역이었다. 그런데 2개월 후인
    11월 16일, 건설부가 방배, 잠실 부지는 재검토하고, 그 대신 둔촌과 천호를
    후보지로 검토해보라는 지시를 내렸다. 이미 토지구획정리가 완료된 천호지구는

지가가 높아서 제외되었고, 결국 둔촌지구만 새로운 후보지로 추가되었다. 이 내용은 1978년 3월 13일 대한주택공사 내부 이사회에서 협의한 사항을 공유하는 '31차 이사회 의결통보' 자료에 첨부된 내용 중, 용지부에서 작성한 '서울 둔촌지구 후보지 조사 보고'의 '2. 서울 둔촌지구 추진 경위'(1977년 8월 26일부터 이루어진 논의 과정이 표로 정리)를 통해 알 수 있다.

51 한석정,『만주 모던: 60년대 한국 개발 체제의 기원』, 문학과지성사, 2016.

52 「상도동에다 오륜경기장」,『조선일보』, 1957년 1월 20일;「철저한 반성 촉구」, 『경향신문』, 1957년 12월 24일;「용마공원으로」,『조선일보』, 1958년 3월 23일; 「국민종합경기장 중곡동으로 내정」,『조선일보』, 1958년 3월 14일;「70만 평의 종합대경기장 칠월부터 착공 성동구 중곡동」,『경향신문』, 1958년 6월 13일.

53 「대규모의 종합경기장면모 10만 관중을 수용」,『경향신문』, 1962년 3월 16일.

54 「잠실동에 종합경기장」,『조선일보』, 1964년 12월 20일. 여기에 종합경기장의 위치가 표시된 삽화가 함께 실렸는데, 제1한강교를 건너 있는 동작동과 제3한강교 건너의 잠실(지금의 잠원)에서 2킬로미터 떨어진 위치다. 지금으로 치면 고속버스터미널부터 서리풀공원과 대법원이 위치한 서초 지역이다.

55 김정한 외,『한국현대 생활문화사: 1980년대』, 창비, 2016.

56 1974년 고등학교 평준화 정책이 시행되기 전까지 각 지역에는 이른바 '명문'이라 불리는 중·고등학교가 있었다. 서울 내 명문 남자 고등학교는 '5대 공립, 5대 사립'이 있었다. 경기·서울·경복·용산·경동이 5대 공립, 중앙·양정·배재·휘문·보성이 5대 사립이었다. 명문 여자 고등학교로는 경기·창덕(공립)과 이화·숙명·진명·정신(사립) 등이 손꼽혔다. 이 학교들은 모두 서울 사대문 안인 종로구와 중구 인근에 밀집해 있었는데, 경복·용산·경동·중앙·이화를 제외한 열네 개 학교가 강남 4구와 양천구 목동, 노원구 중계동 등으로 이전했다. 서울특별시 시사편찬위원회,『사대문 안 학교들 강남으로 가다』, 1992. 25~29쪽 참조.

57 서울운동장(동대문운동장)까지 직선거리는 1킬로미터 이하였고, 장충체육관까지는 직선거리로 500미터도 되지 않았다.

58 개회식에 이어 매스게임을 선보인 학교는 동북고, 대신고, 배화여고, 풍문여고였다. '제47회 전국체육대회',「대한뉴스」제592호, 1966년 10월 15일 제작.

59 손흥민 선수는 춘천에서 축구를 시작하여 춘천 부안초, 후평중, 육민관중을 다녔고, 동북고등학교에 진학했으나 대한축구협회의 해외 유학 프로그램 대상자로 선정되어 고등학교를 중퇴하고 독일 함부르크로 떠났다. 그가 동북고등학교 축구부에 몸담은 기간은 3개월에 불과했지만, 동북고등학교는 그의 '출신고'라는 명분으로 400억 원에 달하는 이적료의 연대 기여금 20억 원 중 일부인 1억 원을 기부받았다.「손흥민 고맙다, 1억 원 보너스 받는 동북고」, 『중앙일보』, 2015년 9월 2일.

60 황병주,「박정희 시대 축구와 민족주의: 국가주의적 동원과 국민 형성」, 『당대비평』제6권 제2호, 2002. 근대 축구의 시작점이 된 영국에서도 노동

계급을 포섭한 축구는 '대영제국의 국민 만들기'에 기여했다.

61 신덕상·김덕기, 『국기 축구, 그 화려한 발자취 2』, 서울올림픽기념국민체육진흥공단, 1999, 216쪽.

62 황병주, 앞의 글, 165쪽.

63 YMCA는 1901년 배재학당에 최초의 학생 YMCA가 조직된 이후로 야구, 농구, 권투 등 근대 서구 스포츠를 국내에 보급하고 전국적인 체육대전을 개최해왔다. 사회체육은 YMCA 활동의 중요한 하나의 축이었다. 서울YMCA 홈페이지(seoulymca.or.kr) - 'YMCA 역사' 참조.

64 당시 설계는 '진양 건축의장·진양 종합설계사무소'에 맡아서 진행했다. 대한주택공사, 「둔촌단지 공공복지시설(유치원, 체육관) 부지 처리 방안 통보」, 1979년 12월 10일.

65 그 정확한 이유는 확인할 수 없었다. 그러나 1978년 YMCA에서 시민감시 활동의 시초로 불리는 'YMCA 시민중계실'을 설치하는 등 권력에 대한 감시를 시작하고, 그들의 활동이 1980년대 민주화 운동으로 이어지면서 군부 정권과의 관계가 틀어진 것이 원인이 아닐까 생각한다.

66 「사회체육센터 해묵은 운영권 싸움」, 『한겨레』, 1989년 3월 16일.

3. 20세기 모더니스트

1 서울역사박물관, 『반포본동: 남서울에서 구반포로』, 서울역사박물관, 2019.

2 손세관, 『이십세기 집합주택』, 열화당, 2016, 217쪽.

3 임창복은 『대규모 주거단지의 밀도와 공동주택 계획기준 연구』(국토개발연구원, 1995)에서 "주거단지가 얼마만큼 주민들이 생활하기에 쾌적한 필요 시설과 공간을 갖추고 있는가"를 나타내는 '적주성'을 나타내는 다양한 지표로 23곳의 아파트 단지를 비교한다. 이 연구 결과에 따르면, 1990년대에 건설된 단지보다 1970~80년대에 공공에 의해 건설된 대단지의 거주 환경이 여러 면에서 월등했음을 알 수 있다.

4 클래런스 페리, 『근린주구론』, 이용근 옮김, 커뮤니케이션북스, 2013, 서문 xv쪽.

5 1956년 4월 윤정섭 교수가 『건축』에 「근린주구 계획 구성의 개요」라는 글을 게재한 것을 한국에 처음 근린주구론이 소개된 것으로 본다.

6 손정목, 『한국현대도시의 발자취』, 일지사, 1988, 299쪽.

7 강부성 외, 『한국 공동주택계획의 역사』, 세진사, 1999, 124쪽.

8 클래런스 페리, 앞의 책, 19, 59, 131쪽.

9 대한주택공사, 『대한주택공사 30년사』, 대한주택공사, 1992, 388쪽.

10 잠실 대단지 계획에도 참여한 바 있는 도시공학자 여홍구(1945년생) 인터뷰 중에서. 대한주택공사 주택연구소, 『공동주택 생산기술의 변천에 관한 연구』,

대한주택공사 주택연구소, 1995.

11 대한주택공사, 앞의 책, 227쪽.

12 아파트 입주 이전에 부대·복리시설을 완비하여 아파트 입주 이전에 생활 여건을
갖춘 후 준공하라는 점과 어린이놀이터, 녹지 등 단지 내 공공시설은 '건설부령'
기준 이상으로 설치하라는 의견을 전달해 왔다.

13 대한주택공사는 1963년부터 단지를 구성하는 자체 기준을 마련해서
활용해왔으며, 1976년에 새롭게 작성한 「생활여건시설 설치 기준」은
1979년 정부가 발표한 「주택 건설 기준에 관한 규칙」의 모체가 될 정도로
부대·복리시설에 관해서는 업계 최고 수준이었다. 강부성 외, 앞의 책, 319,
320쪽.

14 클래런스 페리, 앞의 책, 역자 서문 vi쪽.

15 같은 책, 57~60, 71, 72쪽; 강부성 외, 앞의 책, 120~124쪽.

16 강병기, 강홍빈, 박병주, 안건혁, 양재현, 여홍구, 염재선, 주종원이 참석했다.
대한주택공사, 『대단위 단지 개발 사례 연구』, 대한주택공사, 1987, 217~250쪽
회의록 참조.

17 강홍빈, 「대단위 주택단지 건설, 그 가능성과 한계」, 『국토계획』 제22권 제1호,
1987.

18 「주택건설촉진법」 시행규칙(건설부령 제190호 1977년 6월 29일 일부 개정)
제7조(국민주택의 공급 조건 등)에 따르면 국민주택은 공개 모집이 원칙이었으나
"사업 주체가 사업 계획 승인 시에 승인을 얻은 때에는 공개 모집에 의하지
아니할 수 있"으며, "무주택자와 철거민 또는 재해민에게 공급하는 경우" 우선
공급할 수 있었다. 단, "한국주택은행에 주택적금·부금 또는 근로자 재산 형성
저축에 가입한 자 중 그 가입한 날로부터 6월이 경과되고 일정 금액 이상을
적립한 자"여야 한다는 조건이 붙었다.

19 대한주택공사, "'78 서울 둔촌동 지구 국민주택 건설 용지 매수(안)", 「31차
이사회 의결 통보」 내 첨부 문서, 1978년 3월 17일. 아파트 입주권을 신청한
토지 소유주는 69세대였으며, 대부분 1차 공급분 중 가장 규모가 큰 25평형을
신청했다; 대한주택공사, 『대단위 단지 개발 사례 연구』, 대한주택공사, 1987.

20 당시 토지 소유주의 약 13퍼센트는 강남구 신사동, 영등포구 당산4가, 종로구
소격동 등 강동구가 아닌 다른 지역 거주민이었으나, 나머지 87퍼센트는
강동구 거주민으로 대부분 그 지역에 실제로 살거나 농사를 짓는 이들이었다.
철거민으로 인정되어 보상을 받을 수 있었던 것은 토지를 소유한 이에
한정되었으며, 소유자가 아닌 세입자의 보상 여부는 확인되지 않는다.
대한주택공사, "둔촌동 철거민 현황", 「도곡3지구 및 둔촌동 아파트 건설 사업
계획 변경」 내 첨부 문서, 1979년 7월 16일.

21 서울특별시, 「주택 건설 사업 승인에 따른 도시계획 결정(신설, 변경 및 폐지)
협조」, 서울특별시 도시정비국장, 도이415-178, 1978년 9월 6일.

22 건설부, 「주택건설 사업 승인에 따른 업무 지시」, 1978년 11월 11일.

23 단지 내 서울시 계획도로는 2만 7108평으로 예정되어 있었으며, 이 중
    토지구획정리사업에 의해 이미 개설된 도로가 3144평이었다. 대한주택공사의
    단지 건설루 시설될 도로는 3만 2142평으로 오히려 5034평이 더 늘어나는
    상황이었다. 대한주택공사가 서울시로부터 폐도로 3144평을 추산 가격 평당
    11만 원으로 매수할 경우 약 3억 5000만 원이 추가되며, 이에 따라 주택 가격은
    평당 1500원이 증가할 것으로 추산했다. 대한주택공사, 「둔촌지구 건설 사업
    촉진 방안」 기획이사 작성 문건, 1978년 12월.

24 1980년 12월 10일 대한주택공사에서 서울시로 발신한 공문에 따르면, 4단지
    순환도로 소로(폭 10미터, 길이 484미터)와 3단지 중로(폭 15미터, 길이
    76미터)가 서울시에 기부채납된 도로에 해당한다.

25 1급에 해당하는 본부장 아래 공무과(공무과장, 2급)와 건축, 토목, 전기, 기계 등
    각 공사사무소(소장, 2급)가 설치되었고, 인원은 총 79명이었다. 대한주택공사
    기획실, 「둔촌 건설본부 설치 및 잠실 건설본부 폐지(안)」, 1978년 11월.

26 독신 공무원에게 임대로 공급된 7.5평형의 평면은 AID아파트와 잠실주공아파트
    1단지에 적용되었던 것이고, 16평형과 18평형은 반포주공아파트 2단지와 3단지
    평면을 활용했다. 둔촌종합상가는 잠실주공아파트 5단지의 상가 평면을 그대로
    사용했다.

27 대한주택공사 조달부, 「둔촌·도곡지구 단지 조성 및 생활 여건 공사 계약에 관한
    건」, 1978년 11월.

28 대한주택공사 둔촌건설본부, '이사회 의결 통보', 「둔촌5층아파트 토목공사
    지하구조물 동기 공사 시행 방안」, 1979년 1월 11일.

29 「제4회 건축사협회 대상에 정림건축 대표 김정철 씨」, 『매일경제』, 1979년 11월
    16일. 이 기사는 정림건축의 대표적인 건축물로 외환은행, 산업은행 본점 사옥과
    함께 '강동구 둔촌 지역의 주공아파트'를 꼽았다.

30 강부성 외, 『한국 공동주택계획의 역사』, 세진사, 1999, 248쪽.

31 「서울시 비아파트 지구 내 토지 구득난 가중」, 『매일경제』, 1978년 7월 29일.

32 「비아파트 지구 5개월 만에 첫 고층 허가」, 『매일경제』, 1979년 2월 9일.

33 「아파트 12층까지 사대문 안 12~15층 고층건물 규제」, 『경향신문』, 1979년 4월
    26일.

34 대한주택공사, 『대한주택공사 30년사』, 대한주택공사, 1992.

35 「둔촌아파트 지구 공사계획 소홀의 건」, 1981, 감사원. 국가기록원,
    『대한주택공사 처리안』철 내 기록물(사삼141.2-2133), BA0070308.

36 1975년부터 1990년 사이에 전년 대비 공사비 상승이 높았던 때는 1978년
    41퍼센트, 1979년 50퍼센트로 둔촌주공아파트의 건설이 시작되던 시점이다.
    대한주택공사, 앞의 책, 348쪽.

37 강부성 외, 앞의 책, 1999.

38 1971년부터 1980년까지 대한주택공사가 전국 각 도시에 건설한 주택은 16만

7616호이며, 이 중 53.6퍼센트가 13평형이었다.

39 가장 대표적인 평면인 '13RC-2'와 동일 유형으로 보이는 것은 13RC-4, 6, 8, 10, 12, 14이며, 더스트슈트(D.C)의 위치, 화장실 창문 위치 및 넓이, 연탄 저장고 위치 및 크기, 공용부 계단 폭, 베란다 전면 폭 등의 미세한 조정이 계속되었다. 이 평면은 전국 59개 현장에 적용되었다.『주택단지총람 '78~80』, 대한주택공사, 1981, 195~199, 222~224, 233, 234, 238쪽 도면 참고.

40 대한주택공사,『주택단지총람 '71~77』, 대한주택공사, 1978.

41 100미터가 넘는 긴 주동을 주로 이용했다. 잠실 1단지의 경우 13평형 60호, 13평형 110호, 3단지의 경우 17평형 90호, 15평형 80호, 4단지의 경우 17평형 80호로 구성되었다.

42 주거 지역을 보호하는 차원에서 통과 교통을 배제해 소음을 줄이고 안전을 증진하기 위해 차량이 회전해 나갈 수 있도록 원형으로 설치한 도로시설물을 말한다.

43 태양열 온수 공급 실험은『주택』통권 제135호(1977년 2월)에 실린 임서환의 「태양열 난방 시스템의 모델」에서 처음 논의되며, 다음 해인『주택』통권 제136호(1978년 3월)에서 임서환의 「태양열 난방비용 추정」에서 활용을 가정한 구체적인 제안이 등장한다. 그리고 그 다음해에 둔촌주공아파트에 최초로 시험 적용되었다. 대한주택공사,『대한주택공사 30년사』, 대한주택공사, 1992, 352쪽.

44 같은 책, 226쪽.

45 같은 책, 226쪽.

46 오휘영, 「우리나라 근대조경 태동기의 숨은 이야기(6)」,『환경과조경』2000년 6월 호; 오휘영, 「우리나라 근대조경 태동기의 숨은 이야기(1)」,『환경과조경』 2000년 1월 호. 이 연재는 당시 청와대 조경 담당 비서관으로 근무한 오휘영의 회고록이다. 1970년 청와대 비서실장은 당시 미국 일리노이주립대학교 대학원에서 조경학 석사학위를 취득하고 시카고에서 지역녹지관리처 조경 담당 비서관으로 근무 중이던 오휘영이 일시 귀국한 틈을 타 청와대에서 '조경에 관한 브리핑'을 진행하게 했다. 이 자리에는 박정희 대통령을 비롯해 비서실장, 경호실장, 경제수석, 관계 장관들이 참여했다. 이후 경주개발계획이 세계은행으로부터 차관을 확보하며 본격적으로 추진되자 오휘영을 청와대 조경 담당 비서관으로 영입했고, 오휘영은 1972년 5월 2일 귀국해 근무를 시작했다.

47 대한주택공사,『대한주택공사 30년사』, 대한주택공사, 1992, 310쪽.

48 한국종합조경공사는 박정희 대통령의 지시로 전국 주요 건설 업무에 참여할 조경 시공 전문기관 설립을 위해 5개의 관련 국영단체(대한건설협회, 대한관상수생산협회, 대한주택공사, 산업기지개발공사, 한국도로공사)와 12개 건설업체(삼부토건, 현대건설, 평화건업, 대림산업, 동아건설산업, 미륭건설, 한국건업, 삼환기업, 진흥기업, 한신공영, 고려개발, 한일개발)가 공동 출자해 설립되었다. 김종필 국무총리는 훈령으로 국영기업체 및 국가 관련 조경 공사는 모두 한국종합조경공사에서 진행하도록 지시했다. 이에 따라

1974년 국립묘지 조성 사업부터 한국전쟁 참전용사 기념비, 제주 중문지구 국제관광단지 개발 계획 등 다수의 국책사업을 진행했다. 한국종합조경공사의 주요 요지에는 서울대학교 환경대학원 1기 출신들이 선발되었고, 다수의 상징적인 국가 사업을 진행한 "조경 업계 발족의 산실"이었던 만큼, 당시 "직원들의 프라이드는 그야말로 대단했다". 그들은 "헤아릴 수 없을 정도로 많은 아파트 단지 조성"에도 참여했다. 한국종합조경공사가 둔촌주공아파트 조경 공사를 진행하는 사이에 정권이 교체되었고, 공기업의 방만한 경영을 문제 삼아 공사의 민영화와 조경업 개방이 결정되어 1980년 2월 26일 삼부토건이 인수해 상호를 한국종합조경(주)(대표: 박시헌)로 바꾸었다. 삼부토건주식회사, 『삼부 오십 년』, 1999, 340쪽; 오휘영, 「우리나라 근대조경 태동기의 숨은 이야기(6)」, 『환경과조경』 2000년 6월 호.

49　대한주택공사, 『주택 단지 조경 설계 기법』, 대한주택공사, 1982.

50　이외에도 단지 내 상가 등 주요 거점 휴게공간에 '역사', '창조', '흉관'이라는 제목의 조각상이 설치되었는데, 당시 국가와 사회가 중요하게 생각했던 가치의 상징물을 대한주택공사가 자체 제작한 것으로 보인다. 한편, 둔촌주공아파트 관리사무소 뒤편 휴게시설에 설치된 청동 조각이 작가가 직접 만든 '진품' 조각상이었다고 하나 단지 안에서의 존재감은 다소 미미한 편이었다.

51　'대한민국 산업디자인의 아버지'로 불리는 민철홍(1933~)은 1963년부터 1998년까지 서울대학교 미술대학 디자인학부 교수로 재임했다. 박정희 정권 초기부터 1963년 '체신 1호' 전화기 디자인, 1966년 '제1, 2차 경제개발 5개년 계획 성과 및 전망' 전시 기획, 디자인 및 제작 등 정부와 서울시 등의 주요 사업 디자인을 맡았고, 1963년 서울특별시 문화상, 1970년 국무총리 표창을 받았다. 1972년부터 1980년까지 한국인더스트리얼디자인협회(KSID) 이사장, 1973년 한국조경학회 이사를 역임했다.

52　대한주택공사, 『대한주택공사 30년사』, 대한주택공사, 1992, 142쪽.

53　연간 주택 공급량은 1978년 30만 107호에서 1980년 21만 1537호로 급감했지만, 해당 시기 대한주택공사의 아파트 공급량은 1978년 2만 7801호에서 1981년 4만 4600호로 2배 가까이 급증했다. 전체 주택 공급량에서 대한주택공사가 차지하는 비중은 10퍼센트에서 20퍼센트로 증가했다. 같은 책.

54　같은 책, 152쪽.

55　1973년 건물 간 이격거리 개념이 도입될 당시 '건물 높이 대 인동거리'가 1대 1이었는데, 건물 높이를 인동거리의 1.25배(1.25:1)까지 가능하도록 완화되었다. 강부성 외, 『한국 공동주택계획의 역사』, 세진사, 1999, 268, 269쪽.

56　대한주택공사는 내부적으로 주요 실시설계 도면을 수록한 『주택의 기본 계획 및 설계』라는 보고서를 1982년부터 작성했고, 이후 매년 작성하는 것으로 정례화·제도화되었다. 이처럼 표준설계도가 '제도'로 운영되면서 일종의 관성을 갖는 시스템으로 자리 잡았다. 같은 책, 232~235쪽.

57　김정철, 「거장이기보다 위대한 지휘자」, 정림건축문화재단 온라인 아카이브 '정림건축 피플 앤 웍스'(JUNGLIM PEOPLE & WORKS), https://junglim.info/

essay/essay07.

58 둔촌주공아파트 거주 경험자들의 장소 애착 형성에 기여한 아파트 단지의
물리적 환경 요소와 공동체적 기억을 연구한 임준하, 「아파트 키즈의 아파트
단지에 대한 장소 애착과 기억: 둔촌주공아파트 사례를 중심으로」(서울대학교
대학원 석사논문, 2017)과 『안녕,둔촌주공아파트』 시리즈에서 이에 관한 내용을
확인할 수 있다.

2부

1. '보통의 삶'이라는 착시

1 최근 서울시가 진행한 '2018 서울서베이 도시 정책 지표 조사'에서 가구주 평균
연령이 51.5세로 조사된 것과는 큰 차이가 있다. 1980년 당시 주공아파트에
입주한 50세 이상 가구주는 8.1퍼센트에 불과했다.

2 대졸 이상의 비율이 특히 높았던 지역은 과천(84.9퍼센트),
대전(65.8퍼센트)이었다. 정부 행정기관의 이전과 밀접한 연관이 있을 것으로
보인다.

3 정확한 수치는 행정 관리직 50.9퍼센트, 판매 및 서비스직 18.1퍼센트,
전문기술직 16.4퍼센트였다.

4 '독채 전세'라는 분류가 따로 있는 것은 부분 임대로 거주하는 세대가 있었기
때문으로 추정된다. 지금은 아파트에서 한 집에 다른 가족과 함께 사는 것이
쉽게 상상되지 않지만, 1980년대에는 남는 방에 세입자 가구를 들이기도 했다.
1980년도 주택총조사 자료에 따르면 아파트의 경우 하나의 주택에 한 가구가
거주하는 경우가 93.9퍼센트로 대부분이었지만, 2가구 거주도 5.8퍼센트가량
있었다. 둔초주공아파트에도 이러한 사례가 적지 않았던 것 같다. 1983년
9월 5일 『매일경제』에 실린 「생산 소비자 직접 연결」이라는 제목의 기사는
둔촌종합상가에 농협 슈퍼마켓이 개장했다는 소식을 전하며 둔촌주공아파트
세대수를 5930세대라고 소개할 때 "월전세 입주자를 포함하면 7천여 세대"라는
말을 덧붙였다. 이는 추정치이지만, 둔촌주공아파트에서도 1세대 2가구 유형이
실제 있었음을 보여준다.

5 「3대 동거 아파트 늘어났다」, 『경향신문』, 1986년 11월 11일.

6 『안녕,둔촌주공아파트 4』(마을에숨어, 2016)에서는 2016년 당시
둔촌주공아파트에 거주하던 12가구를 방문해 인터뷰했는데, 이곳에서 20년
이상 오래 거주한 경우, 처음 이주하게 된 경위로 둔촌주공아파트에 살고 있던
친인척(친언니, 딸, 시누이)이나 친구의 추천이 있었다는 언급이 많았다.

7 강동구, 『제1회 강동통계연보』, 1986.

8 「둔촌 1동 동정 현황」(2017년 6월 30일 기준), 둔촌1동 주민센터 제공; 1992년

2만 6336명을 정점으로 찍은 후 인구수는 꾸준히 감소했지만 2만 명대를 유지했다. 주민들의 고령화와 자녀들의 독립, 그리고 재건축 추진이 가시화되기 시작한 2010년대 준반부터는 2만 명 이하로 줄어들었다. 주민들이 재건축으로 인해 이주하기 전 마지막 집계인 2017년의 인구는 1만 8715명이었다.

9 '안녕,둔촌주공아파트' 프로젝트를 진행하면서 동네 어르신을 만났을 때 보통 가장 먼저 나오는 질문이 "어느 초등학교 나오셨나?"였다. 어르신의 자녀가 나와 같은 초등학교를 다녔으면 바로 나이를 물어보고 아무개를 아는지 물어보는 순서로 대화가 진행되었다. 그 아무개는 본인의 자녀이거나, 같은 성당에 다니는 분의 자녀, 체육센터를 같이 다녀서 오래 알고 지낸 언니의 자녀 등 다양했다.

10 둔촌주공아파트 거주민을 인터뷰한『안녕,둔촌주공아파트 4』(마을에숨어, 2016)에 자신이 자란 집에서 다시 신혼살림을 꾸리고 살아가는 박예나 씨의 이야기(「내가 자란 집, 내 아이가 자라는 집」, 76~114쪽)가 있다. '어릴 적 같이 복도를 뛰며 놀던 옆집 언니네 아이와 자신의 아이가 다시 그 복도를 뛰고 있는 모습'을 보는 그의 경험과, '대모님', '자신의 어린 시절을 기억하는 옆집 아주머니', '자신의 할머니와 친하셨던 아주머니' 등의 이웃 관계를 통해 '대를 이어 내려오는 인간관계망'이 어떤 것인지 확인할 수 있다.

11 외지에서 뒤늦게 이사해 커뮤니티 활동을 하지 않고 자녀도 이미 장성하여 교류의 접점이 없었던 사람들은, "내가 들어갈 틈은 없는 느낌"이라고 말하거나 단지 내 스포츠센터에서 운동을 하면서 이웃과 교류를 할 수 있었던 경우에도 "쉽지는 않았"다고 회상했다.『안녕,둔촌주공아파트 4』, 마을에숨어, 2016.

12 남학생 학부모가 남자 중·고등학교를 선호하는 것은 남학생의 경우 남녀공학보다는 별학(단성학교)에서 학업 성취도가 높기 때문이다. 박현준·최재성, 「별학과 학업성취도」,『제1회 서울교육종단연구 학술대회 자료집』, 2012, 161~173쪽 참조.

13 『안녕,둔촌주공아파트 3』, 마을에숨어, 2015 참조.

14 입주자대표회의 및 관리 규약에 관한 내용은「공동주택관리법」제3장에 규정되어 있으며,「공동주택관리법」제2조 제1항 제8호에 따라 300세대 이상이거나 150세대 이상이면서 승강기 또는 중앙집중식 난방 방식이 적용된 공동주택은 의무 관리 대상으로 분류된다.

15 아파트 단지의 준공은 1980년 12월 22일이었으나, 그때는 입주자대표회의와 관련된 구체적인 법이 제정되지 않았었다. 1981년 10월 15일 공동주택관리령에 관련 내용이 제정되자, 1982년 1월 5일에 둔촌주공아파트 입주자대표회의를 구성하기 위한 창립총회가 개최되었고, 바로 이어 1월 9일에 관리 방법을 '자치 관리'로 결정하고 관리규약 및 제 규정 제정과 관리사무소장 및 기술 인력의 채용을 마쳤다. 그리고 1982년 3월 12일 자치 관리기구 인가를 받아 1982년 5월 1일 자치 관리소 개소를 마쳤다. 둔촌주공아파트 관리사무소,「인계인수서(일반 사항)」, 1992년 6월 11일 작성.

16 「둔촌1동 동정 현황」(2017년 6월 30일 기준), 둔촌1동 주민센터 제공.

17 올림픽선수·기자촌아파트가 속한 오륜동도 올림픽공원과 그린벨트만 있어

주민 거주 지역은 사실상 올림픽선수·기자촌아파트가 전부라고 볼 수 있다. 반포주공아파트 1단지 역시 반포본동과 맞먹는 규모이며, 단지 중간에 반포본동아파트와 한신상가아파트가 총 3동 60세대가 있지만, 반포본동 세대수의 1.6퍼센트에 불과하다. 가락시영아파트를 재건축한 헬리오시티 역시 가락1동의 대부분을 차지한다. 같은 행정구역에 동부센트레빌아파트가 있지만, 4개 동 206세대 규모로 가락1동 총 세대수 9568세대의 2퍼센트에 불과하다. 동별 세대수는 통계청, 「인구주택총조사」, 2020 참고.

18 예전에는 잠실 주공아파트 1단지가 잠실1동, 2단지는 잠실2동, 3단지와 4단지를 합쳐서 잠실3동, 그리고 5단지가 잠실5동이었다. 하지만 지금은 잠실 1동과 2동이 잠실2동으로, 잠실 3동과 5동이 잠실3동으로 합동되어서 잠실1동과 잠실5동이라는 행정동 이름은 사라지고 없다.

19 일례로 새마을부녀회는 1979년 전국에 8만여 개가 조직되었고, 회원 수는 270만 명에 이르렀다. 새마을운동의 모든 사안을 총괄하는 '새마을운동중앙협의회'는 물론이고, 정부 부처에 새마을운동을 담당하는 조직이 신설되었다. 각 시·도·군에서 '새마을운영협의회', 각 읍·면 단위에는 '새마을추진위원회', 각 리·동 단위에는 '리동개발위원회'가 구성되었고, 주민의 자치조직이었던 '마을회의'까지 공식적인 조직으로 편입시켜 중앙정부부터 지방까지 수직의 조직 체계를 구축했다. 그리고 기존의 주민 조직을 새마을운동의 공식 조직으로 편입시켰는데, 일례로 1977년 구성된 '새마을부녀회'는 1958년 농촌진흥청에서 관리하던 '생활개선구락부', 1970년 농협의 부녀회, 1968년 보건사회부의 '부녀교실', 1967년 가족계획협회의 '가족계획 어머니회' 등이 통합된 것이었다. 하재훈, 「박정희 체제의 대중통치: 새마을운동의 구조·행위자 상호작용을 중심으로」, 경북대학교 대학원 박사학위논문, 2006, 119~126쪽.

20 같은 글, 220쪽.

21 한국대학교수새마을연구회 편찬·기획위원회, 『새마을운동 40년사』, 한국대학교수새마을연구회, 2010, 759~766쪽.

22 대한주택공사 총무부 새마을 과장, 「'77 주공 새마을」, 『주택』 제36호, 대한주택공사, 1978년 3월.

23 대한주택공사, 『대한주택공사 30년사』, 대한주택공사, 1992, 539쪽.

24 1980~90년대에 둔촌주공아파트에 거주했던 주민의 경험에 따르면 5층짜리 저층아파트의 경우 하나의 출입구를 공유하는 10가구가 하나의 단위가 되었으며, 10층짜리 고층아파트는 타워형(총 40가구)의 경우 저층부와 고층부로 나누어 20가구씩 반상회를 진행했고, 복도형(총 80가구)의 경우는 2개 층 16가구씩 모였다고 한다.

25 하재훈, 「박정희 체제의 대중통치: 새마을운동의 구조·행위자 상호작용을 중심으로」, 경북대학교 대학원 박사학위논문, 2006, 158쪽.

26 「국민반을 재편성」, 『조선일보』, 1957년 3월 26일.

27 「'국민반'의 강화란 있을 수 없는 일이다」, 『조선일보』, 1957년 3월 27일; 「정치적

악용 염려 없을까」, 『조선일보』, 1957년 4월 3일; 「국민반 강화의 선행조건은
무엇인가」, 『경향신문』, 1957년 4월 22일; 「장 내무부 행정의 '패씨즘'적 성격」,
『동아일보』, 1957년 4월 26일.

28   각기 「새마을운동조직육성법」(법률 제3269호, 1980년 12월 13일 제정),
     「한국자유총연맹 육성에 관한 법률」(법률 제4107호, 1989년 3월 1일 제정),
     「바르게살기운동조직 육성법」(법률 제4465호, 1991년 12월 31일 제정)으로,
     해당 단체에 국·공유 재산의 대부, 경비 지원, 조세 감면 등의 지원이 가능하도록
     규정하고 있다. 이 외에 법적 근거는 미약하나 지방비의 보조를 받는 노인회,
     체육회, 예술인 단체, 보훈단체 등의 '임의 관변단체'도 있다.

29   대한주택공사, 앞의 책, 1992.

30   하재훈, 앞의 글, 128쪽.

31   「안 쓰는 물건 교환시장 둔촌동 주공 새마을부녀회」, 『경향신문』, 1985년 5월
     21일; 「동북중고 축구부 지원 둔촌동 새마을부녀회」, 『경향신문』, 1985년 7월
     11일; 「도로변에 코스모스 심어 둔촌 부녀회」, 『경향신문』, 1985년 8월 1일; 「시험
     당일 음료수 등 판매, 둔촌1동 새마을부녀회」, 『경향신문』, 1985년 9월 17일.

32   「둔촌1동 새마을부녀회 영세민에 쌀 전달 위문」, 『경향신문』, 1985년 10월 3일;
     「우편물 분류 작업 도와」, 『경향신문』, 1989년 12월 22일.

33   정석 외, 『마을 만들기, 그 후』, 서울시립대학교, 2017.

34   「지역사회 개발 전통 마을축제 거리 문화 행사 주민들 스스로 나선다」,
     『경향신문』, 1991년 11월 13일.

35   둔촌1동장, 동북중·고등학교장, 둔촌·위례 초등학교장, 월드스포피아
     사장, 한국전력 강동지점장이 자문위원으로 함께하였고, 통장협의회장,
     새마을부녀회장, 새마을문고 회장, 방위협의회장, 새마을지도자협의회장,
     바르게살기위원회장, 주부환경연합회장, 적십자봉사단장, 교동협의회장,
     청소년지도위원장, 재활용추진협의회장 등의 주민 직능단체 회장들이
     축제위원으로 참여했다.

36   임준하, 「아파트 키즈의 아파트 단지에 대한 장소애착과 기억: 둔촌주공아파트
     사례를 중심으로」, 서울대학교 대학원 석사학위논문, 2017.

37   「지역사회 개발 전통 마을축제 거리 문화 행사 주민들 스스로 나선다」,
     『경향신문』, 1991년 11월 13일.

38   박근영·김순영, 『지역민주주의와 관변단체에 관한 기초 연구』,
     민주화운동기념사업회 한국민주주의연구소, 2015, 115, 116쪽.

39   「'외부 차량 통제' 아파트 단지 도로 곳곳 폐쇄 '길 인심' 사나워진다」,
     『경향신문』, 1991년 11월 28일.

40   강부성 외, 『한국 공동주택계획의 역사』, 세진사, 1999, 171쪽.

41   「"아파트 통과 차량 사절" 담 설치 구청 철거 지시에 주민 집단 소」, 『동아일보』,
     1997년 8월 27일.

42 『안녕, 둔촌주공아파트 2』, 2013, 마을에숨어, 99쪽.

43 제1회 지방선거 시·도지사선거 서울 강동을 개표 현황(읍면동별),
중앙선거관리위원회 선거통계시스템(http://info.nec.go.kr/).

44 손낙구,「동네의 특성과 투표의 상관관계」,『한국공간환경학회 학술대회 논문집』,
2010, 59~70쪽; 김근영·조영태,「수도권 인구 교외화 시대에 지역의 인구·주거
특성과 선거투표 결과 간 관계에 대한 연구」,『한국지역개발학회 세미나 논문집』,
2010, 1~13쪽; 김도균·최종호「주택 소유와 자산 기반 투표: 17대~19대 대통령
선거 분석」,『한국정치학회보』 제52권 제5호, 2018, 57~86쪽.

45 「야3당 주자 모두 내노라: 둔촌1동이 핵심지」,『한겨레』, 1996년 2월 25일.

46 2000년 제16대 국회의원 선거에서 심재권 새천년민주당 후보가 처음
당선되었다. 제13대, 제14대, 제15대 국회의원이었던 김중위 한나라당 후보가
부천경찰서 성고문 사건 당시의 문제 발언으로 지지율이 하락하며 4선에
실패했다.

2. 단지를 바라보는 시선의 변화

1 「강동 지역 서민 아파트 매매 활발」,『매일경제』, 1981년 2월 12일.

2 「신흥개발지역에 투기 조짐」,『매일경제』, 1981년 2월 14일.

3 「아파트 상가 주변 무면허 복덕방 늘어」,『매일경제』, 1981년 2월 18일.

4 「신흥개발지역에 투기 조짐」,『매일경제』, 1981년 2월 14일.

5 「고덕지구 개발 순조: 서울의 전원도시로」,『경향신문』, 1983년 10월 31일.

6 「강남지구 아파트 매물 달려 값 계속 오름세」,『경향신문』, 1982년 10월 22일.

7 「강동의 부도심 가락에 새 시가: 개발 현황과 실태」,『경향신문』, 1983년 10월
25일.

8 「개포동 일대 아파트 매물 쏟아져 값 내림세」,『경향신문』, 1982년 5월 22일;
「전국 세무서 부동산 동태 파악 착수」,『경향신문』, 1982년 7월 16일.

9 개포동과 과천에서 주공아파트를 분양받은 가구를 조사한 결과 개포 1차
분양에서 1538가구, 과천 2차 분양에서 641가구가 적발되었고, 최고 1000만
원 이하의 벌금이 부과되었다.「투기아파트 첫 철퇴」,『조선일보』, 1982년 11월
10일.

10 「민영아파트 33퍼센트가 전매」,『경향신문』, 1982년 11월 12일. 이 기사의 제목만
보면 민영아파트에서 고르게 33퍼센트 정도가 전매자였을 것 같지만, 내용을
자세히 살펴보면 미도아파트와 경남아파트는 각각 13.3퍼센트, 1.4퍼센트에
불과했고, 서초 한양아파트가 67.8퍼센트, 압구정 현대아파트(9~12차)가
42.9퍼센트에 달했다.

11 「개포 쇼크 강동까지 아파트 거래 끊기고 값도 "주춤"」,『경향신문』, 1982년 11월
18일.

12 「강남 강동 거래 동향」, 『경향신문』, 1983년 10월 1일; 「이사철 아파트 값 안정세」, 『경향신문』, 1983년 10월 21일.

13 「집 살 돈 애써 모아도 집값 오른 폭 못 따라」, 『조선일보』, 1987년 9월 13일.

14 『안녕, 둔촌주공아파트 4』, 마을에숨어, 2016, 24쪽.

15 「주택도시 시대가 열린다 〈1〉 대대적 물량 공세로 투기 근절」, 『매일경제』, 1989년 4월 27일; 당시 압구정 현대아파트 80평이 평당 1000만 원을 돌파했고, 1987년 9월부터 1년 반만에 서초동 삼풍아파트 65평은 2억에서 4억 5000만 원으로 올랐다. 반포주공 25평은 6000만 원에서 1억 3000만 원으로, 둔촌주공 34평형도 5000만 원에서 1억 1000만 원으로 2.2배 상승했다. 「아파트 값 폭등에 공급 처방」, 『경향신문』, 1989년 4월 27일.

16 「대도시 아파트 값 계속 내림세」, 『동아일보』, 1989년 7월 5일.

17 「전국 아파트 값 보합세」, 『경향신문』, 1990년 6월 14일.

18 개포지구에 공급된 1만 5000여 세대 중 19.4퍼센트에 해당하는 3040세대(개포주공아파트 5~7단지)는 공급면적 30평형대 이상의 아파트로 건설되었다.

19 국무총리행정조정실, 「올림픽과 아시안게임 주요 시설 배치 조정 방안 시달」, 1982년 6월 28일.

20 「주택도시 시대가 열린다 〈1〉 대대적 물량 공세로 투기 근절」, 『매일경제』, 1989년 4월 27일. 분양선수금 6377억 원, 토지 채권 발행 9454억 원, 토지 매각 대금 9079억 원으로 총 2조 4910억 원이 투입되었으며, 이는 용지비 1만 800억 원, 개발비 5000억 원, 간접비 1900억 원, 개발 이익 7210억 원으로 운용되었다.

21 『안녕, 둔촌주공아파트 2』, 마을에숨어, 2013, 106~127쪽.

22 이-푸 투안, 『공간과 장소』, 사이, 2020, 99, 100쪽.

23 같은 책, 19쪽.

24 대한주택공사, 『대한주택공사 30년사』, 대한주택공사, 1992, 102쪽.

25 「잠실주공아파트 1단지 때 아닌 "투기 바람"」, 『중앙일보』, 1985년 1월 21일.

26 「노후 아파트 재건축 불허」, 『조선일보』, 1987년 10월 24일.

27 국정브리핑 특별기획팀, 『대한민국 부동산 40년』, 한스미디어, 2007, 243~245쪽.

28 김명수, 『내 집에 갇힌 사회』, 창비, 2020, 187~196쪽.

29 이러한 계획을 수년 뒤 새로운 단지에서 실제로 실현하기 위해서는 철거 이전의 사전 준비 작업과 공사 진행 과정에서 일부 현장 보존 등이 필요하지만 이에 대한 인지와 대응은 미흡했으며, 강동구청에 기부채납될 '문화 및 사회복지시설'에 설치될 '둔촌주공 기념 전시관'에 대한 논의는 재건축이 진행되는 수년간 지자체의 담당자가 계속 교체되면서 아직 협의할 단계가

아니라는 이유로 미루어지다가, 그사이 재건축 조합장과 임원이 모두 교체되는 일이 반복되었다. 이후 둔촌주공 기념 전시관이 단지 내 커뮤니티 시설에 설치하려는 시설 계획과 기능이 유사하다는 이유로 '문화 및 사회복지시설'에서 제외하는 방향으로 계획이 변경되었다.

3부

1. 재건축을 향한 20년

1 박성식, 『공간의 가치』, 유룩출판, 2015.

2 「조합장이 자꾸만 해임되는 이유… 재건축 공사비 묻지 마 증액 논란」, 『한겨레』, 2020년 9월 8일.

3 올림픽파크 포레온 홈페이지(http://www.olympicpark-foreon.com/).

4 주비위원회의 사전적 정의는 "정당의 창당 준비 위원회 결성을 준비하는 기구"로 "발기인 선정, 가칭 당명 결정, 발기 취지문 작성, 당사 마련 등의 기초 작업을 수행하며, 창당 준비 위원회가 구성되면 자동으로 이에 흡수"되는 모임이다. 표준국어대사전.

5 당시에 바로 추진위원회를 설립하지 않으면, 도시정비계획지구 지정을 받고 정비계획을 수립한 후에 추진위원회를 설립할 수 있게 제도가 변경되었다. 「재건축 단지 "다시 뛴다"」, 『매일경제』, 2003년 11월 5일.

6 시공사 선정 시점은 '조합 설립 이후'와 '사업 시행 인가 이후'로 나누어 볼 수 있다. 조합 운영에 필요한 자금 지원과 사업 추진 업무를 시공사가 주도할 수 있다는 점에서 '조합 설립 이후'에 바로 진행하는 것을 조합에서는 선호해왔다. 하지만 무리한 수주를 위한 각종 비리 등 문제가 심각해져 이를 방지하기 위해 사업 시행 인가 이후에 시공사를 선정하도록 시공사 선정 시점을 조정하는 할 때도 있었다.

7 「둔촌주공 재건축 삼성·LG 압축 경쟁」, 『파이낸셜뉴스』, 2002년 11월 28일.

8 「둔촌주공 시공사 재선정 추진… '시공권 무효' 수면 위로」, 『한국경제』, 2004년 5월 7일.

9 「서울 재개발·재건축 정책 달라지는 7가지는」, 『아시아경제』, 2009년 6월 10일.

10 「건설사들의 반란 "무리한 무상지분율, 사업 안 해"」, 『머니투데이』, 2010년 6월 14일.

11 「둔촌주공 재건축 시공사 선정 무산」, 『한국경제』, 2010년 7월 2일.

12 「둔촌주공 내홍, 무리한 수주 경쟁이 화근」, 『서울경제』, 2015년 12월 6일.

13 「'이상한' 둔촌주공 시공사 선정」, 『머니투데이』, 2010년 7월 19일.

14 「현대사업단, 둔촌주공을 품다」,『e대한경제』, 2010년 8월 29일.

15 「강남 은마아파트, 재건축 '불가'」,『머니투데이』, 2002년 8월 19일.

16 「둔촌동 주공아파트 재건축 힘들 듯」,『동아일보』, 2003년 1월 10일.

17 「강남 재건축 10퍼센트 이상 올라」,『매일경제』, 2005년 2월 13일.

18 서울특별시 고시 제2006-372호,『서울시보』제2730호.

19 법정 한도까지 건설을 허용하되 정비 계획에서 정한 용적률을 초과할 경우,
   초과분의 30~50퍼센트만큼 보금자리주택을 건설해야 한다는 조건이었다.

20 「저층 재건축 층수 높여 소형주택 늘린다」,『매일경제』, 2009년 9월 14일.

21 「"사업 계획 변경" 바빠진 재건축·재개발 조합들」,『매일경제』, 2009년 9월
   15일.

22 「가락시영 '3종 상향' 좌절」,『헤럴드경제』, 2011년 4월 27일.

23 「둔촌주공은 내부 갈등에 재건축 속도 못 내」,『매일경제』, 2011년 11월 17일.

24 「둔촌주공 등 재건축 단지 "종 상향 계속 추진"」,『파이낸셜뉴스』, 2012년 1월
   2일.

25 「둔촌주공 '사업 지연' 최악의 상황 오나?」,『헤럴드경제』, 2012년 10월 24일.

26 「종 상향 재건축 강동 둔촌주공, 입주자-조합원 '내홍'」,『헤럴드경제』, 2013년
   4월 3일.

27 「환경영향평가법」(법률 제10892호, 2011년 7월 21일, 전부 개정) 제2조(정의)
   제2항 참조.

28 환경영향평가 정보지원시스템(https://www.eiass.go.kr/)에서 둔촌주공아파트
   단지의 사업 코드는 HG2013A009다. 협의 기관은 한강유역환경청,
   승인기관은 서울시 강동구였으며, 환경영향평가서를 작성한 업체는
   ㈜제일엔지니어링이었다.

29 남아 있는 행정 자료들에 따르면 2013년에 처음 평가 준비서가 제출된 이후로
   수차례 제안과 검토의견 회신, 협의·보완 제출이 반복되었으며, 2017년 1월에
   둔촌주공아파트 재건축조합장이 국토교통부에 환경영향평가 제도 개선에 관한
   청원을 접수한 것으로 보아 그때까지도 논의가 완전히 끝나지 않았던 것으로
   보인다.

30 환경부,「생태·경관보전지역 지정 현황(2020년 12월 기준)」참고; 둔촌 습지는
   과거에 도로 개발로 사라질 위험에 처한 적이 있었는데, 지역 주민들이 둔촌
   습지의 생태적 중요성과 가치를 알리는 보존 운동을 펼쳐 생태경관보전지구로
   지정된 곳이었다. 지하수가 자연 용출되는 '도시 지역의 자연 습지'라는
   희귀성과 더불어 두꺼비, 맹꽁이, 솔부엉이, 황조롱이 등 야생동물의 서식지로서
   보존 가치가 높았다.「둔촌주공아파트 환경영향 평가서(초안)에 따른 의견
   제출」(2014년 1월 6일 발송) 중 강동구 푸른도시과 내용 참고.

31 서울특별시, 자연생태와-12898, 2012년 9월 7일, 서울특별시 정비사업

정보몽땅(https://cleanup.seoul.go.kr/).

32 둔촌 습지 보전에 대한 대책을 마련하라는 지시가 처음 있은 후로 둔촌주공재건축사업은 '종 상향'과 '건축 심의', 그리고 한 차례 더 이루어진 설계 변경까지 최소 세 번의 설계 변경이 진행되었다. 문제 해결 의지가 있었다면 유의미한 변화를 만들어낼 기회가 충분히 있었음에도 조합은 "영향이 예측됨에도 건축 재심의 등의 절차적 사유로 저감 방안을 수립하지 않"았다.

33 강동구청, 「환경영향평가서 보완 요청서」, 2015년 3월 6일, 2015년 3월 13일, 2015년 6월 3일, 2015년 6월 24일 발송 자료.

34 둔촌주공아파트 주택재건축정비사업조합, 「협의 내용 관련 사업 시행 계획서 조치 내용」, 2015년 6월.

35 같은 글.

36 강동구청, 「환경영향평가서 보완 요청서」, 2015년 3월 13일.

37 수목 조사는 ㈜장원조경에서 2회차로 나누어 시행했으며, 1차는 2015년 3월 16일부터 31일까지 16일간, 2차는 6월 10일부터 7월 8일까지 29일간, 총 45일간 진행되었다. 개발 대상지 내에 활용 가능한 교목과 관목을 대상으로 전수 조사해 수고(H), 근경(R), 흉경(B), 수 폭(W)를 기록했고, 각 수목 개체별 구역 위치와 번호를 표기한 현황 식생도를 캐드 도면으로 작성하고 수목 개체별 세부사항을 확인할 수 있는 현황 식생표는 엑셀 파일로 작성해두었다.

38 환경영향평가 정보지원시스템(www.eiass.go.kr), 둔촌주공아파트 재건축 정비사업 본협의 원문 정보 중 보완 1차, D-340(소음진동), 3쪽.

39 인근의 지분제 재건축 단지인 고덕 4단지(113.71퍼센트)나, 과천 6단지 (140.44퍼센트), 가락 시영(141.89퍼센트) 등보다 높은 수준이라고 언급했다. 「속도 내는 '둔촌주공' 재건축, 오는 24일 관리처분 총회」, 『한국경제』 2016년 9월 8일.

40 「둔촌주공 재건축, 관리처분 임시총회 앞두고 '갈등'」, 『한국경제』, 2016년 9월 11일.

41 「공정위, 둔촌주공 재건축 담합 여부 조사」, 『서울경제』, 2016년 11월 2일; 「둔촌주공 추가 분담금 늘며 갈등… 재건축 지연 우려에 가격도 하락」, 『조선비즈』, 2015년 12월 21일.

42 재건축 초과이익환수제는 재건축으로 조합원이 얻는 이익이 일정 금액을 초과하는 경우 초과금의 최고 50퍼센트를 부담금으로 환수하는 제도로 2006년에 처음 시행되었다가 부동산 시장을 위축시킨다는 이유로 2013년에 제도 시행이 한시적으로 유예되었고, 2014년 말에 '부동산 3법'이 통과되면서 유예기간이 2017년 12월까지로 연장되었다. 둔촌주공에서 무상지분율 갈등이 있던 2016년에는 유예기간 만료까지 1년가량 남은 상황이었다. 이후 2017년 5월에 문재인 정권이 들어서면서 예정대로 제도가 부활해 2018년 1월부터 재시행되었다.

43 「둔촌주공 재건축 이주 4개월 늦춘다」, 『한국경제』, 2016년 12월 22일.

44 「중도금대출 해법 찾았다··· 은행 콜라보」, 『매일경제』, 2017년 3월 14일.

45 「강남 재건축 이주 시기 조정··· 전세대란 막는다」, 『한국경제』, 2015년 4월 6일; 「전셋값 상승 '깁' 강동구민의 눈물 '서울 평균보다 2배 올랐다'」, 『매일경제』, 2015월 11월 3일.

46 「서울 '둔촌주공' 이주 수요 봇물··· 강동 '뛰는 전셋값'」, 『헤럴드경제』, 2017년 9월 3일.

47 「서울시의회 박호근 의원, 둔촌주공아파트 재건축에 따른 학교 휴교 문제 학부모 간담회 가져」, 『폴리뉴스』, 2017년 9월 12일.

48 국회 사무처 소속 사단법인이었던 한국동물복지표준협회(당시 사무총장 하병길)는 2017년 12월 둔촌주공아파트 길고양이 활동에 개입하기 시작해 국회 토론회를 수차례 개최하는 등 언론으로 공개될 대외적인 활동에만 치중했으며, 단지 내 수백 마리에 달하는 고양이 이주를 위한 실질적인 대책 마련에는 실패했다. 당시 협회의 사무총장은 더불어민주당 동물정책 특보단 총괄 단장으로 임명되기도 했으나, 그 이후의 행보는 확인되지 않는다.

49 「'공사판'이 된 강동구, 학생들이 피해자가 됐다」, 『오마이뉴스』, 2018년 5월 14일.

50 「"안전한 통학로 확보 해달라" 한산초 학부모들이 집회 나선 이유」, 『헤럴드경제』, 2018년 5월 1일.

51 「공사판에 둘러싸인 '통학로'」, 서울·경기 케이블TV, 2018년 5월 30일.

52 「[밀착카메라] 교문 옆 공사차량 출입구?··· 통학길 안전은」, JTBC, 2018년 5월 21일.

53 강동구청, 「환경영향평가 항목 등의 결정 내용」, 2013년 7일; 강동구청, 「환경영향평가서 보완 요청서」, 2015년 3월 6일; 강동구청, 「환경영향평가서 보완 요청서」, 2015년 6월 3일.

54 「강동구, '둔촌주공 재건축아파트 안전 관련 민관협의회' 출범」, 『파이낸셜뉴스』, 2018년 8월 1일.

55 「"둔촌 재건축 석면감시단 운영 파행" 강동구청에 모인 학부모들」, 『헤럴드뉴스』, 2018년 10월 5일.

56 「강동구 학부모들 "구청 못 믿겠다··· 둔촌주공 석면 누락 발견"」, 『헤럴드경제』, 2018년 11월 19일.

57 「석면 논란 14개월··· 둔촌주공 재건축 '한숨'」, 『한국경제』, 2019년 3월 19일. 모르타르 자체는 석면과 무관한 물질이지만, "주민감시단은 석면 장판과 수십 년간 흡착돼 있었던 만큼 모르타르를 석면 유사 물질로 보고 별도 보양·방진 처리를 추가한 뒤 철거해야 한다고 주장"했다. 이에 대해 재건축조합은 "일반폐기물인 몰탈[모르타르]을 100퍼센트 지정 폐기물로 처리할 것"을 석면감시단이 했던 무리한 요구 중 하나로 언급했다. 「1만 2천 가구! 국내 최대 재건축 둔촌주공 재건축 단지, 본격적인 철거 시작되다」, 『위키리스크한국』, 2019년 6월 25일.

58 「서울 둔촌주공 재건축, 석면 해체·철거 개시」, 『헤럴드경제』, 2019년 4월 16일.

59 「석면 나뒹구는 재건축 현장… 어떻게 착공 '허가'가」, MBC 뉴스데스크, 2020년 1월 9일.

60 「1만 2천 가구! 국내 최대 재건축 둔촌주공 재건축 단지, 본격적인 철거 시작되다」, 『위키리스크한국』, 2019년 6월 25일.

61 「이정훈 강동구청장 '석면 해체 쇼맨십'에 둔촌주공 조합원들 '발동동'」, 『에너지경제』, 2020년 1월 19일.

62 둔촌주공아파트 내부 자료.

63 「재건축·재개발, 소송에 피멍 든다」, 『대한경제』, 2010년 8월 25일.

64 「늘어나는 재건축 아파트 후분양… 장단점은?」, 연합뉴스TV, 2019년 6월 26일.

65 「둔촌주공 조합장 "분양가 3.3제곱미터당 3550만 원 미만 시 '통매각' 불사"」, 『뉴스핌』, 2019년 11월 1일.

66 「무리한 분양가 규제… 결국 내분 휩싸인 '둔촌 주공'」, 『아시아경제』, 2020년 6월 8일; 「둔촌주공 분양가 3천만 원 넘길 듯」, 『매일경제』, 2020년 6월 16일.

67 「개포주공1단지, HUG 분양가 상한 최대치 받아… 3.3제곱미터당 4750만 원」, 『이뉴스투데이』, 2020년 6월 19일.

68 「둔촌주공 분양가 3천만 원 넘길 듯」, 『매일경제』, 2020년 6월 16일.

69 「한숨 돌린 재건축 조합… "시장 영향은 제한적"」, 『동아일보』, 2020년 3월 19일.

70 「둔촌주공 조합, 결국 분양가 못 올릴 듯」, 『매일경제』, 2020년 6월 5일.

71 「둔촌주공 "분양가 통제로 갈등 유발 유감"… 9월 분양 가능성도」, 『머니투데이』, 2020년 6월 9일.

72 「"왜 우리 돈으로 일반분양 로또 만드나"… 둔촌주공 운명은」, 『조선일보 땅집고』, 2020년 6월 19일.

73 「둔촌주공 공사중단 위기… 시공사업단 "7월 총회 후 일반분양 일정 확정되지 않으면 공사 중단"」, 『아시아경제』, 2020년 6월 24일.

74 「'조합장 해임 발의' 둔촌주공… 시공사 교체 맞불」, 『머니투데이』, 2020년 6월 25일.

75 「둔촌주공 조합원 반발 커지자… 시공사 "현실 직시하라" 또 '경고'」, 『서울경제』, 2020년 6월 27일.

76 「'분양가 갈등' 둔촌주공 조합장 사퇴 선언 "9일 총회 마치고 물러나겠다"」, 『한국경제』, 2020년 7월 1일; 「내홍 깊어진 둔촌수공, 9일 예정된 총회 전격 취소」, 『서울경제』, 2020년 7월 8일.

77 「둔촌주공, "HUG와 상한제 중 높은 분양가로 분양하자"」, 『아시아경제』, 2020년 7월 10일.

78 「"분상제 감수하겠다" 구청 몰려간 '둔촌주공' 조합원들」, 『프라임경제』, 2020년
7월 9일;「[단독] 탈 많은 둔촌주공… 결국 상한제 적용받는다」, 『서울경제』,
2020년 7월 16일;「민간택지 분양가상한제 D-1… 입주자모집공고 신청 속출」,
『연합뉴스』, 2020년 7월 28일. 이 난리통을 겪은 것은 둔촌주공아파트뿐만이
아니었다. 신반포3차 경남아파트(래미안 원베일리), 신반포15차 아파트(래미안
원펜타스) 등도 분양가상한제를 피하는 막차를 타기 위해 유예 기간 마지막
날에야 입주자 모집 공고 신청이 이루어졌다.

79 「둔촌주공 연내 분양 힘들 듯… 구 조합집행부·조합원모임 소송전 돌입」,
『한국정경신문』, 2020년 9월 8일.

80 「'단군 이래 최대' 둔촌주공도 결국 분양가상한제로」, 『조선일보』, 2020년 9월
25일.

81 「[단독] 둔촌주공 재건축, 아직 분양가상한제 피할 수 있다」, 『매일경제』, 2020년
9월 25일.

82 「집값 잡겠다더니… "둔촌주공도 3.3제곱미터당 4000만 원 충분"」, 『한경
집코노미』, 2020년 1월 9일.

83 「[부동산 2021] "올해도 오른다. 그러나 영끌해서 살 때는 아니다"」, 『조선비즈』,
2021년 1월 3일;「25번째 대책, 2025년 전후 '입주 폭탄'에 집값 급락 가능성」,
『조선일보』, 2021년 2월 5일.

84 「홍남기, "서울 집값 고평가" 매수 자제 당부」, 『동아일보』, 2021년 7월 1일;
「노형욱의 경고 "집값 2~3년 뒤 반대로… 갭투자·영끌 말라"」, 『머니투데이』,
2021년 7월 1일.

85 「집값 하락 경고 아랑곳… 하반기에도 '불장' 계속된다」, 『뉴데일리경제』, 2021년
7월 6일.

86 「타워크레인 노조 파업 돌입… 3천 대 멈춘 건설 현장 '비상'」, YTN, 2021년 6월
8일.

87 「둔촌주공 조합, 후분양 고심에… 시공사 "절대 불가"」, 『이데일리』, 2021년 6월
22일.

88 「분양가상한제 완화, 집값 부추기지 않게 신중해야」, 『한국일보』, 2021년 9월
11일.

89 「둔촌주공, 대의원회 구성·'분상제' 개선… 재건축 가속도 붙나」, 『미디어펜』,
2021년 9월 12일;「"부르기 쉽고 고급스러워야 랜드마크"… 대어급 재건축
'네이밍 경쟁'」, 『서울경제』, 2021년 11월 21일.

90 「둔촌주공 '2월 분양' 산 넘어 산… 시공사와 갈등으로 '올스톱' 위기」,
『머니투데이』, 2021년 11월 25일.

91 「둔촌주공, 커지는 파열음… 분양 일정도 '안개 속'」, 『시사저널』, 2021년 12월
1일.

92 「현대사업단의 불편한 진실」, 둔촌주공조합원모임 공식 카톡채널 카드뉴스,

2021년 12월 6일 발송

93 「둔촌주공 '2월 분양' 산 넘어 산… 시공사와 갈등으로 '올스톱' 위기」,
『머니투데이』, 2021년 11월 25일.

94 「조합-시공사 갈등 고조… 둔촌주공 일반 분양 '시계제로'」,『서울경제』, 2021년
11월 28일;「10년 넘게 기다렸는데… 재건축 표류하는 둔촌주공」,『한국경제』,
2021년 12월 1일.

95 「현대건설 사업단 "둔촌주공 공사비 증액은 적법한 계약" 주장」,『조선비즈』,
2021년 12월 8일. 공사비 증액에 대해 현대건설 시공단은, "적법한 절차와
계약에 근거한 요청에 협조하지 않은 바 없으며, 이미 한국부동산원에
공사비 적정성 검토를 받았다, 2021년 5월 29일 임시총회에서도 해당
계약과 건축시설 공사비(3조 2293억) 등을 명기하고 결의를 받아 적법한
절차에 의해 사업을 진행 중이다, 새로운 조합에서 분양을 위한 택지비 감정
평가를 취소·재신청·보류했고, 분양 일정을 수차례 번복하는 등 일반분양을
지연시켰으며, 지난 공사 계약의 불법을 주장하고, 마감재 변경을 요구
중이다"라는 요지의 입장을 밝혔다.

96 「[단독] 둔촌주공 재건축 시공사-조합 갈등… 끝내 소송전으로 비화」,
『헤럴드경제』, 2021년 12월 23일.

97 서울시에서 근무한 바 있는 정비사업 행정 전문가이자 도시계획기술사가
총괄 코디네이터를 맡고, 법률과 건설시공 관련 전문가가 각 분야의 전문
코디네이터로 함께 참여했다. 서울특별시 클린업시스템 둔촌주공아파트
주택재건축정비사업조합 공지사항 중 '정비사업 조합 운영실태 국토부 합동점검
계획 알림(둔촌주공 재건축정비사업) 및 서울시 코디네이터 활동보고서(최종본)
게시', 2022년 5월 19일 등록.

98 「공사비 갈등 '둔촌주공-시공사' 첫 협상… "입장차만 확인"」,『머니투데이』,
2021년 12월 15일.

99 「서울시 정비사업 조합 등 표준 행정 업무 규정」 제45조(보증행위 등 금지)
임원(위원)·직원은 다음 각 호의 어느 하나에 해당하는 행위를 하여서는 아니
된다. 다만, 총회 또는 대의원회 등에서 결의된 사항 및 계약은 그러지 아니한다.

1) 조합 등으로부터 금전·부동산, 그 밖의 재산의 보관·예탁·신탁을 받는 행위
2) 조합 등 또는 정비사업과 관련된 업체로부터 금전·부동산, 그 밖의 재산을
   대차하는 행위
3) 조합 등의 채무에 관하여 보증하는 행위. 단, 조합장등은 제외

100 「'공사중단' 둔촌주공 재건축 조합, 시공사업단과 소송전 돌입」,『한국경제』,
2022년 3월 22일.

101 서울특별시 클린업시스템의 눈촌주공아파트 주택재건축정비사업조합 공지사항
중 '정비사업 조합 운영 실태 국토교통부 합동 점검 계획 알림(둔촌주공
재건축정비사업) 및 서울시 코디네이터 활동 보고서(최종본) 게시', 2022년 5월
19일 등록.

102 「서울시 둔촌주공 중재안… 조합 "큰 틀에서 수용", 시공사업단은 거부」,

『조선일보』, 2022년 6월 3일;「둔촌주공 중재안에 시공단 거부… "경매로 공사비 회수하려는 것 아니냐" 우려」, YTN, 2022년 6월 4일.

103 「'상가 분쟁'에 막힌 둔촌주공 '내타협'… 공사 재개 늦춰지나」, 『서울경제』, 2022년 7월 7일.

104 2021년 7월 10일 둔촌주공재건축 임시총회 결과 참고.

105 「'공사중단' 둔촌주공 재건축 '뇌관' 된 상가갈등… '무상지분율'이 뭐길래」, 『경향신문』, 2022년 7월 12일.

106 신조합과 관련한 부정적인 이슈들은 2021년 7~8월에 특정 언론을 통해 이미 기사화된 바 있었다. 상가 '지분 쪼개기' 문제와 새로운 '통합상가운영위원회' 설립을 준비 중이라는 이야기도 언급되었다. 「둔촌주공아파트 재건축사업. 부대사업 이권 두고 브로커 정황 발견」, 『잡포스트』, 2021년 7월 23일;「둔촌주공 재건축, 시공사와 조합의 갈등으로 공사중단 초읽기」, 『위키리스크한국』, 2021년 8월 13일;「둔촌주공 재건축 상가, 노점보다 적은 면적의 공유지분제」, 『위키리크스한국』, 2021년 8월 30일.

107 「평행선 달리는 '둔촌주공 사태'… 시공단 "서울시 중재안 거부"」, 『서울파이낸스』, 2022년 6월 3일.

108 「[단독] 둔촌주공 재건축 조합장 갑작스런 사퇴… 이유는?」, 『이데일리』, 2022년 7월 17일.

109 「'공사 중단 3개월' 둔촌주공 조합장 돌연 사퇴… 새 국면 맞이하나」, 『조선일보』, 2022년 7월 18일.

110 「둔촌주공 105일만에 극적 합의… 11월 공사 재개할 듯」, 『매일경제』, 2022년 7월 29일.

111 하지만 소송전은 계속될 것으로 보인다. 통합상가위원회가 조합이 독립정산제인 상가 조합 설립 승인을 취소할 권한이 없다며 맞서고 있다. 「둔촌주공 공사 재개 길 열렸다… 법원 상가위 가처분 기각」, 『서울신문』, 2022년 10월 14일.

112 「현대건설사업단 '손실비용과 공사기간 연장에 대한 안」, 2022년 9월 8일.

113 「둔촌주공 입주권 올해 6억 '뚝'… 분담금 폭탄 분양가 조정 '이중고'」, 『매일경제』, 2022년 9월 26일.

114 「"못 갚아주겠다"… 레고랜드 대출 부도 사태에 지자체 개발사업 빨간불」, 『이코노미스트』, 2022년 10월 8일.

115 「둔촌주공 사업비 7000억 원 차환 실패… 시공단이 상환한다」, 『경향신문』, 2022년 10월 21일.

116 「둔촌주공PF 차환발행에 채안펀드 참여… 금리 12퍼센트 안팎」, MBC, 2022년 10월 28일.

117 「롯데건설, 재무건전성 악화에 유증 결정… 그룹 차원 긴급 수혈」, 『시사오늘·시사온』, 2022년 10월 19일;「롯데건설, 계열사서 3천억 원 또 빌려… 지난달 7천억 원 이어 '운영자금' 명목」, 『한국정경신문』, 2022년 11월 9일.

118 「롯데건설, 2천억 원 유상증자… 재무구조 안정화 차원」,『연합뉴스』, 2022년 10월 18일.

119 「부동산 PF 전면 중단… 발등에 불 떨어진 건설사들」,『헤럴드경제』, 2022년 11월 8일. 이 기사에 따르면, 대한건설협회에 따르면 지난 7월까지 협회에 부도 신고된 종합건설업체는 4곳이다. 올해 당좌거래 정지가 이뤄진 건설사와 관계사도 17곳에 달한다.

120 「둔촌주공 분양 내달로 앞당겨」,『매일경제』, 2022년 11월 4일.

121 「"분양하면 미분양, 미루자니 금융 부담"… 딜레마 빠진 건설업계」, 『시사저널이코노미』, 2022년 10월 19일.

122 「둔촌주공 평당 분양가 3829만 원… 84제곱미터 13억에 중도금 대출 불가」, MBN뉴스, 2022년 11월 16일.

123 「원희룡 "둔촌주공 84㎡ 중도금 대출 불가… 추가 완화 글쎄"」,『동아일보』, 2022년 11월 21일.

124 둔촌주공 재건축사업이 정부의 연이은 부동산 정책 발표의 최대 수혜지가 되자 일각에서는 1998년 개봉한 영화「라이언 일병 구하기」의 제목에 빗대 이를 풍자했다.

125 「원희룡 장관 "둔촌주공 입주자 돕는 길, 시멘트·레미콘 운송 정상화"」, 『한스경제』, 2022년 11월 30일.

126 「업무개시명령 송달 '갑론을박'… 화물연대 "효력 없다" vs 국토부 "처벌 목적 아냐"」,『뉴스핌』, 2022년 12월 6일.

127 「"일반분양자가 호구냐" 비판 나온 둔촌주공, 분양가 얼마기에」,『머니투데이』, 2022년 11월 17일.

128 「윤지해 부동산R114 수석연구원 "서울 청약 경쟁률 26대 1… 우려 수준 아냐"」, 『뉴스토마토』, 2022년 11월 15일;「13억에 '주방뷰'라도… "둔촌주공 청약 10만 명 몰릴 것" 전문가 전망」,『머니투데이』, 2022년 11월 17일.

129 「분양가 부담됐나… 둔촌주공 특별공급 경쟁률 3.3대 1 그쳐」,『조선일보』, 2022년 12월 5일.

130 「'10만 청약설' 틀렸다… 둔촌주공 1순위 경쟁률 3.7대 1 그쳐」,『조선일보』, 2022년 12월 7일.

131 「'흥행 참패' 둔촌주공, 미계약 가능성에 떠는 증권사들… 내달 만기 PF 채권만 7200억 원」,『조선비즈』, 2022년 12월 16일.

132 "Rate Hikes Put South Korea's Largest Apartment Complex in Focus," *Bloomberg*, January 11, 2023.

133 「[속보] "둔촌주공 청약 당첨 포기할 필요 없겠네"… 실거주 의무 없애고 중도금 대출 허용」,『매일경제』, 2023년 1월 3일.

134 「HUG, '유동성 위기' 빠진 건설업계 위해 '15조 원' 푼다」,『아시아타임즈』,

2023년 1월 3일.

135 「중도금 대출 한도·실거주 의무 다 없앤다」, KBS뉴스, 2023년 1월 4일.

136 「둔촌주공 PF 리스크 해소⋯ 7500억 원대 HUG 보증대출 승인」, 『중앙일보』, 2023년 1월 12일.

137 「84m² 10.2억 '장위자이 레디언트', 59%만 계약됐다」, 『머니S』, 2023년 1월 11일; 「둔촌주공, 정책 지원에도 대규모 미달 사태⋯ "선방 vs 시장 더 위축"」, 『서울신문』, 2023년 1월 18일.

138 「둔촌주공 59~84m², 사실상 100% 계약」, 『동아일보』, 2023년 2월 13일.

139 「미분양 85%가 지방⋯ 정부 외면 속 지방사업장 줄도산 위기」, 『이데일리』, 2023년 3월 9일.

140 「둔촌주공 추가 공사비 9700억 검증 불가⋯ 시공비 갈등 또 터진다」, 『헤럴드경제』, 2023년 3월 31일.

141 「또 공사비 분쟁" 둔촌주공 시공단 청구한 '9000억 원' 재검증」, 『머니S』, 2023년 4월 1일.

142 「둔촌주공, 완판에도 속앓이⋯ "이주비 이자 깎아달라"」, 『SBS Biz』, 2023년 3월 9일.

143 「"둔촌주공 욕심 과하다"⋯ 대출이자 인하 요구에 은행들 '거절'」, 『한국경제 집코노미』, 2023년 4월 9일.

144 「둔촌주공 중도금대출 6개 은행 선정⋯ 금리 5% 넘는 곳 뺐다」, 『파이낸셜뉴스』, 2023년 4월 13일.

145 「"억대 이주비 이자 깎아달라"⋯ 은행 찾아 집회까지 여는 둔촌주공」, 『헤럴드경제』, 2023년 4월 24일.

146 「"실거주 의무 없어진다더니" 투자 목적 청약자 멘붕」, 『중앙일보』, 2023년 3월 17일.

147 「'둔촌주공' 입주권, 18억 원에 팔렸다⋯ 수분양자들 호재될까」, 『경향신문』, 2023년 6월 6일.

2. 숫자에 밀려버린 집

1 재건축 이후에 서비스 면적으로 추가되는 면적은 세대 규모마다 조금씩 다르지만 49제곱미터 이하는 전용면적의 약 10퍼센트, 59제곱미터 이상은 전용면적의 20~30퍼센트가 될 예정이다.

2 「건축법 시행령」 제5조 제1항 또는 제5조의5 제1항 등 건축 심의 대상에 해당할 경우.

3 한경 경제용어사전 참조.

4 대지의 조경 기준(「건축법」 제42조), 건폐율 산정 기준(「건축법」 제55조),

대지 안의 공지 기준(「건축법」 제58조), 건축물의 높이 제한(「건축법」 제60조, 제61조), 제 부대시설 및 복리시설의 설치 기준(「주택법」 제35조 제1항 제3호 및 제4호) 등.

5 서울시 건축위원회는 「건축법」 제4조 및 동법 시행령 제5조의5 및 「서울특별시 건축조례」 제5조에 근거해 설치된 기구이다. 「서울특별시 건축조례」의 제정·개정, 「건축법」 제5조에 따른 건축법령의 적용 완화 여부 및 적용 범위에 관한 사항, 「건축법 시행령」 제5조의5 제1항 제4호에 따른 심의 대상 건축물, 「도시 및 주거환경정비법」 제30조의3 제4항 제7호에 따라 법적 상한 용적률을 확정하기 위한 건축물의 건축에 관한 사항, 「건축법」 제72조 제1항 및 제2항에 따라 건축위원회 심의를 신청하는 건축물의 특별건축구역의 지정 목적에 적합한지 아닌지와 특례적용계획서 등에 대한 사항 등을 심의한다. 위원회 구성은 서울시 주택건축 국장을 위원장으로 공무원 3인, 시의원 4인, 교수(건축, 도시공학, 문화재, 교통공학, 사회기반시스템, 조경 등) 59인, 기업(건설사, 건축사사무소, 엔지니어링 등) 67인, 문화재 및 박물관 관련 3인, 법률 관련 4인, 연구원 인력 9인으로 총 149명이며, 임기는 2년이다. 서울 정보소통광장(opengov.seoul.go.kr) 회의 정보 중 주택도시계획 부문 참조.

6 서울시 공공건축가는 2012년에 시작된 제도로 서울의 건축 및 공간 환경의 공공성 확보 및 품질 향상 등을 통한 서울의 경쟁력 제고를 목표로 시행되었다. 주로 만 45세 이하의 신진건축가로 공공 발주 건물의 기획, 설계업무에 대한 조정, 자문을 맡거나 소규모 공공건축물의 지명 현상설계에 참여하는 방식으로 운영된다. 이와는 별도로 재개발, 재건축, 뉴타운 등 대규모 정비계획의 가이드 제시 및 자문을 맡는 MP 부분은 건축계 중진 그룹에서 선정해 위촉한다. 서울정책아카이브(seoulsolution.kr), '서울시 공공건축가' 정책 내용 참고.

7 둔촌주공아파트를 비롯하여 반포주공 1단지(1·2·4주구), 개포 1단지, 개포 2단지, 개포 3단지, 개포 4단지, 개포시영, 공릉1구역 재건축정비사업에 서울시 공공건축가가 참여했다. 공공건축가에 대한 대가는 엔지니어링 기술자 노임단가(기술사 부문)가 적용되었고, 그 예산은 주택정책실 건축기획과의 서울형 공공건축가 운영비에서 충당되었다.

8 정진국, 「서울시 공공건축가제도를 통한 MP 사례: 둔촌주공아파트 사례를 중심으로」, 『건축과사회』 제26호, 새건축사협의회, 2014, 79~86쪽.

9 「도시 및 주거환경 정비법 시행령」 제35조(토지 등 소유자 동의서 재사용의 특례).

10 「[세운푸르지오헤리시티] 서울 한복판, 1인 가구 겨냥했다지만… 이게 아파트라고?」, 『조선일보 땅집고』, 2021년 5월 14일.

11 「둔촌주공만 기다렸건만… 소형평수 예비 청약자들 절망」, 『조선일보 땅집고』, 2022년 11월 9일.

12 예를 들어 84제곱미터가 59제곱미터와 혼합 배치되는 경우, 코너 부분에 59제곱미터 세대가 배치되었다. 84제곱미터와 109제곱미터가 혼합 배치되는 경우에는 109제곱미터 세대는 남향으로, 84제곱미터 세대는 동향으로 배치되었다.

13 권오영,「제품별 위계와 역할에 따라 가격 정하라」,『동아비지니스리뷰』제44호, 2009.

14 「집값 하락에… 공시가보다 낮은 거래 쏟아져」,『조선일보』, 2022년 11월 7일.

15 「설계도 본 예비청약자들 경악… 믿었던 둔촌주공의 배신」, 조선일보 땅집고TV, 2022년 11월 12일.

16 정진국, 앞의 글.

17 재건축 이전과 이후의 주민 공동체 내부에서 벌어지는 여러 갈등의 양태는 정헌목의『가치 있는 아파트 만들기』(반비, 2017)나 남기업의『아파트 민주주의』(이상북스, 2020) 등에서 구체적이고 생생하게 접할 수 있다. 그 외에도 전국의 수많은 입주 예정자, 입주자, 조합원이 개설한 온라인 카페에 가입할 수 있다면 각종 이권 다툼과 갈등을 어렵지 않게 볼 수 있다.

18 「둔촌주공 분양가 9억 절대 안된다?… 대출 특공 기준 올릴 때 됐다」,『머니투데이』, 2021년 9월 7일; 「"어, 9억 넘었다"… 사라진 특공에 청약 대기자 '발동동'」,『서울경제』, 2022년 6월 26일; 「[기자수첩] 서민들도 둔촌주공에 청약할 권리」,『머니투데이』, 2022년 9월 15일; 「서울 분양가 16퍼센트 급등… 둔촌주공 20평대 대출 막힐 수도」,『조선일보』, 2022년 2월 16일.

19 국토교통부, 기획재정부, 금융위원회 부처 합동 발표, 「제11차 비상경제민생회의 후속조치 계획」, 2022년 10월 27일.

20 「중도금 대출 한도·실거주 의무 다 없앤다」, KBS뉴스, 2023년 1월 4일.

21 PIR는 일반적으로 중위 소득대비 중위 주택 가격으로 비교하는 것이 정석이지만, 둔촌주공아파트의 가격 비교에서는 분양 가격과 이후 매매 가격의 변화를 해당 시점의 가구당 가계수지 자료와 비교했다.

22 지규현 외,「주택취득비용 지불능력 지수 개발에 관한 연구」,『주택도시』제89호, 주택도시연구원, 2006, 42쪽.

23 현재는 통계청「가계동향조사」의 자료에 1인 이상 가구도 포함되지만, 1979~2008년까지 과거 자료와 기준을 맞추기 위해 이후 자료에서도 2인 이상 도시 지역 근로 가구 자료를 활용했다.

24 한국주택금융공사,「지역별 PIR 및 LIR」, 공공데이터포털(data.go.kr), 2022년 6월 15일; 국토교통부에서도「2021년도 주거실태조사 결과」(2022.12.20.)를 통해 서울 지역 중위수 PIR은 14.1배, 평균 PIR은 15.4배라고 발표했다. 한국주택금융공사의 데이터와 크게 차이가 나는 이유는 국토교통부 자료에 언급되어 있듯이 "PIR은 생산 기관마다 산정 방식, 대상 지역 등이 상이"하고 "주거실태조사의 경우, 자가를 보유하고 있는 가구의 소득과 주택 가격을 기준으로, 표본조사에 응답한 값을 활용"했기 때문이다. 이는 일반적인 통계자료를 바탕으로 분석하는 본 연구의 기준과 달라 비교에서 제외했다.

25 조귀동,『세습 중산층 사회』, 생각의힘, 2020, 152~154, 166~170쪽.

26 송준규,「[칼럼] 아파트 키드에게 재건축이란?」,『환경과조경』2017년 4월 호.

3. "여러분, 둔촌은 강동이 아닙니다!"

1 이 일대를 포함하는 강동구 지역의 인구는 강남구와 송파구 두 지역의 당시 인구를 합친 것과 비슷할 정도로 많았다. 별도의 행정구역으로 나누거나 당시 서울 중심부의 과밀함에 비할 정도는 아니었지만 말이다. 『제3회 통계연보』, 서울특별시 내무국, 1963년 6월 25일.

2 대한건축학회, 「서울도시 기본계획과 구상」, 『건축』, 1966년 12월. 이 계획은 토지이용계획, 교통도로계획, 상·하수도 계획 등 도시계획을 주요 항목별로 정리해두었다. 교통도로계획은 크게 방사선, 순환선, 고속도로 계획으로 나뉘는데, 1963년 서울에 신규 편입된 지역을 위한 도로 체계의 기본 바탕이 되었다.

3 박철수, 『한국주택 유전자 2』, 마티, 2021, 355, 430쪽.

4 기존에 진행된 토지구획정리사업은 "도로 용지 확보나 대지 조성을 위주로 하고 투자금을 조속히 회수하는 방향으로만 처리함으로써 미래 지향적인 국제적 대도시 건설에 차질을 초래"한다는 문제가 있어, 새로 개편되는 제도에서는 "정부 관계기관은 물론 학계, 언론 기관, 도시계획 및 건축 문제 전문기관과 각계 인사를 망라한 심의위원회를 구성하여 평면적인 구획 정리 계획뿐만 아니라 구획 정리 후의 구체적인 종합개발계획까지 심의·수립하고 동 계획을 정부 각 관계기관과 사전에 충분히 협의한 후 국무총리의 승인을 얻어 착수"하라는 지시가 내려졌다. 국무총리 행정조정실, 「토지구획정리사업에 관한 지시」, 1973년 10월 6일.

5 하지만 강동구에 민간 건설사가 진출한 시점에는 이미 토지구획정리사업이 진행되었고 연립주택 건축 붐도 지나가서 대규모 필지 확보에 어려움이 있었다. 그래서 민간 건설사가 개발한 단지들은 대부분 소규모였다. 매일경제, 「주택업체 천호지구로 몰려」, 1980년 3월 27일.

6 전국아파트입주자대표회의연합회 홈페이지(www.jay.or.kr).

7 「아파트 새마을운동 전개하여 주거문화 혁신하자」, 『한국아파트신문』, 2003년 10월 29일.

8 「전아연 창립1주년 기념식」, 『한국아파트신문』, 2004년 7월 7일.

9 안전진단 기준 강화, 재건축 가능 연한 연장, 분양권 전매 금지, 투기과열지구 지정 및 주택담보비율(LTV), 총부채상환비율(DTI)을 40퍼센트로 하향 조정, 종합부동산세 조기 도입, 다주택자 및 고가주택 보유자 세금 강화, 분양가상한제, 개발이익환수제 등이 시행되는 등 다방면으로 강력하게 단속하는 정책이었다.

10 김명수, 『내 집에 갇힌 사회』, 창비, 2020, 225~229, 333쪽.

11 「재건축 조합, '개빌이익환수' 격렬 반대」, 『오마이뉴스』, 2004년 7월 27일.

12 「경기 40여 개 재건축 조합인가증 반납 예정」, 『연합뉴스』, 2004년 7월 23일.

13 김명수, 앞의 책, 224쪽.

14 이 단체와 관련한 내용은 한국도시정비사업조합중앙회 공식 협회지인 『도시저널』에 게재된 내용으로 보이며, 관련 블로그(https://blog.naver.com/kck1371/50137068486)에서 인용했다.

15 그는 창립총회에서 "지금까지 우리를 괴롭혔던 수많은 악법을 철폐하고, 규제를 없애기 위해서 입법청원활동 등 체계적이고, 조직적인 활동을 하기 위해서 힘쓰겠다"라고 약속했다.

16 임동규는 2018년에 강동구청장 선거에 자유한국당 후보로 출마했다가 낙방했다. 2010년 둔촌주공아파트 재건축 조합장이 대표로 있던 단체에 참석해 의기투합했던 인연을 생각하면, 그가 강동구청장에 출마한 해에 둔촌주공아파트 주민들이 모두 이주했던 상황이라 선거에 아무런 영향력을 미치지 못한 점은 크게 아쉬웠을 것이다.

17 「'세금폭탄' 재건축 초과이익환수제 폐지 여부 촉각」, 『헤럴드경제』, 2011년 5월 3일.

18 「뿔난 재건축 조합장 93人」, 『매일경제』, 2014년 6월 29일.

19 「서울 재건축·재개발 연합 '서미연' 출범식 열고 공식 활동 돌입」, 『아시아경제』, 2018년 5월 25일.

20 「다시 불붙은 강남 재건축… '뭉칫돈 유턴' 잇달아 신고가 찍어」, 『파이낸셜뉴스』, 2019년 9월 24일.

21 박지현, '서울 동(洞)별 재산세 부담과 정당 지지도 변화', 한국지방세연구원 내용, 「'민주당 → 국힘' 뒤집힌 서울 표심 "재산세 조세저항이 한몫"」, KBS, 2022년 6월 22일에서 재인용.

22 「부동산, 대선 표심에 영향… 집값 오를수록 윤 득표율↑」, SBS 뉴스, 2022년 3월 15일.

23 황세원(2018)은 「2015년 서울시 공동주택 현황 자료」를 기준으로 살펴보았다.

24 재건축 정비계획에서 산출한 기준대로 세대마다 2.58~2.86명이 산다고 가정하면 3만 1000~3만 4000명이 하나의 단지에서 살아가게 되는 것이다. 세대당 가구원 수를 계산하는 기준은 둔촌주공아파트 재건축사업을 진행하는 동안 해가 갈수록 2.86인에서 2.8인, 2.58인으로 점점 줄어들었다.

25 통계청 「주민등록인구현황」 행정구역(시군구)별, 성별 인구수 자료에 따르면 2022년 12월 기준으로 송파구의 인구는 65만 8801명이며 제주특별자치도의 인구는 67만 8159명이다.

26 「8억 부담금 폭탄 공포… '꿈의 50층' 이룬 잠실주공 5단지 운명」, 『중앙일보』, 2022년 2월 17일.

27 「재건축 26년 좌절의 흑역사… '은마'가 움직인다」, 『조선일보』, 2022년 4월 22일.

28 「105일간 멈췄던 둔촌주공, 공사 재개한다… "총회 거쳐 이르면 11월 중 시작"」, 『경향신문』, 2022년 7월 29일.

29 「39년 강남재건축 '한방'에 16억 뛰었다··· 윤석열식 부동산 '시험대'」,
『머니투데이』, 2022년 3월 31일.

30 「금리 인상 이유와 영향, 전망은?」, KBS 뉴스, 2022년 3월 31일.

31 「주택담보대출 변동금리 또 올라··· 7퍼센트 돌파 '초읽기'」, 『YTN』, 2022년 9월
16일.

32 「'정말 반토막 났다'··· 집값 13년 7개월만 최대폭 하락」, 『서울경제』, 2022년 9월
15일.

참고문헌

단행본

강동구, 「구보 제1417호」, 2017.
_____, 『제1회 강동통계연보』, 1986.
강동구, 『강동통계연보 2018』, 2018.
강부성 외, 『한국 공동주택계획의 역사』, 세진사, 1999.
_____, 『중산층 시대의 디자인 문화 1989~1997』, KCDF, 2015.
_____, 『아키토피아의 실험』, 마티, 2015.
국정브리핑 특별기획팀, 『대한민국 부동산 40년』, 한스미디어, 2007.
권보드래 외, 『1970 박정희 모더니즘』, 천년의상상, 2015.
김경혜, 「서울시 장묘제도 발전방안」, 서울시정개발연구원, 1997.
김명수, 『내집에 갇힌 사회』, 창비, 2020.
김성홍, 『서울해법』, 현암사, 2020.
김영미, 『그들의 새마을운동』, 푸른역사, 2009.
김정한 외, 『한국현대 생활문화사: 1980년대』, 창비, 2016.
김향훈, 『재개발 재건축 법률상식 119』, 끌리는책, 2019.
남기업, 『아파트 민주주의』, 이상북스, 2020.
대한주택공사, 『공동주택 생산기술의 변천에 관한 연구』, 1995.
_____, 『대단위단지개발사례연구』, 1987.6.
_____, 『대단위단지개발사례연구 자료집』, 1987.6.
_____, 『대한주택공사 20년사』, 1982.
_____, 『대한주택공사 30년사』, 1992.
_____, 『반포 2·3지구 아파트 단지 조경설계보고서』, 1977.
_____, 『아파트입주자 실태조사 보고서('80주공건설)』, 1983.
_____, 『주택단지조경』, 1978.
_____, 『주택단지총람 '71-77』, 1978.
_____, 『주택단지총람 '78-80』, 1981.
라야, 『집밖-동네안』, 마을에숨어, 2016.
발레리 줄레조, 『아파트 공화국』, 후마니타스, 2007.
박성식, 『공산의 가치』, 유룡출판, 2018.
바인석, 『아빠트한국사회』, 현암사, 2013.
박정현, 『건축은 무엇을 했는가: 발전국가 시기 한국 현대 건축』, 워크룸, 2020.
박철수, 『박철수의 거주박물지』, 집, 2017.
_____, 『아파트』, 마티, 2013.

_____, 『한국주택유전자 1,2』, 마티, 2021.

박해천, 『아파트 게임』, 후마니타스, 2013.

_____, 『콘크리트 유토피아』, 자음과모음, 2011.

베네딕트 앤더슨, 『상상된 공동체』, 도서출판 길, 2018.

삼부토건주식회사, 『삼부오십년』, 1999.

서울역사박물관, 『도시는 선이다: 불도저시장 김현옥』, 2016.

_____, 『반포본동: 남서울에서 구반포로』, 2019.

_____, 『서울지도』, 2006.

서울특별시, 『서울토지구획정리백서(상권)』, 2017.

손세관, 『이십세기 집합주택』, 열화당, 2016.

손정목, 『한국현대도시의 발자취』, 일지사, 1998.

_____, 『서울도시계획이야기』 1, 한울, 2017.

_____, 『서울도시계획이야기』 2, 한울, 2018.

_____, 『서울도시계획이야기』 3, 한울, 2019.

_____, 『서울도시계획이야기』 4, 한울, 2017.

_____, 『서울도시계획이야기』 5, 한울, 2017.

신덕상·김덕기, 『국기 축구, 그 화려한 발자취 2』, 서울올림픽기념국민체육진흥공단, 1999.

염복규, 『서울의 기원 경성의 탄생』, 이데아, 2016.

윤정섭, 『서양근대건축』, 서울대학교출판부, 1998.

임서환, 『주택정책반세기』, 기문당, 2005.

이경민, 『박정희 시대의 사진표상과 기억의 소환』, 디오브젝트, 2017.

이인규, 『안녕,둔촌주공아파트 1』, 마을에숨어, 2013.

_____, 『안녕,둔촌주공아파트 2』, 마을에숨어, 2013.

_____, 『안녕,둔촌주공아파트 3』, 마을에숨어, 2015.

_____, 『안녕,둔촌주공아파트 4』, 마을에숨어, 2016.

이-푸 투안, 『토포필리아』, 에코리브르, 2011.

_____, 『공간과 장소』, 사이, 2020.

에드워드 렐프, 『장소와 장소상실』, 논형, 2019.

전상인, 『아파트에 미치다』, 이숲, 2009.

전재호, 『반동적 근대주의자 박정희』, 책세상, 2005.

정석 외, 『마을만들기, 그후』, 서울시립대학교, 2017.

정헌목, 『가치 있는 아파트 만들기』, 반비, 2017.

정림건축문화재단, 『김정철과 정림건축 1967-1987』, 프로파간다, 2017.

조귀동, 『세습 중산층 사회』, 생각의힘, 2020.

조은주, 『가족과 통치』, 창비, 2018.

클래런스 페리, 이용근 역, 『근린주구론』, 커뮤니케이션북스, 2013.

한국대학교수새마을연구회, 『새마을운동 40년사』, 2010.

한석정, 『만주모던』, 문학과지성사, 2016.

Kwak, Nancy H., *A World of Homeowners*, The University of Chicago Press, 2015.

Kohl, Sebastian, *Homeownership, Renting and Society』*, Routledge, 2019.

논문

강희만, 「아파트 소유자의 점유형태가 아파트 가격과 소유기간에 미치는 영향에 관한 연구」, 한성대학교 박사학위 논문, 2013.

권이철, 「중산층 아파트의 특성에 관한 연구」, 서울시립대학교 석사학위 논문, 2016.

김근영·조영태, 「수도권 인구 교외화 시대에 지역의 인구·주거특성과 선거투표 결과 간 관계에 대한 연구」, 『한국지역개발학회 세미나 논문집』, 2010.

김도균·최종호 「주택 소유와 자산 기반 투표: 17대~19대 대통령 선거 분석」, 『한국정치학회보』 제52권 제5호, 2018.

민성은 외, 「생애사 연구의 개념적 모형에 대한 이론적 탐색」, 『교육문화연구』 제23-1호, 2017.

민주화운동기념사업회, 『지역민주주의와 관변단체에 관한 기초 연구』, 한국민주주의연구소 연구보고서, 2015.

박한진, 「아파트 단지 내 부대복리시설 설치기준의 변천에 관한 연구」, 서울시립대학교 석사학위 논문, 2016.

박정현, 「발전국가 시기 한국 현대 건축의 생산과 재현」, 서울시립대학교 박사학위 논문, 2018.

손낙구, 「동네의 특성과 투표의 상관관계」, 『한국공간환경학회 학술대회 논문집』, 2010.

신운경, 「1960-70년대 중산층 아파트의 부담가능성 연구」, 대한건축학회논문집 Vol.36 No.6, 2020.

안민우, 「한국 지방거버넌스 권력구조와 주민조직」, 연세대학교 석사학위 논문, 2015.

양희진, 「한국 아파트 단지화 대형화의 경제논리」, 서울대학교 박사학위 논문, 2017.

이동욱, 「서울시 아파트 단지의 녹지배치 및 식재구조 변화 연구」, 서울시립대학교 석사학위 논문, 2009.

이성국, 「국가보훈정책 결정과정에서의 정책네트워크 분석」, 가톨릭대학교 박사학위 논문, 2016.

이은지, 「한국에서 주택 담론의 역사적 변화」, 중앙대학교 석사학위 논문, 2013.

이인용, 「재건축 아파트 단지 조경수목 가치 평가에 의한 이식수목 선정 기법 개발 연구」, 서울시립대학교 석사학위 논문, 2016.

이춘원, 「입주자대표회의의 법적 지위에 관한 소고」, 집합건물법학, 7, 3-36, 2011.

이현송 외, 「장의제도의 현황과 발전방향」, 한국보건사회연구원, 1995.

임준하, 「아파트 키즈의 아파트 단지에 대한 장소 애착과 기억」, 서울대학교 석사학위 논문, 2017.

임창복, 「대규모 주거단지의 밀도와 공동주택 계획기준 연구」, 국토개발연구원, 1995.

정요안, 「관변단체 지역조직 참여요인에 관한 연구」, 서울대학교 석사학위 논문, 2020.

정예슬, 「한국 민간단체지원제도의 형성과 변화」, 고려대학교 석사학위 논문, 2009.

최임수, 「아파트 단지 경사도에 따른 외부공간의 구성의 시기별 특성에 관한 연구」, 대한건축학회논문집 제18권 제2호, 2002.

최창길, 「소규모아파트의 실태에 관한 조사연구」, 단국대학교 석사학위 논문, 1977.

하재훈, 「박정희 체제의 대중통치: 새마을운동의 구조·행위자 상호작용을 중심으로」,

경북대학교 박사학위 논문, 2006.

황세원,「The Morphological Consequences of Apartment Complex Building in Seoul
(서울의 아파트 단지 개발에 따른 도시형태 특성 연구)」, 서울대학교 박사학위
논문, 2018.

황선영·김순은,「도시 지역공동체 활성화 과정에서 지역사회 주민조직의 역할」,
한국지방자치학회보 제29권 제2호, 2017.

연속간행물

대한주택공사,『주택』제34호, 1976~제43호, 1983.

권오영,「제품별 위계와 역할에 따라 가격 정하라」,『동아비지니스리뷰』제44호, 2009년
11월호.

송준규,「[칼럼] 아파트 키드에게 재건축이란?」,『환경과조경』2017년 4월호.

오휘영,「우리나라 근대조경 태동기의 숨은 이야기(1)」,『환경과조경』, 2000년 1월호.

_____,「우리나라 근대조경 태동기의 숨은 이야기(6)」,『환경과조경』, 2000년 6월호.

정진국,「서울시 공공건축가제도를 통한 MP사례: 둔촌 주공아파트 사례를 중심으로」,
새건축사협의회,『건축과사회』, 2014년 6월호.

지규현 외,「주택취득비용 지불능력 지수 개발에 관한 연구」,『주택도시』제89호, 2006년
6월호.

황병주,「박정희 시대 축구와 민족주의: 국가주의적 동원과 국민 형성」,『당대비평』제6권
제2호, 2002.

관공서 자료

강동구 사료관 제공 자료(사진)

강동구청 제공 자료(행정 서류)

국가기록원(archives.go.kr)

국가법령정보센터(law.go.kr)

국토교통부 실거래가 조회 시스템(rt.molit.go.kr)

대한주택공사,「'80년도 사무인계인수서」, 1980

_____,「둔촌지구건설사업촉진방안」, 1978.12.

_____,「도곡3지구 및 둔촌동 아파트 건설 사업계획 변경」, 1979.7.16.

_____,「둔촌지구 후보지 조사보고」, 1978.3.

_____,「둔촌 및 도곡아파트 위생난방가스 및 전기설비설계 용역 외주 계획(안)」 1978.8.19.

_____,「사업계획 요약」, 1979년 이전 자료로 추정

_____,「서울둔촌지구 사업계획 추가 및 변경집행」, 1980.1.24.

_____,「둔촌동 아파트 200호 건설사업집행」, 1979.6.2.

둔촌1동 주민센터 제공 자료(행정 서류 및 사진)

둔촌1동 주민센터 홈페이지(gangdong.go.kr/dong/DunChon1Dong)
서울시 정보소통광장(opengov.seoul.go.kr)
서울시 사진 아카이브 (photoarchives.seoul.go.kr)
서울시 열린데이터광장 (data.seoul.go.kr)
서울시 재건축·재개발 클린업시스템(cleanup.seoul.go.kr)
서울연구데이터베이스(data.si.re.kr)
서울정보소통광장(opengov.seoul.go.kr)
서울특별시, 「2025 서울시 도시·주거환경정비 기본계획 실무 매뉴얼」, 2015.
_____, 「서울시보 제 2730호」, 2006.
_____, 「서울시보 제2013-135」, 2013.
_____, 「서울시보 제3275호」, 2015.
_____, 「주택건설사업승인에 따른 도시계획결정(신설, 변경 및 폐지) 협조」, 1978.9.6.
서울특별시 항공사진 서비스(aerogis.seoul.go.kr)
대한민국 정부 정보공개(open.go.kr)
중앙선거관리위원회 선거통계시스템(info.nec.go.kr)
통계청(kostat.go.kr),
환경영향평가 정보지원시스템(eiass.go.kr)

언론보도

네이버 뉴스 라이브러리
경향신문
뉴데일리경제
뉴스원
뉴스토마토
뉴스핌
땅집고
동아일보
매일경제
머니투데이
머니S
미디어펜
서울경제
서울신문
서울파이낸스
시사저널
시사저널 이코노미
시사오늘
아시아경제

아시아타임즈
아파트신문
에너지경제
연합뉴스
오마이뉴스
위키리스크한국
이뉴스투데이
이데일리
이코노미스트
잡포스트
조선비즈
조선일보
파이낸셜뉴스
폴리뉴스
프라임경제
한국경제
한국경제신문 집코노미
한국아파트신문
한국정경신문

한겨레   JTBC
한스경제   YTN
헤럴드경제   MBN
e대한경제   연합뉴스TV
MBC   서울·경기 케이블TV
KBS   *Bloomberg*
SBS

기타 자료

간삼건축 홈페이지(gansam.com)

공공데이터포털(data.go.kr)

부동산뱅크 시세(neonet.co.kr)

삼신설계주식회사 홈페이지(www.ssei.co.kr/)

서울기록원 '기록의 힘' 전시 사전조사 보고서

서울정책아카이브(seoulsolution.kr)

올림픽파크 포레온 홈페이지(http://www.olympicpark-foreon.com/)

정림건축 홈페이지(www.junglim.co.kr/)

정림건축문화재단 온라인 아카이브 '정림건축 피플 앤 웍스'(www.junglim.info)

종합건축사사무소 건원 홈페이지(kunwon.com)

창조건축 홈페이지(cja.co.kr)

협인 홈페이지(www.hyeobin.co.kr/)

찾아보기

이인규

서울 둔촌주공아파트에서 나고 자랐다. 고향이자
국내 최대 아파트 단지인 둔촌주공아파트가
재건축으로 사라지게 되어 2013년부터 이를
기록하고 기리는 '안녕,둔촌주공아파트'
프로젝트를 진행했다.
　연세대학교에서 생활디자인학과 주거환경학을
공부했고, 졸업 후 10년간 회사를 다니다
둔촌주공아파트에 관해 더 깊이 알고 싶어
서울시립대학교 대학원 건축학과에 입학했다.
석사학위 논문 「둔촌 주공아파트 단지 생애사
연구」를 썼다.

둔촌주공아파트, 대단지의 생애
건설·거주·재건축의 40년

이인규 지음

초판 1쇄 인쇄   2023년 6월 12일
초판 1쇄 발행   2023년 6월 30일

ISBN   979-11-90853-44-6 (93330)

발행처   도서출판 마티
출판등록   2005년 4월 13일
등록번호   제2005-22호
발행인   정희경
편집   서성진, 박정현
디자인   조정은

주소   서울시 마포구 잔다리로 101, 2층 (04003)
전화   02. 333. 3110
팩스   02. 333. 3169
이메일   matibook@naver.com
홈페이지   matibooks.com
인스타그램   matibooks
트위터   twitter.com/matibook
페이스북   facebook.com/matibooks